JN198609

食から描くインド

近現代の社会変容とアイデンティティ

井坂理穂・山根聡 編

春風社

食から描くインド——近現代の社会変容とアイデンティティ

Menu

目次

II 食をめぐる語り

III　変動する社会と食

第九章 ハラール食品とは何か──イスラーム法とグローバル化　小杉泰　341

＊各章に含まれる南アジア関連の地名・人名のカタカナ表記については『新版　南アジアを知る事典』(辛島昇他編、平凡社、二〇一二年)に掲載されているものに準じたが、一部の表記は編者や各章の執筆者の方針に沿ったものとなっている。
＊写真については、特に断り書きがない場合には、各章の執筆者が撮影したものを用いている。

宇根義己（金沢大学）作成（2023 年 6 月）
（資料：ML Infomap 社データなどをもとに作成）

序章

食から描くインド
近現代の社会変容とアイデンティティ

井坂理穂

一　食の選択

本書は、人々が自分たちの食べるものをどのように選択してきたのか、という問いを切り口としながら、近現代インドの社会変容を描き出すものである。何をどのように食べるのかという選択は、日常的に何気なく行われていることが多いが、実はそこには、その人を取り巻く様々な政治的・経済的・社会的状況が関係している。その人が食に関してどのような知識や情報をもっているのか（例えば栄養学の知識など）、どのような思想をもっているのか（例えば食の安全についての考え方など）といった点も、食の選択に影響を及ぼす。さらには、その人の生まれ育った環境や社会的地位、宗教的アイデンティティなども、何を食べるか、どのように調理するかを左右する。「食は人なり（We are what we eat）」という言葉があるが、食のあり方は、まさにそれを選択した人々や彼らを取り巻く社会のありさまを象徴的に映し出している。

本書では、こうした点を意識しながら、インドにおける様々な個人・集団による食の選択やそれにまつわる模索・対立の事例を、料理書や回顧録、文学作品などの分析、現地での聞きとり調査などの異なるアプローチから考察する。あらかじめお断りしたいのは、本書が「インド食文化」を総体的にバランスよく描き出すことを目的としたものではない、という点である。ここで目指しているのは、近現代インドにおける個人や集団の食の選択に関する興味深い事例を掘り下げながら、そこからみえる人々の自己・他者認識や、その背景にある社会の変容を探ることである。その過程で、ともすると我々が食を語る際に前提としている「国」「地域」「宗教」などの区分や境界についても、改めて問い直されることになるだろう。

いわずもがなのことだが、料理書や料理番組で紹介されている「インド料理」にしても、そのなかの特定の地域の料理（例えば「パンジャーブ料理」）にしても、その領域に住む人々の間で、一律に同じかたちで共有されているわけではない。同様に、「ムスリムの食文化」といっても、ムスリムのなかでの食にまつわる慣習や料理には地域差や個人差がある。さらに、食文化における共通性や交流・融合の過程に注目すれば、国や地域、宗教などの境界はぼやけてくる。そもそも地域や社会集団の区分・境界自体が、決して固定的なものではなく、歴史的に構築され、再編されてきたことも忘れてはならない。

しかしその一方で、実態とのずれがあるにせよ、ある社会集団に属する人々が、自身の集団を特定の食習慣や料理と結びつけようとする傾向は、過去においても現在においても広くみられるものである。なぜなら、食事や食習慣の共有は集団意識の形成を促し、「我々」と「彼ら」、「自己」と「他者」とを区別するときのマーカーとして機能するからである。石毛直道の言葉を借りるならば、「食事をわかちあうこと」は「こころをわかちあうこと」につながっている〔石毛二〇一二、九一頁〕。こうした食の機能は、ときには「他者」に対する優越意識や、「他者」への排他的・差別的な意識と結びつくことさえある。[*1]

二　近現代インドの食をめぐる研究

この一〇〇年余りの間に、近現代インドの食に関して重要な研究が次々と発表された。その背景には、一九八〇年代半ば以降のインド史〔特に近代史〕におけるネーション や宗教コミュニティ、カースト、階級などの社会集団の形成・再編過程をめぐる活発な議論、ジェンダー研究の発展などがあったと考えられる〔井坂二〇〇二〕。また、欧米を中心とした食の歴史に関する研究蓄積や、近年のグローバル・ヒストリーへの関心なども、近現代インドの食に関する研究に影響を与えている。[*2]さらに、ヒンドゥー・ナショナリズム〔ヒンドゥー至上主義〕勢力の台頭とそのなかでの食をめぐる議論・

対立という同時代の政治状況も[3]、食と社会集団、食とアイデンティティをめぐる議論を促す要因となった。

ここでは紙面の関係から、本書の問題関心にとりわけ関わりの深い先行研究についてのみ、簡単に触れておく。まず紹介したいのが、インドの食に関する研究が活発化する一足前に出された、アルジュン・アパドゥライの学術論文「国民料理をいかに創出するか——現代インドの料理書」である〔Appadurai 1988〕。ここでアパドゥライは、インドにおいて「国民料理」が形成されたのはポスト植民地期であるとして、インドの「国民料理」がその「地方的起源、エスニックな起源を隠そうとしない」（言い換えれば、「インド料理」は多様な「地方料理」や「エスニック料理」から構成されたものとして表されている）ことを特徴として挙げている。この彼の議論の裏付けとなっているのは、独立後のインドで、都市中間層（ミドル・クラス）女性向けに出版された多数の英語の料理書である[4]。このように「インド料理」概念の形成過程を歴史的に検討した彼の議論は、現在にいたるまでインドにおける食の研究に大きな影響を与えている。

このアパドゥライの論文から二〇年近く経ってから出されたのが、リジー・コリンガムの『カレー——ある伝記（*Curry: A Biography*）』（二〇〇五）である〔Collingham 2005〕。同書はまもなく、『カレー——料理人と征服者の物語（*Curry: A Tale of Cooks and Conquerors*）』という新しいタイトルで再版され、現在では後者が市場に流通している。九〇年代以降の学術動向を踏まえ、豊富な史資料を用いながらも、読みやすい文章とよく練られた構成、興味深いエピソードで多くの読者をひきつけたこの本は、日本語も含め、複数の言語に翻訳されている。ここでコリンガムは、一六世紀以降のインドの食文化を他地域との交流・融合に着目しながら論じているのだが、そこには異なる社会集団に属する人々による、食をめぐる様々な選択、試みや模索が生き生きと描き出されている。

上記の二点はインド亜大陸の広範な地域を視野に入れて書かれたものだが、二〇〇〇年代以降には、インドの特定の地域を対象とした学術書・論文が次々と発表された。そこでは、近現代インドの都市中間層の食をめぐる言説を分析しながら、そこに現れる彼らの自己・他者認識、あるいは国家、地域、宗教、カースト、ジェンダーなどをめぐる観念が論じられ、興味深い成果が出されている。とりわけ植民地期のベンガル地方の中間層に焦点を当てたものが目立つが（例えば、〔Sengupta 2010; Ray 2015; Choudhury 2016〕）、実はこれは食に関連した研究だけではなく、インドの近代史研究――ベンガル出身の研究者の活躍が著しい――の分野で広くみられる現象である。そのほかに、近年大きく発展したディアスポラ研究の分野においても、食が重要なテーマとなっている[*5]（例えば、〔Ray 2004〕）。また近年では、近現代の食をめぐる議論や現象、あるいは言説や表象に関して、インドの異なる地域の事例を含んだ論文集も複数出されている[*6]（例えば、〔Bhushi 2018; Chaudhuri and Chatterjee 2011; Ray and Srinivas 2012〕）。

こうした海外での研究の進展にもかかわらず、日本国内においてはインドの食に関する実証的研究に基づくまとまった学術書（翻訳や概説書を除く）はまだ出版されていない。また、海外で出されたインドの食に関する論文集と比較しても、本書の諸論文で扱われている事例や分析はそれぞれ独自性をもつものとなっており、近現代インドの社会変容とアイデンティティの諸側面を理解するための新たな手がかりともなりうるだろう。

三 食の地域性[*7]

ここからは、次章以降の内容を念頭におきながら、近現代インドにおける人々の食の選択を検討するうえで重要な観点をいくつか紹介する。本節では、インドにおける食のあり方やその多様性を語る際にしばしば言及される地域性について取り上げる。

まず、インド亜大陸の地理・自然を概観するところから始めよう。よく知られているように、インドは人口規模においては中国に次ぐ世界第二の大国である（二〇一八年時点）。二〇一一年のセンサスでは、すでに一二億を超す人口が記録されており、現在では一三億を超えたと推定されている。国土面積は約三二九万平方キロメートルで、これは日本の面積の約八・七倍にあたる。気候や風土には大きな地域差があり、それは農作物にも反映されている。

インド亜大陸の南の半島部は一年中気温が高く、季節の区分は乾季と雨季のみである。この地域は稲作がさかんで、主食は米だが、雑穀も消費されている。一方、北インドの平原部には乾季、雨季の他に冬季がある。この地域の主食は小麦からつくるチャパーティーやパラーターなどになる。西部のマハーラーシュトラ州からその南にあるカルナータカ州にかけては、小麦と米が消費されるほか、雑穀の消費量が多い。ここから東へ向かうと、年間降水量は次第に増加する。湿潤な東部、北東部インドでは稲作が行われ、米が主食である。また、食用油にも地域ごとの特色が現れており、北部や東部ではナタネ・カラシ油、中部や西部では落花生油、南部の西海岸ではココナッツ油が使われている。[*8] 食材の違いにも関連するが、調理方法や香辛料の使い方にも、地域による差異が現れている[*9]（コラム3参照）。

こうした自然条件に基づく地域差に、さらに歴史的な背景が組みあわさって、現在のインドにおける「地域」のイメージがつくられている。このイメージは近代以降、より明確化され、現在のインドにおいては行政区分である「州」と重ねられることもある。[*10] この地域概念が食文化と重ねられた結果、例えば現在のグジャラート州のあたりで広く食べられるものは「グジャラート料理」、ケーララ州のあたりで食べられるものは「ケーララ料理」と呼ばれるわけである[*11]（ただし州名とは異なる地域の名称を用いた「アワド料理」その他の分類もある[*12]）。

また、「北インド料理」「南インド料理」のように、州よりもはるかに大まかな地域概念で料理が区分されることもある。とりわけ「南インド料理」の呼び名は外食産業でさかんに用いられており、この名前を聞けば、米とウラドマメからつくるドーサー（タミル語ではドーサイ）やイドリー（イドリ）——それらの隣にはサーンバル（サーンバール）という酸味のきいたスープとココナッツのチャトゥニー（チャツネ、薬味）が添えられている——などの「定

南インド料理として知られるドーサー。サーンバルとチャトゥニーが添えられている。

番」料理を思い浮かべる人も多いだろう。ただし実際には、同じ「グジャラート料理」「南インド料理」の括りのなかにも多様な食文化がみられ、またその一方で地域を超えた食の共通性、交流があることは前述のとおりである。

さらに注意したいのは、この「地域」概念とそれに基づく「××料理」という概念は、ある一定のかたちに固定されたものではなく、状況によって揺れ動くということである。その好例が、第七章で論じられている「テランガーナ料理」をめぐる現在進行中の動きである。アーンドラ・プラデーシュ州の一部であったテランガーナでは、この地域独自の歴史的・経済的・社会的背景を理由として、分離を求める運動が高まり、二〇一四年にテランガーナ州が新たに創設された。この結果、今度は「テランガーナ料理」というカテゴリーがより意識的に語られるようになったのである。

これに関連して、それぞれの「地域」独自の食文化が語られるときには、具体的にどの料理（食材、料理法、味つけ）で地域を代表させるのか、あるいはどのような料理をそこから排除するのかをめぐり、地域内部の集団間の対立やヒエラルキーがしばしば浮かび上がることにも留意したい。また、食文化における地域性は、インド食文化の「多様性」や「豊かさ」の現れとして肯定的に語られるばかりではない。ときには自分たちの地域とは異なる地域の料理をステレオタイプ化したり、批判・揶揄の対象とするような風潮を生み出すこともある。例えば西部のグジャラート料理について、他地域の出身者が、あそこの人たちは何でも甘くしてしまう、ダール（豆のスープ）でさえも甘くするのだ、と言うのをしばしば耳にする。あるいは北部のパンジャーブ料理が、油やギー（精製バター）を多量に使った体に悪い料理として評されるのを聞くこともある。そうかと思えば、北東インドに位置するナガランドの料理が、他地域の人々の間で「変わった」料理として語られることもある。この地域では、発酵させた大豆（アクニ）などのインドの他地域ではみられない食材や、多様な肉――豚肉が多く消費されるが、犬肉や昆虫なども食される――が用いられるのだが、こうした食のあり方に興味をもつ人々がいる一方で、これらに批判的な目を向ける人々もいるのである。*13

四　宗教と食

次に、インドにおける食の多様性を語る際に、こちらもしばしば言及される「宗教」について触れておく。インドには、人口の八割弱を占めるヒンドゥー教徒、一割強を占めるムスリムの他に、キリスト教徒、シク教徒、仏教徒、ジャイナ教徒、ゾロアスター教徒、ユダヤ教徒など、様々な宗教コミュニティが存在している。

概説書や事典では、食文化がしばしば宗教コミュニティごとに分けて説明される。これは宗教と結びついた食の禁忌や、宗教儀礼に関わる食習慣、料理などがあるためである。例えば、ヒンドゥー教徒は牛を神聖視するため牛肉を食べないとされ（ただし後述するように、これは必ずしもヒンドゥー全体にあてはまるものではない）、ムスリムの間では豚は穢れたものとみなされるために、豚肉の摂取が禁じられている。ムスリムは豚肉以外の肉についても、イスラーム法で定められた方法で処理した肉を確保する必要がある（イスラームにおけるハラール（合法）食については第九章参照）。不殺生の実践を説くジャイナ教徒たちの多くは菜食主義を守り、さらに厳格な信徒たちは新たな生命の源となる根菜類などの摂取も避ける[*14]（コラム6参照）。インドの宗教的マイノリティのなかでもとりわけ人口の少ないユダヤ教徒は、カシュルートと呼ばれる食物規定を守るべく、豚肉を避け、独自のかたちで処理された肉を入手し、鱗・ひれのない魚を食べることを忌避する。[*15]

とはいえ、人々の宗教との関わり方には個人差があり、生い立ちや個々人の考え方、そのときどきの状況によって、宗教上の規定や慣習をどのように解釈し、どこまで遵守するかはまちまちである。また同じ個人であっても、家では食の禁忌を守るが外食時にはこれに縛られないという場合もある〔Conlon 1998: 102〕。あるいは、宗教上は肉食が許されていても、経済的な理由や、宗教の慣習に沿ったかたちで処理された肉が入手できないなどの理由から、実質的に菜食中心の食生活になる場合もある。宗教コミュニティの成員が一律に同じ食の選択を行うというわけではないことを、改めて強調しておきたい。

とりわけ、多様な起源の神々や信仰形態を含む「ヒンドゥー教」の場合には、[*16]ヒンドゥーの食文化を一括りに論じることがきわめて難しい。それにもかかわらず、近現代インドでは、「ヒンドゥー」

イベントの料理コーナーの一角にあった、ジャイナ教徒向けの料理を販売していることを示す看板。アフマダーバードにて。

の伝統や文化を何らかの統一性をもつものとして語る政治・社会勢力がしばしば登場している。そのような人々のなかでは、「ヒンドゥー」はしばしば「菜食主義」と結びつけられ、肉を摂取するムスリムやキリスト教徒に対する彼らの優位性が主張された。しかし実際には、「ヒンドゥー」の過半数以上は肉や魚を摂取しており、なかには長年にわたり牛肉を消費する慣習をもつ人々もいる。

ここで、肉食・菜食や牛肉食をめぐる人々の消費傾向について、先行研究をもとにまとめてみよう。近年、消費傾向に関して、いくつかの重要な統計や分析結果が出されている。ここではそのなかから、二〇一八年に『エコノミック・アンド・ポリティカル・ウィークリー』誌に発表された論文の内容をかいつまんで紹介する。

同論文では三種類の統計が分析されており、[*17] 各統計間の差異はあるものの、肉、魚、卵を摂取しないヴェジタリアンは、多く見積もっても人口全体の三割程度にすぎないと推測されている〔Natrajan and Jacob 2018: 55, 63〕。さらに宗教コミュニティごとにヴェジタリアンの割合をみてみると、ジャイナ教徒は複数の統計で人口の九割以上がヴェジタリアンであるのに対して、ヒンドゥーの場合にはその割合は三割から四割程度となっている〔Natrajan and Jacob 2018: 57〕。ムスリムやキリスト教徒におけるヴェジタリアンの割合は、いずれの統計でも一割以下である。

さらに、カーストにより消費傾向が異なっている点も注目に値する。ある統計によれば、バラモンの間でヴェジタリアンが六六%を占めるのに対して、「その他後進諸階級」の間では二一%、指定カースト（かつて「不可触民」と呼ばれた人々）の間では一三%となっている。[*18] 同じ統計によれば指定トライブ〔注13参照〕の間では、この割合は八%とさらに低くなっている。

今度はヴェジタリアンの割合を州ごとに比較してみると、西部、北部が相対的にはヴェジタリアンの割合が高く、東部、南部が低いという傾向が明確に表れており、地域による違いも重要であることがわかる〔Natrajan and Jacob 2018: 57〕。ある統計によれば、北東部に位置する六つの州ではヴェジタリアンの占める割合が人口の二%以下であり、東部に位置するアッサム州、西ベンガル州、及び南西部のケーララ州でも五%以下となっている。それに対して北西部のハリヤーナー州、ラージャスターン州、パンジャーブ州ではその割合は七五%以上に及んでおり、顕著な地域差が確認できる。こうした地域差には、自然環境、歴史的背景、人口構成、その州における政治・社会状況など、様々な要因が考えられる。

カーストや地域の違いに加えて、ジェンダーによる違いも指摘されており、いずれの宗教コミュニティ、階層においても、軒並み女性のほうがヴェジタリアンの割合が高いという結果が出ている〔Natrajan and Jacob 2018: 59-60〕。この要因としては、女性のほうが経済的・社会的制約の影響を受けやすく、また、男性のほうが家庭の外で食べる機会が多いなど、食の選択の自由度が高いことが考えられる。さらには、男性性と肉食とを結びつける考え方が、一部の人々に影響を与えている可能性もある。

牛肉食については、同論文が用いた統計からはヒンドゥーの大多数が摂取していないとの結果が出ている。ただし指定カーストの場合には、ヒンドゥーに属する場合もそれ以外（仏教徒、シク教徒）

に属する人々を含めた場合も、四－五％の人々が牛肉を消費していることを示す統計もある〔Natrajan and Jacob 2018: 60〕。同じ統計によれば、牛肉を食べる人々の割合はムスリムで四二％、キリスト教徒で二七％となっており、宗教上では牛肉を忌避する必要がないにもかかわらず、その割合が過半数に満たないことがわかる。この理由としては、牛肉が入手しづらい、周囲からの反発を恐れて摂取しない（できない）などの可能性が考えられる（さらに、たとえ牛肉を消費していても、それを公にしない人々が存在する可能性もある）。宗教上の制約がないコミュニティにおいても牛肉が避けられる傾向は、近年のヒンドゥー・ナショナリズムの台頭と牛保護運動の高まり（後述）によって、さらに強まりつつあると思われる。

五　浄・不浄の概念

次に、ヒンドゥーの間でのヴァルナによる食をめぐる慣習の違いや浄・不浄の概念についても簡単に触れておこう。ヴァルナ（種姓）とは、「色」を意味する言葉が身分・階級の意味で用いられるようになったもので、バラモン（司祭階級）、クシャトリヤ（王侯氏族階級）、ヴァイシャ（商人階級）、シュードラ（隷属的下層階級）の四ヴァルナがあり、その下に「不可触民」が位置づけられる。*19 古代の諸文献には、上位のヴァルナに属する人々が下位の者と食事をすることを戒めたり、食事中に下位の者と接触した場合には食事をやめるように説くなど、穢れの観念が随所に表されている〔Prakash

1961〕。人々の間の社会的序列は、食事をともにするかどうか、食べ物を相手から受け取るかどうかを通じて象徴的に示され、また、各々の食の選択は、食材自体の浄性や、調理方法と浄性との関係をもとに、ヴァルナや社会的立場に応じて行われるものとされていた。

ただし、古代にはバラモンの間でも肉食は行われており、とりわけ健康の観点から牛も含めた肉の消費が許されていた。[*20] インドで今でも参照されるアーユルヴェーダ〔古代インドで体系化された医学〕を例にとれば、この医学を記した書物のひとつ、『チャラカ・サンヒター』では、牛肉も含め、肉の種類が細かく列挙されており、それぞれの身体に対する効用が記述されている〔矢野一九八八、一九四―八頁〕。また、紀元前後に記された『マヌ法典』をみても、バラモンにおいてでさえ、供儀のための殺生や肉食は認められている。しかし『マヌ法典』では同時に、家住期のバラモンに対する指示として、[*21]「窮迫時でないときに規則を無視して肉を食してはならない」「生き物を殺害することなく肉を手に入れることは決してできず、一方生き物の殺害は天界に導かない。それゆえに肉を避けるべし」などと記されており、肉食を避けることを促す様子もみられる〔渡瀬一九九一、一六五―九、四三四頁〕。

肉食を避けるべきであるとのこのような考え方は、バラモンの社会的地位や道徳性を裏づけるために用いられ、強調されていった可能性がある。実際には中世においてもヒンドゥーの宮廷料理書にも肉食料理が登場するなど〔コラム1参照〕、肉食はある程度行われていたのだが、これを避けるべきであるとの考え方は、バラモンの間では時代を追って優勢になっていったと思われる〔ただしバラモンの間でも肉食に対する対応には地域差がみられる）。とりわけ牛については、農業にとっての重要性から、そのと畜を咎める考え方が広まっていったともいわれている〔Jha 2002: 113-5〕。ムガル朝の第三代皇帝アクバル（在位一五五六－一六〇五）は、自らはムスリムであり、肉食全般を避ける宗教上の義務はなかったのだが、肉食が動物に苦痛を与えることや、「世の人々の気分を害する」可能性に配慮して、肉食を避ける日を増やしながら、徐々に肉食を放棄することを試みている〔真下他二〇一六、五四－五頁〕。このことからは、アクバルが接していたような社会的上層に位置するヒンドゥーの間では、肉食を避けるべきであるとの考え方がある程度共有されていたことが推測される。

やや後の事例になるが、一八世紀末頃のマラーティー語史料には、あるバラモンが飲酒をしていることを咎めて、他のバラモンたちが「このままでいくと、今に生き物の肉を食べるようになるぞ」と忠告したとの記述がある。さらに同時代の別のマラーティー語史料には、あるバラモンが「肉に至るシュードラの食べ物」を食べてしまったために、彼の属するカーストから追放されたとの記述もある〔小谷一九九三、七六頁〕。これらの史料からも、バラモンの間では肉食が忌避されていたことや、一方で下位のヴァルナの人々はこれを食していたことがうかがえる。*22

宗教やヴァルナに関わる禁忌や浄・不浄の観念は、次節にみるようにイギリス植民地支配が浸透していく過程で、大いに議論され、様々な葛藤を呼び起こすことになる。そこでは食生活において宗教上の規定や浄・不浄の観念にどこまで従うのかが、その個人の宗教に対する考え方、コミュニティとの関係、自己のアイデンティティのあり方を示すことにもなったのである。

六　「西洋近代」と食の選択

ここからは、本書で焦点を当てているインド近現代の食をめぐる状況――都市部を中心とした――について、注目すべき点を時代背景とともに簡単に紹介していこう。

インド近代はイギリス植民地支配と重ねて語られることが多い。一五世紀のポルトガルによるインド亜大陸への進出以降、ヨーロッパ勢力は商業活動のための拠点をインド各地に築くようになるが、一七世紀から活動を始めたイギリス東インド会社もそのひとつであった。イギリス東インド会社は、在地勢力間の争いに関わるなかで、一八世紀後半から実質的な領土支配を開始し、その領域を広げていく。さらに一八五七年に起きたインド大反乱を鎮圧すると、ムガル皇帝を廃位させ、東インド会社を解散してイギリス政府がインドを統治する体制に改めた。一八七七年にはヴィクトリア女王がインド皇帝に即位し、インド帝国が成立する。

こうして植民地体制が確立していくなかで、インド各地の都市部では、英語を媒介とした高等教育を受け、西洋の学問や思想に触れ、卒業後は官僚職や専門職、商業活動などに携わって活躍するエリートたちが台頭した。彼らは支配者層と民衆とをつなぐ「中間」に位置する階層として自らを位置づけており、「中間層（ミドル・クラス）」と呼ばれた。社会・宗教改革や言論・出版活動に関わる者も多く、やがてそのなかから民族運動の指導者たちも登場する。

彼らの間では植民地支配の影響下で、「我々は何者であるのか」「我々はどのようであるべきなのか」をめぐる様々な模索が行われるようになる。食をめぐるそれまでの慣習を見直す動きも、この流れのなかで起こっている。そこでは西洋の料理や食習慣へのあこがれや、これらを取り入れることで自分たちを「文明化」「近代化」するといった発想がみられることもあれば、それとは逆に「他者」の食文化に批判的な目を向け、自分たちの食文化の精神的優位性を説く動きもあった。

例えば上位カーストのエリートたちのなかには、西洋へのあこがれから肉食や飲酒を積極的に試みる人々がいる一方で、むしろ菜食主義をヒンドゥーの伝統として主張し、その遵守を説く者もいた。あるいは、一部のエリートたちは、社会・宗教改革運動を組織するなかで、浄・不浄の観念やこれに基づく差別を批判し、カーストやコミュニティの異なる人々との共食や食器の共有を行うようになるが、これに対して、こうした行為によって自らの社会的地位を失うことを恐れ、変革に消極的な人々もいた〔第一章参照〕。

また、この時代のエリートたちの間では、家の「外」の世界で、近代化、西洋化を取り入れていく男性たちに対して、女性たちは「よき妻、よき母」として家を守り、コミュニティの伝統や精神性を保持する役目をもつとの考え方が広まっていたが〔Chatterjee 1993; 粟屋二〇〇三〕、このことは女性と台所との結びつきを強調する議論を促すことにもなった。すなわちそこでは、主婦は家族に献身的に奉仕する存在であるとされ、料理は子育てと並んで女性が家庭において担う最も重要な責務であるとされた〔Banerjee 2004: 111-3〕。女性は生まれながらに料理人であり、家族のためにおいしく愛情のこもった料理をつくるという女性の役割は、家の外から連れてこられ、金銭で雇われた料理人には務まりえない、というわけである〔Ray 2015: 121-30; Walsh 2005: 190-1〕(第三章も参照のこと)。教育を受けた「近代的女性」が、夫や子どもの健康や福利に関わる仕事を放棄し、インド女性の本来の美徳を失うことに対する恐れも、当時の世論にしばしば登場している。また、宗教上の禁忌についても、「外」の世界に出ることが少なく、「伝統」を担う役目をもつとされる女性のほうが、遵守することをより強く求められる傾向があった。

こうした「西洋近代」の影響下での食をめぐる議論は、雑誌や新聞などの出版物にも頻繁に現れている。また、植民地期には在地諸語による料理書が執筆され、出版されるようになるが、その内容には西洋の料理書の影響はもとより、当時のインド社会における食のあり方をめぐる議論がしばしば反映されていた。ただし、一九三一年の段階でも五歳以上の人口の識字率は男性で一六%、女性で三%であり〔Hutton 1933: 325〕、こうした出版物に現れる議論を直接目にしていたのはごく限られた社会層にすぎない。しかし彼らの間で展開された議論や考え方は、その社会的影響力を通じて、他の社会層にも広まっていくことになる。

ここで、植民地インドでの食をめぐる模索の一例として、のちに「インド独立の父」として知られるようになるモーハンダース・カラムチャンド・ガーンディー(一八六九−一九四八)の自叙伝に書かれたエピソードを紹介しよう。ガーンディーはこのなかで、一九世紀終わりにインド西部の都市ラージコートにある高等学校にいたころに、両親に隠れて肉食を試みたことを告白している。彼の家はヒンドゥーのヴァーニヤー（バニヤー）と呼ばれるこの地域では上位に位置するカーストに属し、ヴィシュヌ神を信仰する宗派に属していた。両親は厳格なヴェジタリアンであり、家庭では肉食など論外であった。ところがガーンディーはあるとき、学校の友人から、「我々は肉を食べないから弱いのだ。イギリス人は肉食をするから我々を支配できるのだ」と肉食を強く勧められる。この友人はまた、すでに学校の教師やラージコートの著名な人々、さらに生徒の一部も肉食や飲酒をしていると主張した。ガーンディーはとまどいながらも、自分自身の身体の貧弱さや体力のなさ、勇気のなさを自覚していたこともあり、ついに肉食を試みることを決意する。このときの心境について、彼はのちに自叙伝のなかで、「私は強く、勇敢になりたかったし、私の国の人々にもそのようになってほしかったのだ」と記している〔Gandhi 1992: 23-4〕。こうしてガーンディーはためらいながらも何度か山羊肉を摂取したのだが、両親を欺きつづけることを耐えがたく感じ、まもなく肉食を放棄している。このときの彼の決断は、両親の存命中は肉食をしないというものであったが、その後、イギリス留学中に西洋の菜食主義思想に触れたのをきっかけに食についての考察を深め、それからは自らの強い信念によって菜食を貫くようになる。*23 この食をめぐるエピソードには、まさに植民地支配下で変容する社会のなかで、ガーンディーが自らの立ち位置、アイデンティティを模索する様子が映し出されている。

七　独立後のインドと「インド料理」

一九四七年八月一五日にインドはイギリスからの独立を達成する。このとき、それまでのインド帝国はヒンドゥー多住地域とムスリム多住地域とに分けられ、前者はインド、後者はパキスタンとしてそれぞれの道を歩み出す。新たに引かれた国境線は大規模な人口移動を引き起こし、ムスリムがインドからパキスタンへ、ヒンドゥーとシク教徒がパキスタンからインドへと難民として流れこんだ。その過程では、双方が相手方のコミュニティを攻撃したり、相手方の女性を拉致するなど、様々な暴力が発生し、多くの犠牲者が出た。

印パ分離という痛みとともに独立したインドは、一九四九年には長大な憲法を制定し（施行は一九五〇年）、民主主義国家としての道を歩みはじめる。かつて一八八八年に、インド行政に携わった経験をもつイギリス人、ジョン・ストレイチー卿はある講演のなかで、今も昔も「ひとつのインド」など存在しないと断言したが、独立後も欧米からは、インドの国民統合や民主主義のゆくえを懸念し、インドの存続をも危ぶむ声が挙がっていた〔Guha 2008: xii-xvii〕。こうしたなかで、インドは「多様性のなかの統一」のスローガンを掲げながら、異なる地域、言語、宗教、カーストに属する人々から成るインドの国家建設を進めていく。その過程で、食における地域間、コミュニティ間の交流が進み、冒頭に紹介したアパドゥライが描くようなサラダ・ボール的な「インド料理」概念――多様な「地方料理」や「エスニック料理」から構成される「インド料理」のイメージ――も発達していったと考えられる〔Appadurai 1988〕。ただし、ここでの「インド料理」を構成する地方・エスニック料理は、都市中間層という限定された階層の食を反映したものであり、経済的・社会的に下層に位置づけられた人々の料理は、「インド料理」像のなかでも周縁化されていた。

これに関連して、独立後においても、カーストや宗教に基づく差別が食に関連する場面でしばしば現れていたことにも触れておく必要がある。インド憲法は第三編「基本権」の第一五条で、「宗教、人種、カースト、性別、出生地」を理由とした差別を禁止しており、店舗、公共食堂、宿泊施設、井戸、貯水池などの差別が起こりうる場所を具体的に挙げながら、いかなる差別も禁ずるとしている〔*The Constitution of India* 2007: 7; 孝忠 二〇〇二、五五頁〕、この規定が人々の日常に必ずしも浸透しなかったことは、各地で報告されている多くの事例から明らかである。一九六〇年代後半においても、ある有名料理店では、バラモンと非バラモンの共食を避けるべく、食堂にバラモン客専用の区画を設けていた〔Madsen and Gardella 2012: 101〕。現在においても、「ダリト（「抑圧された人々」の意で、かつて「不可触民」と呼ばれた人々を指す）」に対しては別のコップで茶を提供する茶屋の例が各地で報告されている*24（例えば、〔*The Indian Express*, 1 September 2014〕）。

インドで売られている料理書のいくつか（出版元が海外にあるものを含む）。インド各地の料理を網羅的にまとめたものもあれば、特定の地域やコミュニティの料理に焦点を当てたものもある。

一九八〇年代後半以降、インドは急速な経済成長を遂げ、グローバル化が進展した。こうした変化は人々の食のあり方にも影響を与えており、とりわけ都市部における食の風景は大きく変化した。なかでも目を引くのは、外食産業の発展や、スーパーの出現に象徴されるような食品流通網の変化である（飲酒消費の変化については第八章参照）。都市の中心部や巨大モールのフードコートには、いわゆる「新中間層」——一定の所得をもち活発な消費活動を行う人々——をターゲットとした多種多様な料理店が並び、それらについての詳細な情報がインターネット上に溢れている。[*25]

一方、こうした「新中間層」の家の内部でも、食をめぐる状況は変化しつつある。電子レンジなどの家電製品が次々と買い足される家も多く、調理にかける負担は軽減されつつある。加工食品やケータリングサービスも発達し、状況に応じてこれらを利用する人々も増えている。テレビやウェブ上の料理番組や、市場に出回っている料理書には、異なる需要に応じた幅広い料理が紹介されており、そこにはグローバル化、健康志向の広まり、ライフスタイルの変化など、同時代の様々な社会変化が反映されている。また、海外に移住したのちにインドに戻ってきた家庭や、海外に送り出した家族の成員と頻繁に交流を続けている家庭も多く、そうした家庭では移住先の食習慣が随所に取り込まれている様子もうかがえる。

こうした経済成長・グローバル化の影響とそれに伴う食の変化は、宗教と結びついた食の禁忌の観念を弱めていくかにみえる一方で、逆に「文化」「伝統」の名のもとに、食物規定の遵守を主張する勢力を後押ししているかに思われるときもある。このことを顕著に示す例が、ヒンドゥー・ナショナリズム勢力が展開している牛保護運動と牛肉食をめぐる議論であろう。*[26] 近年、彼らによる運動はしばしば過激化し、牛のと畜に関わった疑いがあるとして、ムスリムやダリトを攻撃する事件が繰り返され、死傷者をも出す事態となっている。

牛保護運動が活発化する現象は植民地期にもみられ、と畜をめぐりヒンドゥー・ムスリム間の対立や衝突が生じることもあった〔小谷 一九九三〕。ガーンディーもこの問題に大きな関心を寄せており、その著作『ヒンド・スワラージ（インドの自治）』（一九〇九）のなかで自らの見解を述べている。彼は、自身も牝牛を崇拝していると述べ、農業国インドにおける牝牛（彼によれば「インドの保護者」）の有用性を強調したうえで、と畜に強固な姿勢で反対することには異を唱えている。牝牛保護のためには、ヒンドゥーがムスリムにと畜をやめるように懇願すべきである、というのが彼の考えであった〔Gandhi 1997: 54-5〕。

ガーンディーが農業との関わりから牛保護を説いたのと同様に、独立後に制定・施行されたインド憲法も、ヒンドゥー教の観点からではなく農業・畜産業の観点から、牛のと畜を禁止する方向を打ち出している。第四編「国の指導原則」のなかに含まれた第四八条は、「国は農業や畜産業を近代的・科学的に組織することに努めなければならず、とりわけ牝牛や子牛、その他の搾乳用・役畜用の牛の品種を維持・改良するための措置や、それらのと畜を禁止するための措置をとる」と定めている〔*The Constitution of India* 2007: 23; 孝忠 二〇〇二、六八頁〕。この第四八条は、あくまで国の目標として掲げられたものであり、法的強制力はなかったのだが、その後、多くの州が州内における牛のと畜を禁ずるための法的措置を定めていく〔*The Indian Express*, 8 October 2015〕。ただしこの禁止措置は水牛には適用されていない場合が多く、水牛肉についてはインドは重要な輸出国となっている。独立後のインドが、初代首相ジャワーハルラール・ネルーのもとでセキュラリズム（政教分離、世俗主義）を掲げていたことを考えれば、表面的にはヒンドゥー教を理由としなかったにせよ、この条項はやや特異にも感じられるが、これは牛保護を求める勢力に対する妥協として生まれたものと考えられる。*27

憲法制定過程でこのような妥協による解決が試みられたにもかかわらず、牛保護運動が再燃化したのは、近年、とりわけ二〇一四年の連邦下院選挙でインド人民党が勝利し、ナレーンドラ・モーディー政権（インド人民党を中心とする連立政権）が発足して以降のことである。ヒンドゥー・ナショナリズム勢力のもとでムスリムへの排斥的な動きが強まるなかで、牛保護運動はこれを象徴するものとなる。牛保護運動の犠牲者にはムスリムだけではなく、同じく牛のと畜との関連を疑われたダリトも含まれている点にも注意したい。さらに二〇一七年には、中央政府自らが、動物虐待防止の名のもとに、市場におけると畜を目的とした家畜売買（牛ばかりでなく水牛やラクダも対象とされた）を禁止する旨を告示する。この告示は司法の介入により翌年に撤回されたが、こうした政権の姿勢は牛保護運動への支持を明確に示すものであった。

牛保護運動に関わる人々は、インドで多数派を占める「ヒンドゥー」の文化・伝統が尊重されるべきことや、牛のと畜・牛肉食がヒンドゥーの宗教的感情を傷つけるものであることなどを主張している。インド人民党に属するある政治家は、ムスリムがインドにいるのはかまわないが、彼らは牛肉を食べるべきではない、と述べたと報道されて議論を呼び起こしたが、[*28] ヒンドゥー・ナショナリズム勢力からは、これと同じような趣旨の見解がしばしば表明されている。一方、社会的序列において下位に位置づけられてきたダリト、あるいは「宗教的マイノリティ」にあたるムスリムやキリスト教徒の間では、牛肉食を彼らのアイデンティティのひとつのマーカーとして捉える声や、[*29] 牛肉を食べることを彼らの文化的権利として主張する声などもある。[*30] ときには、食の選択の自由やマイノリティの文化的権利を掲げ、公の場で集団で牛肉を食するなどの催しも組織されたが（第七章参照）、こうした催しもまた、ヒンドゥー・ナショナリズム勢力からの激しい非難や攻撃の対象となった。

このように食のあり方の違いが、「我々」と「彼ら」の分断を主張する動きのなかで取り上げられ、分断や対立を強調するために、あるいは「彼ら」を排除・周縁化するために用いられる現象は、グローバル化のなかで異なる食習慣をもつ人々が混じりあう世界の他の地域においても、程度の差はあれみられるものである。本書の各章で扱われるテーマや問題関心は、このような現状をいかに理解すべきか、これにどのように対応していけばよいのか、という問いとも密接につながっている。

八　本書の構成

最後に、三編からなる本書の構成について説明しておこう。第Ⅰ編「食からみる植民地支配とナショナリズム」では、イギリス植民地支配の時代やその直後のインドを舞台として、異なる立場の人々に焦点を当て、彼らの間での食をめぐる模索や議論、新たな試みなどを描き出す。

第一章「一九世紀後半の北インドにおけるムスリム文人と食――郷愁と動揺」(山根聡)は、この時代のインドで宗教コミュニティへの帰属意識が高まるなかで、ムスリム知識人たちが過去の宮廷文化を回顧する様子や、イギリス支配を通じて異なる食文化と出会うなかで自分たちの食のあり方を模索する様子を、ウルドゥー語の文学作品をもとに描き出す。第二章「インドのイギリス人女性と料理人――植民地支配者たちの食生活」(井坂理穂)は、インドに滞在したイギリス人女性たち(メムサーヒブ)に焦点を当て、彼女たちが慣れない土地でどのような食生活を送っていたのかを、当時の家事指南書や彼女たちの残した回顧録を手がかりに検討する。そこには、「イギリスらしさ」を追求しながらも、メムサーヒブたちが在地社会の環境や料理人たちとの折りあいを通じて、在地の要素を取り込んだ独自の料理や食習慣を発達させていく過程が映し出される。

第三・四章では食と国民国家形成との関わりに関心が向けられる。第三章「ナショナリズムと台所――二〇世紀前半のヒンディー語料理書」(サウミヤ・グプタ)が試みるのは、この時代に出版された四冊の料理書の分析を通じて、その著者たち(すべて男性)がいかなる「インド」像を思い描いていたのかを探ることである。ここでは、同時代のナショナリズムの台頭を背景に、北インドの上位カースト知識人たちのなかで影響力をもつようになった国家像、すなわちヒンディー語、ヒンドゥー教徒を中心としたヒンドゥスターン(インド)という国家像が、料理書の世界にも入り込んでいくさまが描き出される。第四章「現代「インド料理」の肖像――はじまりはチキンティッカー・マサーラーから」（山田桂子）は、チキンティッカー・マサーラーの起源をめぐる論争を取り上げ、その謎を解くなかで、この料理がインドがイギリスから独立した際に、印パ分離の影響で西パンジャーブからデリーに逃れてきた移民によって広められたことを示す。そこには、一地方の庶民の料理が「パンジャーブ料理」、さらには「インド料理」の代表へと「格上げ」されていく過程が現れる。

各編の末尾には、その編に収められた章の内容に関連して、情報や視点を補足するためのコラムが設けられている。第Ⅰ編のコラム1「中世のサンスクリット料理書」（加納和雄）では、時代を遡り、中世に書かれた料理書に焦点を当てる。コラム2「「宗教的マイノリティ」意識と食――近現代インドのパールシー」（井坂理穂）では、インドにおいて「宗教的マイノリティ」に位置づけられるパールシー（インドのゾロアスター教徒）が、「自分たち」の食文化をどのように語ってきたのかを分析する。

第Ⅱ編「食をめぐる語り」は、現代に書かれた回顧録や小説をもとに、食を介して現れる人々の帰属意識や人間関係、彼らを取り巻く社会の変容を考察する。

第五章「一口ごとに、故郷（ホーム）に帰る――イギリスの南アジア系移民マイノリティの紡ぐ食の記憶と帰属の物語」（浜井祐三子）では、南インド出身でイギリスに移住した女性の回顧録を取り上げ、筆者とその家族の移住者としての帰属とアイデンティティが、食の記憶を通じて語られるさまを追う。第六章「買う・つくる・味わう――現代作家が描く食と女性」（小松久恵）は、現代インドのヒンディー語・英語小説のなかで、女性と食との関わりがどのように表象されているかを検討する。第II編の末尾におかれたコラム3「スパイス香るインドの食卓」(小磯千尋)は、上記の二論文をはじめ、本書に頻繁に登場するスパイス(香辛料)に関する情報をまとめたものである。コラム4「マハーラーシュトラの家庭料理――プネーのG家の場合」(小磯千尋)は、インド西部・マハーラーシュトラ州の都市プネー在住のある家庭の食生活を、長年にわたる参与観察に基づいて描いている。

第III編「変動する社会と食」では、食をめぐる近年のできごとや現象を分析しながら、その背景にある経済成長やグローバル化、ヒンドゥー・ナショナリズムの台頭などとの関連を探る。

第七章「もの言う食べ物――テランガーナにおける地域アイデンティティと食政治」(山田桂子)は、二〇一四年にアーンドラ・プラデーシュ州から分離するかたちで誕生したテランガーナ州に焦点を当て、この州創設を導いた抗議行動のなかで食が果たした役割を分析する。さらに、これを契機に語られはじめた「テランガーナ料理」がどのようなものであるのかを、食とカーストとの関係にも着目しながら考察する。第八章「飲むべきか飲まぬべきか――ベンガルール市でのフィールドワークから」(池亀彩)は、飲酒の形態が社会階層により分断され、それが都市空間にも反映されているさまを描き出す。さらに、近年の州政府によるアルコール飲料の販売経路の管理や、「都市のブルジョワ化」の影響で、飲酒文化がどのように変化しつつあるのかを、階層ごとの差異に留意しつつ明らかにする。

第九章「ハラール食品とは何か――イスラーム法とグローバル化」(小杉泰)は、地域横断的な視点から、インド食文化を考えるうえでも重要なイスラームの食事規定を考察する。ここでは、こうした規定がムスリムと非ムスリムとの間の境界を生み出し、日常におけるアイデンティティ形成に大きな役割を果たしていることが指摘され、さらにグローバル化の進展のなかでの「ハラール食品」「ハラール認証」をめぐる動きに目が向けられる。この章に続くコラム5「日本における「カレー料理」と「インド料理」」（山根聡）は、日本における「カレー料理」と「インド料理」の発展過程や、日本とインドにおけるハラール料理をめぐる状況を概観する。コラム6「ジャイナ教の食のスタイルとその背景」（上田真啓）では、人口規模においてはインドの総人口の〇・四％を占めるに過ぎないが（二〇一一年センサス時点）、インドで大きな経済的・社会的影響力を維持してきたジャイナ教徒に焦点を当て、彼らの食のスタイルを紹介する。

食の選択を切り口に、近現代インドの社会変容や様々なアイデンティティのあり方を探るという試みは、本書だけで完結するものではない。ここでは十分に取り上げられなかった農村部における食の選択をめぐる変化や、ダリトやトライブの間で展開されている食をめぐる議論や運動など、検討すべき事例は他にも数多く存在する。ここに収められた諸論文が何らかのきっかけとなり、さらなる研究の広がりにつながれば幸いである。

〈補説〉「カレー」の概念[*31]

本書のテーマからはややずれるのだが、インドの「食」を語るうえで必ず登場する「カレー」という言葉に関して簡単な説明を加えておきたい。近年では日本においても数多くのインド料理店が存在し、インド料理の多様性についての認識が広がっているものの、「カレー」の言葉が何を意味するのか、どの範囲を指すのかについては、様々な混乱がある。その混乱の原因は、この言葉が現在のようなかたちで使用されるようになった歴史的経緯にあるといえよう。

「カレー」、すなわち英語のcurryは、肉、野菜、コショウを意味する「カリ」というタミル語やカンナダ語にある単語がもとになったともいわれているが〔辛島 二〇〇九、二二一−四頁〕、その起源は明らかではない。語源が何であるにせよ、一六世紀からインドに進出したポルトガル人は、この言葉を香辛料で味付けされた料理（特に汁気のあるもの）を表すのに用い〔Yule and Burnell 1886: 217-9〕、この用法が英語にも引き継がれた。英語ではcurryと綴られたこの単語は、香辛料で味付けされた料理の総称として、イギリスを介して世界各地へと広まっていき、日本においても「カレー」という料理名として定着したのである。

日本でインドの食に関する情報が現在のように広まっていなかったころは、インドに滞在していた話をすると、「食事は毎日カレーですか？」という質問をよく受けたものだが、インドの家庭のなかで料理の話をするときに、「カレー」あるいは「〇〇カレー」という表現が出てくることはあまりない。香辛料で味つけされたそれぞれの料理は、「アールー・ゴービー（アールーはじゃがいも、ゴービーはカリフラワー）」「ベインガン・バルター（ベインガンは茄子、バルターはつぶしたもの）」など、食材の名前を用いた名称（ここではヒンディー語の名称を例として用いた）で呼ばれることが多い。ただし、レストランのメニューやレトルト食品のパッケージに「○○カレー」という料理名が含まれていることからもわかるように、英語の「カレー」という言葉はインドでも使われており、在地の人々もこの言葉を状況に応じて使用している。しかし、食材も調理法も香辛料の組みあわせも異なる多様な料理を、一括して「カレー」というひとつの料理名で呼ぶ発想は、やはりヨーロッパ起源のものといってよいだろう。先行研究の紹介のなかで触れたリジー・コリンガム『カレー――ある伝記』の言葉を借りれば、「実はカレーという発想は、ヨーロッパ人がインドの食文化に押しつけた概念」であったということになる〔Collingham 2005: 115〕。

これに関連するのだが、いわゆる「カレー粉」を発達させたのもイギリス人である。各種の香辛料を家庭で挽き、料理にあわせて調理の各段階で入れるというインドの家庭でのやり方に対して、イギリス人たちは、複数の香辛料をあらかじめ調合したカレー粉をつくり、これを頻繁に利用するようになった〔Collingham 2005: 140〕（第二章参照）。カレー粉がイギリス本国で販売用に製造されるようになると、この製品はイギリス国内で消費されたばかりでなく、世界各地へと伝わった。明治期の日本においても、「西洋料理」としてカレーが知られるようになった当初、味つけに使われたのはイギリスのC&B社が製造したカレー粉であった〔森枝 一九八九、七八頁；小菅 二〇一三、五六頁；Sen 2009: 115〕。日本におけるインド料理の歴史については、コラム5も参照されたい。

註

＊1　こうした自他の境界や、自己のアイデンティティのマーカーとしての食の役割については、ヨーロッパにおける「文明化」の過程を検討するなかで、食事作法の基準が形成されていく様子を社会構造の変化と関連づけて示したエリアスの研究や、社会の階層化と食生活の階層化との関係を指摘したグディの研究などがあり、現在にいたるまで食の歴史研究に重要な影響を残している〔エリアス 一九七七；Goody 1982〕。

＊2　食の歴史に関する世界的な研究蓄積・動向については、〔Pilcher 2012〕などを参照。

＊3　ヒンドゥー・ナショナリズム勢力は、ヒンドゥー教徒やヒンドゥー文化（彼らが考えるところの）を中心としたインド国家像を掲げ、ムスリムやキリスト教徒に対する排他的な主張を繰り返している。この勢力を政界で代表しているインド人民党は、一九九八年から二〇〇四年までインド連邦下院の第一党として連立政権の中心にあり、その後しばらく野党の座に退くものの、二〇一四年の選挙においてナレーンドラ・モーディー指揮下で再び勝利し、現在（二〇一八年）も他の複数の政党とともに連立政権を担っている。

＊4　これらの料理書は英語で書かれているため、インド内部の特定の地域に限定されることなく、教育を受けたインド各地の都市中間層女性の間に流通した。

＊5　植民地期から現在にいたるまで、インドは大規模な移民を世界各地に送り出してきた。詳細については、〔首藤 二〇一〇；古賀・内藤・浜口 二〇〇〇〕を参照。

＊6　なお、本文中では取り上げなかったが、本章末尾の参考文献リストにはインド食文化の概説書（英語、日本語）の代表的なものも掲載している〔辛島 二〇〇九；小磯・小磯 二〇〇六；Achaya 1994; Sen 2015〕。

＊7　本章には、『Vesta』誌からの承諾を得て、〔井坂・小磯 二〇一六；井坂・加納 二〇一六；井坂・山根 二〇一六〕のなかで筆者自身が執筆した部分を、本

章のために改訂した文章が含まれている。

＊8　詳細については、〔杉本 二〇一五；小磯 二〇〇八〕を参照。

＊9　香辛料の歴史に関しては、〔Prakash 1961; Achaya 1994; 山本 二〇一六〕を参照。

＊10　現在のインドの「州」区分は、植民地期から独立後にかけて再編を繰り返し、一九六〇年までにほぼ今のようなかたちをとるが、その後も政治・社会情勢に応じて部分的な再編が行われている。州再編過程には様々な要素が絡みあっていたが、独立後は特に言語分布との対応が重視されていた。

＊11　「ベンガル料理」や「パンジャーブ料理」の場合には、英領時代のベンガル州やパンジャーブ州が、一九四七年のインド・パキスタン分離独立によって両国に分断され、言語的な共通性をもつ地域が国境をはさんでそれぞれ二分されたという歴史も考慮する必要がある。国境の両側における「ベンガル料理」に関しては〔Janeja 2010〕を参照。

＊12　例えば二〇〇五年に出版され、一〇〇〇点のレシピを含む大著として注目を集めたプシュペーシュ・パント『インド――料理書』では、料理ごとにその地域的起源が記されているのだが、そこには現在の州名のほかに「アワド」「ハイダラーバード」などのかつての藩王国名も用いられている〔Pant 2010〕。

＊13　デリーに移り住んだナガランド出身者たちが、こうした食習慣をめぐって近隣の人々とのトラブルに巻き込まれることもある〔Kikon 2018: 96〕。ナガランドに住む人々の多くは、「トライブ（部族）」（独立後のインドでは様々なトライブを法制度上で「指定トライブ」として認定している）に属している。「指定トライブ」は連邦・州議会、公職、高等教育機関などで人口比に応じた留保枠を与えられている。ナガランドのトライブに属する人々の間では、かつてはアニミズム的な信仰形態がみられたが、近代にキリスト教宣教師の影響のもとで多数の人々が改宗し、現在でも州の人口の九割近くをキリスト教徒が占めている。こうした社会状況が彼らの食に対する他地域出身者からの批判的見解の背景となっていることもある。

＊14　ジャイナ教徒が根菜類を避ける理由としては、

この他に、土中あるいは根菜の内部にいる生物を傷つける可能性が挙げられることもある。

*15　ユダヤ教徒の間では乳製品と肉とをあわせて調理することも禁じられているために、ミルクのかわりにココナッツミルクを用いて料理をつくるなどの工夫もみられる。

*16　「ヒンドゥー」という言葉自体が、もともとは「インダス川流域に住む人々」という地理的概念に基づく言葉であった。インド亜大陸の様々な信仰が、時代の流れのなかで相互に連関していき、これがヨーロッパ勢力によって「ヒンドゥー教」というひとつの「宗教」として語られはじめたと考えられている。

*17　ここで用いられているのは、「全国標本調査(National Sample Survey)」(二〇一一—一二年)、「インド家族健康調査(National Family Health Survey)」(二〇〇五—六年)、「インド人間開発調査(Indian Human Development Survey)」(二〇〇一年)の三種類の統計である。これらの統計の詳細については、〔Natrajan and Jacob 2018〕を参照。この他に地域別の食料消費パターンやヴェジタリアン、ノンヴェジタリアンの割合については、〔杉本 二〇一五：*The Hindu*, 14 August 2006〕などの分析もある。

*18　「その他後進諸階級(Other Backward Classes/OBCs)」とは、指定カーストや指定トライブには含まれていないが、「社会的・教育的後進階級」であるとして、中央政府や州政府によって認定された諸集団(主にカースト集団)を指す。公職への雇用や高等教育機関への入学などに際しては、指定カースト・指定トライブとともに、ＯＢＣにも留保枠が与えられている。

*19　インドにおける「カースト」(ポルトガル語で「血統」を意味する言葉に由来)を語る際には、「ヴァルナ」と「ジャーティ」という二つの概念から説明されることが多い。本文に記したような四つの身分を意味するヴァルナに対して、「ジャーティ」(「生まれ」の意)は、職業との結合や内婚などを特徴とする社会集団である。ただし、ジャーティという言葉がこのような社会集団を示すのに使われ出すのは近代以降である。詳細については、〔藤井 二〇〇七〕を参照。

*20　古代から中世にかけての肉食・菜食をめぐる状

況については、〔Jha 2002; Prakash 1961〕を参照。

*21　上位の三ヴァルナは生涯のなかで、学生期、家住期、林棲期、遊行期の四段階を経るものと考えられており、このうち「家住期」は、家庭をもち、子どもを育て、家長として宗教的・社会的義務を果たす時期を指す。

*22　「不可触民」の場合には、「不浄」とされる動物の死体の処理を彼らが担っていたことから、その肉を食することが慣習となったともいわれている。植民地期から独立後にかけて不可触民の指導者として活躍したB・R・アンベードカルは、古代においてはバラモンも牛肉を食べていたが、仏教に対抗するためにこの慣習を放棄して牛の崇拝を始めたと主張した。彼の考えでは、不可触民は村落において死んだ家畜をもらい受ける取り決めをしていたため、彼らにとっての重要な栄養源である牛肉を食べつづけ、このことが四ヴァルナによる不可触民差別を生じさせることになった〔山崎 一九七九、一一四―五頁；Chigateri 2008: 21〕。

*23　ガーンディーの食をめぐる模索については、別稿で論じている〔井坂 二〇一七〕。

*24　不可触民を表す言葉としては、この他にガーンディーが提唱した「ハリジャン（「神の子」の意）」という言葉や、行政用語である「指定カースト」などがある。ただし「指定カースト」の場合には、ヒンドゥー教、シク教、仏教以外の宗教を信仰する者は指定カーストとして認めないことが法的に規定されているため、ムスリムやキリスト教徒はこのなかに含まれない。現代インドにおいてもダリトに対するあからさまな差別が行われていることは、ドキュメンタリー映画『触れられないインド――遠ざけられた人々の物語（*India Untouched: Stories of a People Apart*）』（K・スターリン監督、二〇〇七年）で取り上げられた様々な事例からもうかがえる。

*25　インドにおける外食の歴史については〔Conlon 1998〕を参照。植民地期以降、都市部では外食産業が発展していったが、浄・不浄の観念や衛生上の考慮から、外食の慣習はすぐには広まらなかった。ムンバイーでは、家庭でつくられた弁当を短時間で職場に配達する独自のサービスが植民地期から開始

された。

＊26　現在のヒンドゥー・ナショナリズム勢力の「牛保護(cow protection)」が対象とする「牛」の範囲については、牝牛を意味している場合もあれば、雄牛を含めてこの言葉を用いている場合もあるため、以下では基本的には「牛」の訳語をあて、文脈から牝牛についての言及であると推測できる場合には「牝牛」の訳語をあてる。

＊27　当時、与党・インド国民会議派内の右派勢力からは、牛の保護を憲法に明記することを求める声が強く挙がっていた。なかには基本権のなかに牛保護の規定を含めようとする動きもあったのだが、憲法草案委員会の委員長であったアンベードカルは、基本権は市民に適応されるものであり、牛は市民ではないとして却下している〔Copland 2017; Gundimeda and Ashwin 2018〕。

＊28　インド人民党に属するハリヤーナー州州首相マノーハル・ラール・カッタルによる発言として報道され、議論を巻き起こした。カッタル自身は後にこの報道内容を否定している〔*The Hindu*, 16 October 2015〕。

これに関連して、近年、都市部においてノンヴェジタリアンであることを理由に、ムスリムが住居の賃貸や購入を拒否される事例が多数報告されていることにも注意したい。詳細については、〔Holwitt 2017〕他を参照。

＊29　ただし牛肉を食べる人々の間でも、牛肉消費に関する対応は状況によって異なっている。個々人が牛肉を選択するか否かは、健康上の観点、価格、周囲の環境その他、様々な要素によって変化しうる〔Staples 2018〕。

＊30　インド憲法第二九条は、インドに居住する独自の言語、文字、文化をもつ人々に対して、それらを保持する権利を保障している〔*The Constitution of India* 2007: 14〕。

＊31　本補説には、『Vesta』誌からの承諾を得て、〔井坂・山根 二〇一六〕のなかで筆者自身が執筆した部分を、本補説のために改訂した文章が含まれている。

参考文献

粟屋利江　二〇〇三「南アジア世界とジェンダー――

歴史的視点から」小谷汪之編『現代南アジア５　社会・文化・ジェンダー』東京大学出版会。
井坂理穂　二〇〇二「サバルタン研究と南アジア」『現代南アジア１　地域研究への招待』東京大学出版会。
――　二〇一七「何を食べるか、食べないか――M・K・ガーンディーの模索」東京大学教養学部編『知のフィールドガイド――分断された時代を生きる』白水社。
井坂理穂・加納和雄　二〇一六「中世インドの宮廷料理『パーカダルパナ』と『アーイーニ・アクバリー』より」『Vesta』一〇三号。
井坂理穂・小磯千尋　二〇一六「「インドの食文化」をいかに語るか」『Vesta』一〇三号。
井坂理穂・山根聡　二〇一六「イギリス植民地支配と食をめぐる変化」『Vesta』一〇四号。
石毛直道　二〇一二『石毛直道自選著作集　第Ⅰ期　第５巻　食事と文明』ドメス出版。
インド文化事典編集委員会編　二〇一八『インド文化事典』丸善出版。
ノルベルト・エリアス（赤井慧爾・中村元保・吉田正勝訳）一九七七『文明化の過程（上）――ヨーロッパ上流階層の風俗の変遷』法政大学出版局。
辛島昇　二〇〇九『インド・カレー紀行』岩波書店。
辛島昇他監修　二〇一二『南アジアを知る事典』平凡社。
小磯千尋・小磯学　二〇〇六『世界の食文化８　インド』農山漁村文化協会。
小磯千尋・篠田隆　二〇一七「現代インド、都市「新中間層」の食文化」『Vesta』一〇五号。
古賀正則・内藤雅雄・浜口恒夫編　二〇〇〇『移民から市民へ――世界のインド系コミュニティ』東京大学出版会。
小菅桂子　二〇一三『カレーライスの誕生』講談社。
小谷汪之　一九九三『ラーム神話と牝牛――ヒンドゥー復古主義とイスラム』平凡社。
杉本大三　二〇一五「食料消費パターンの地域的特徴とその変化」押川文子・宇佐美好文編『激動のインド５　暮らしの変化と社会変動』日本経済評論社。
首藤もと子編　二〇一〇『東南・南アジアのディアスポラ』明石書店。

田辺明生・杉原薫・脇村孝平編　二〇一五『現代インド1　多様性社会の挑戦』東京大学出版会。
藤井毅　二〇〇七『インド社会とカースト』山川出版社。
真下裕之監修（二宮文子・真下裕之・和田郁子訳注）二〇一六「アブル・ファズル著『アーイーニ・アクバリー』訳注（4）」『神戸大学文学部紀要』四三号。
森枝卓士　一九八九『カレーライスと日本人』講談社。
矢野道雄編・訳　一九八八『インド医学概論――チャラカ・サンヒター』朝日出版社。
山崎元一　一九七九『インド社会と新仏教――アンベードカルの人と思想』刀水書房。
山本紀夫　二〇一六『トウガラシの世界史――辛くて熱い「食卓革命」』中央公論新社。
渡瀬信之訳　一九九一『マヌ法典』中央公論社。
Achaya, K.T. 1994. *Indian Food: A Historical Companion*, Delhi: Oxford University Press.
Appadurai, Arjun 1988. "How to Make a National Cuisine: Cookbooks in Contemporary India," *Comparative Studies in Society and History*, 30-1.
Banerjee, Swapna M. 2004. *Men, Women, and Domestics: Articulating Middle-Class Identity in Colonial Bengal*, New Delhi: Oxford University Press.
Bhushi, Kiranmayi, ed. 2018. *Farm to Fingers: The Culture and Politics of Food in Contemporary India*, New Delhi: Cambridge University Press.
Chatterjee, Partha 1993. *The Nation and Its Fragments: Colonial and Postcolonial Histories*, Princeton: Princeton University Press.
Chaudhuri, Supriya and Rimi B. Chatterjee, eds. 2011. *The Writer's Feast: Food and the Culture of Representation*, Hyderabad: Orient BlackSwan.
Chigateri, Shraddha 2008. "'Glory to the Cow': Cultural Difference and Social Justice in the Food Hierarchy in India," *South Asia: Journal of South Asian Studies*, 31-1.
Choudhury, Ishani 2016. "A Palatable Journey through the Pages: Bengali Cookbooks and the 'Ideal' Kitchen in the Late Nineteenth and Early Twentieth Century," *Global Food History*, 3-1.
Collingham, Lizzie 2005. *Curry: A Biography*. London:

Chatto&Windus.（リジー・コリンガム　二〇〇六『インド・カレー伝』東郷えりか訳、河出書房新社）

Conlon, Frank F. 1998. "Dining Out in Bombay," in Carol A. Breckenridge, ed., *Consuming Modernity: Public Culture in a South Asian World*, Minneapolis: University of Minnesota Press.

The Constitution of India 2007. New Delhi: Government of India. https://www.india.gov.in/my-government/constitution-india/constitution-india-full-text.（二〇一八年九月二〇日閲覧）（『インド憲法』二〇〇二、孝忠延夫訳、関西大学出版部）

Gandhi, M.K. (tr. Mahadev Desai) 1992. *An Autobiography or the Story of my Experiments with Truth*, Ahmedabad: Navajivan.（M・K・ガーンディー　二〇〇〇『ガーンディー自叙伝――真理へと近づくさまざまな実験1・2』田中敏雄訳注、平凡社）

―― 1997. *Hind Swaraj and Other Writings*, ed. by Anthony J. Parel, Cambridge: Cambridge University Press.（M・K・ガーンディー　二〇〇一『真の独立への道（ヒンド・スワラージ）』田中敏雄訳、岩波書店）

Goody, Jack 1982. *Cooking, Cuisine and Class: A Study in Comparative Sociology*, Cambridge: Cambridge University Press.

Guha, Ramachandra 2008. *India after Gandhi: The History of the World's Largest Democracy*, London: Pan Books.（ラーマチャンドラ・グハ　二〇一二『インド現代史1947-2007 上・下巻』佐藤宏訳、明石書店）

Gundimeda, Sambaiah and V.S. Ashwin 2018. "Cow Protection in India: From Secularising to Legitimating Debates," *South Asia Research*, 38-2.

The Hindu 14 August 2006, 16 October 2015.（https://www.thehindu.com 二〇一八年九月二〇日閲覧）

Holwitt, Pablo 2017. "Strange Food, Strange Smells: Vegetarianism and Sensorial Citizenship in Mumbai's Redeveloped Enclaves," *Contemporary South Asia*, 25-4.

Hutton, J.H. 1933. *Census of India, 1931, Vol.I-India, Part I-Report*, Delhi: Manager of Publications.

The Indian Express 1 September 2014, 8 October 2015.（http://indianexpress.com 二〇一八年九月二〇日閲覧）

Janeja, Manpreet K. 2010. *Transactions in Taste: The*

Collaborative Lives of Everyday Bengali Food, Abingdon: Routledge.
Jha, D.N. 2002. *The Myth of the Holy Cow*, London, New York: Verso.
Khare, R.S., ed. 1992. *The Eternal Food: Gastronomic Ideas and Experiences of Hindus and Buddhists*, New York: State University of New York.
Kikon, Dolly 2018. "Eating Akhuni in India," in Kiranmayi Bhushi, ed., *Farm to Fingers: The Culture and Politics of Food in Contemporary India*, New Delhi: Cambridge University Press.
Madsen, Stig Toft and Geoffrey Gardella 2012. "Udupi Hotels: Entrepreneurship, Reform, and Revival," in Krishnendu Ray and Tulasi Srinivas, eds, *Curried Cultures: Globalization, Food, and South Asia*, Berkeley and Los Angeles: University of California Press.
Natrajan, Balmurli and Suraj Jacob 2018. "'Provincialising' Vegetarianism: Putting Indian Food Habits in Their Place," *Economic and Political Weekly*, 53-9.
Pant, Pushpesh 2010. *India: Cookbook*, London: Phaidon Press.
Pilcher, Jeffrey M., ed. 2012. *The Oxford Handbook of Food History*, New York: Oxford University Press.
Prakash, Om 1961. *Food and Drinks in Ancient India (From Earliest Times to c. 1200 A.D.)*, Delhi: Munshi Ram Manohar Lal.
Ray, Krishnendu 2004. *The Migrant's Table: Meals and Memories in Bengali-American Households*, Philadelphia: Temple University Press.
Ray, Krishnendu and Tulasi Srinivas, eds. 2012. *Curried Cultures: Globalization, Food, and South Asia*, Berkeley and Los Angeles: University of California Press.
Ray, Utsa 2015. *Culinary Culture in Colonial India: A Cosmopolitan Platter and the Middle-Class*, Delhi: Cambridge University Press.
Sen, Colleen Taylor 2009. *Curry: A Global History*. London: Reaktion.（コリーン・テイラー・セン 二〇一三『カレーの歴史』竹田円訳、原書房）
—— 2015. *Feasts and Fasts: A History of Food in India*, London: Reaktion Books.

Sengupta, Jayanta 2010. "Nation on a Platter: the Culture and Politics of Food and Cuisine in Colonial Bengal," *Modern Asian Studies*, 44-1.

Staples, James 2018. "Appropriating the Cow: Beef and Identity Politics in Contemporary India," in Kiranmayi Bhushi, ed., *Farm to Fingers: The Culture and Politics of Food in Contemporary India*, New Delhi: Cambridge University Press.

Yule, Henry and Arthur Coke Burnell 1886. *Hobson-Jobson: Being a Glossary of Anglo-Indian Colloquial Words and Phrases, and of Kindred Terms; Etymological, Historical, Geographical and Discursive*, London: John Murray.

Walsh, Judith E. 2005. *How to Be the Goddess of Your Home: An Anthology of Bengali Domestic Manuals,* New Delhi: Yoda Press.

I

食からみる植民地支配とナショナリズム

第一章

一九世紀後半の北インドにおけるムスリム文人と食

郷愁と動揺

山根　聡

一　食文化が描き出す郷愁

1　南アジアの食と宗教

食文化は人間社会のあらゆる側面を映し出す。食材や調味料は気候や環境の多様性を反映し、調理法や調理道具、食器、食事の作法もまた多岐にわたって地域性や歴史文化を反映している。伝統や慣習として育まれた食文化は、そのコミュニティ固有の文化表象となる。食文化の固有性を際立たせ、場合によっては排他性をもたせる要素の一つが宗教であろう。宗教において、浄と不浄、合法と禁忌などの概念によって、何を食べるか、食べないか、あるいはものを食べない期間（断食など）が規定される。人々はこれらの宗教的実践により、自らが特定の信仰に従っていることを意識する。

南アジアの食文化にはこうした宗教性が強く反映されている。いうまでもなく、南アジアには多様な民族や宗教が共存している。宗教を超えた共通要素をもつ儀礼も少なからずあるが[*1]、こと食文化にあっては、使用可能な食材が異なるために、宗教による差異が明らかとなることが多い。肉食か菜食かはその典型である。ただし、こうした差異は宗教間だけの問題ではない。同じヒンドゥーのなかに肉食と菜食の違いがあるだけでなく、個人レベルでも、夫が家庭内では菜食で飲酒しなくても、家族以外との外食では異なるなどの例があり、食文化を宗教コミュニティレベルのような大きな枠組みで確定することはきわめて難しい。

だが歴史的にみれば、宗教コミュニティの顕在化が進んだ一九世紀の南アジアにおいては、食文化を通して特定の宗教コミュニティへの帰属意識が高まった経緯がある。牛肉を食べないヒンドゥーとこれを食するムスリムの差異から始まったヒンドゥーによる牝牛保護運動〔小谷一九九三〕や、イギリス人のもとで傭兵となっていたインド人が、口で噛みちぎって開ける薬包に塗られた脂が牛や豚の脂であるとの噂から起こしたイギリス東インド会社に対する蜂起など、食文化は宗教コミュニティの意識化に大きく関わったのである。

本章は、一九世紀の南アジア、特に北インドのムスリムの間で、郷愁として描き出された食文化について検討を試みる。すなわち、イギリスによって滅んだムガル宮廷の食文化が、文学作品の中で優美なインド・イスラーム文化としていかに描かれたかを考察する。

また一九世紀後半の植民地期は、インドにイギリスから新たな文化がもたらされた時代であり、食文化もその例外ではなかった。インドのムスリムにとって、かけ離れた地域から訪れた非ムスリム文化は、自らの宗教的価値観を揺るがしかねない問題に映っていた。こうした新文化に対する「心の揺れ」が当時の文学作品には描かれている。本章の後半では、特に食文化に関するイギリス人との出会いの場面に焦点を当て、当時のインド・ムスリムの心理を考察する。

2 イメージとしての宮廷料理、追体験という錯覚

インド・イスラーム文化の代表としてのムガル宮廷文化の表象は、一九世紀後半、往時のムガル朝の栄華を回顧するかたちで始まり、現在に受け継がれている。食文化の場合、デリーなどの都市部でムガル宮廷料理を出すレストランなどがその好例である。失われた文化への郷愁をともなう「伝統料理の再発見」の事例は世界各地でみられ、日本もその例外ではない。池波正太郎が描いた江戸末期の食事の風景は、作家自身が幼少期に往時の名残のある老舗を見たり、年長者らから耳にしたりした経験から描かれていた。読者は江戸時代の食文化を通して当時の雰囲気を懐古した。近年では実際に、「京料理」「金沢料理」のような「伝統料理」が、地元の食材で再現もしくは創造され、古い家屋や料理旅館という相応しい場所で食べるといった趣向も増えている。

伝統料理の人気の陰には、食する者が実際には経験していない、イメージとしての「伝統」に対

する郷愁がある。「京料理」や「京野菜」とはメディアやレストランの解説によって構成されたものであり、現在の一般的な食材とは異なる食材、異なる調理法、盛りつけが情緒を増幅させ、娯楽性を増す。さらに古めかしい建物で食べることで、伝統を実感できる仕組みになっている。

デリーの高級ホテルで今日提供される「ムグラーイー（ムガルの）」料理は、ムガル宮廷での食事を再現しているとされる。メニューはムガル宮廷の公用語ペルシア語で書かれ、英語で解説が付されている。客は料理名を目にし、耳にするだけで、二世紀前の別世界に引き込まれたかの錯覚を味わうことになる。王族や貴族が食したであろう味を楽しむことは、ムガル朝の文化を追体験、もしくは錯覚することになるのである。

現在ではこのように、再現された宮廷料理によるインド・イスラーム文化の栄華の追体験が可能となったが、この追体験は当初、文学作品によって行われていた。一九世紀後半から二〇世紀半ばにかけて、北インドの都市デリーやラクナウーでは、特にムスリムによって、ムガル朝の往時を偲ぶ回顧録が執筆された。北インド、特に都市部に住む文人たちにとっては、ムガル帝国が終焉を迎え、翌年のイギリスによる直接統治のもと、西洋的な教育や習慣が本格的に導入されたことによって、「インド・イスラーム文化」の灯火が消えゆくかに思われたのである。ムガル期には、建築では王族やイスラーム聖者の墓廟の建設や、市壁に囲まれた都市建設が進み、文学ではアラビア語やペルシア語、トルコ語の発音と語彙を含んだウルドゥー語が開花して、美的語彙や独特の表現が発達した。これらの文化が西洋文化の浸透により急速に変貌しつつあったなか、インドのムスリムは、インド・イスラーム文化を文字化して保存しはじめた。たとえばインド・ムスリムの近代化啓蒙運動「アリーガル運動」を主導したサイイド・アフマド・ハーン（一八一七－九八）は、デリーに残ったムスリム王朝期の建造物を網羅した著作『貴人の痕跡』（初版一八四七）を記し、建築文化の栄華を記録として残している。

ムスリムの文人は、『デリーの哀悼詩』（一八六三）のように、没落する都に対する郷愁を、ウルドゥー語の頌詩の体裁で誇張も含みながら哀悼するように描いた（山根 二〇〇〇）。本章では食文化に関する記録文学を扱うが、都市、特にデリーとラクナウーについて書かれたこれらの記述が、広大なインドの各地で様々な生活を営むムスリム全体の生活を描きされないのは明らかである。ましてや記述のほとんどは宮廷や貴族の生活に関するものであり、デリーやラクナウーの庶民の食事に関するものではない。ただ、こうした作品で増幅される郷愁は、伝統を体験したことのないムスリムにも共感を与え、彼らの「自らの文化」を「インド・イスラーム文化」のもとに統合させた。これらの作品は、ムスリムとしての連帯や、社会運動への動員にまでつながり、インド・ムスリムの心性の一側面を知るうえで重要な手掛かりとなる。

二 滅びゆく文化への郷愁と誇り

1 ウルドゥー語の「美的語彙」と「洗練」

ムガル朝の栄華を回顧する作品群は、一九世紀末から二〇世紀初めの北インドの文人の間で広く用いられていたウルドゥー語の洗練された表現で記述された。ムガル宮廷ではペルシア語が文語として用いられ、文書のみならず、詩などの文芸作品もペルシア語で記されており、ペルシア語の理解は貴族にとって不可欠であった。だが一八世紀以降、ムガル朝の衰退とイギリス東インド会社の勢力拡大が交錯した時期には、貴族の没落によって文語のペルシア語の重要性は低下し、口語であるウルドゥー語が使用されるようになった。

ウルドゥー語は、一一世紀以降、ムスリム王朝が都を築いたデリー近郊で話されていた言語に、アラビア語やペルシア語、トルコ語などの外来音や語彙、慣用句などが加わりながら育まれた言語である。デリーの宮城近郊の市壁に囲まれた市街地はテュルク語で「ウルドゥー（軍営）」と呼ばれ、貴族とともに職人や商人が居住し、相互交流のなかで西アジアの諸言語と現地語の混交が起こった。そこでこの地で話される言語が「ウルドゥーの言語」と呼ばれるようになった。一八世紀末の文人インシャー・アッラー・ハーン・インシャーは、ウルドゥーに居住する女性独特の慣用句を紹介しながら、この地区の言語は洗練されていたと述べている〔Inshā 1988〕。現在もなお、この地区独特の発音や話し方が確認されている〔Narang 1961〕。

ペルシア語に代わってウルドゥー語による記述が増えたものの、文学作品は一八世紀を通してペルシア語の慣用表現を多用し、修辞の凝った難解なものが多かった。しかし徐々にペルシア語の難解な表現はなくなり、簡明な口語体での創作が始まっていた。同時期に、藍や綿花の買いつけなどを通して貴族以外のインド人との交渉の機会が増えたイギリス人にとって、北インドで広く通じる口語の習得が急務となっていた。そこで一八〇〇年、カルカッタ〔現コルカタ〕にイギリス人向けの語学学校「フォート・ウィリアム・カレッジ」が設置され、インドの様々な言語が教授された。なかでもウルドゥー語は、広く北インドで理解される口語「ヒンドゥスターニー語」という名称で教授された。カレッジでのウルドゥー語散文の教材は簡明な文体で書かれたが、ウルドゥー語におけるアラビア語やペルシア語の音声や、ペルシア語の慣用句を用いた豊かな表現は、ムガル宮廷の名残を彷彿させるに十分であった。カレッジのヒンドゥスターニー語の教授ジョン・ギルクリストもまた、デリーの「ウルドゥー」で話されている語を「洗練された」言語であると紹介した。彼は、ウルドゥーの言語はインドにないアラビア語やペルシア語の音声をもつと指摘し、その際、「f, z, q, kh などの音声は、身分の低いムスリムやヒンドゥーは発音できない」と説明している〔山根二〇〇七；Yamane 2009〕。つまり、これらの外来音を発音できるインド人は、「身分の高いムスリム」であることを暗示している。ギルクリスト自身は、「身分の高いムスリム」という表現を用いてはいないが、デリーの軍営で話されているウルドゥー語が、王族や貴族との交流で生まれた音や語彙をもっていることを認識し、これを「洗練」と表現していたのである。

こうして、洗練された簡明な口語としてのウルドゥー語が成立していった。ムガル宮廷の優美なペルシア文化の影響があったことから、ウルドゥー語には洗練や優美といった形容がなされた。現在ヒンディー語とウルドゥー語は、同じ文法ながら文字と語彙が異なる点で差異化されているが、洗練や優美といった特徴でこの二つの言語を分かつことは困難である。だが、ヒンディー語がデーヴァナーガリー文字で書かれ、サンスクリット起源の語彙を多く含むのに対し、ウルドゥー語はペルシア=アラビア文字を用いて西アジアの語彙を多く含むという定義もまた実は曖昧である。一九〇一年にデリーで刊行されたウルドゥー語の『アースィフィーヤ辞典』巻末には、収録語数五万四〇〇九語について、パンジャービー語を含むヒンディー語が二万一六四四語、アラビア語が七五八四語、ペルシア語が六〇四一語、サンスクリット語五五四語、英語五〇〇語、トルコ語一〇五語などと紹介されているが〔Dihlavī 1987: 794〕、特定の語源の語彙が全体の何%以上であればウルドゥー語であり、何%以下であればヒンディー語であると定義できないことは明らかである。使用文字についても、現代のインドではペルシア=アラビア文字を読み書きできない人々のために、ウルドゥー語の詩集や歌詞がデーヴァナーガリー文字の翻字で刊行されており、使用文字での言語名の特定もできない。つまり、語彙の構成や文字によるウルドゥー語の「洗練」の説明は不可能なのである。

ではウルドゥー語の洗練とは何か。それは、ウルドゥー語話者が用いる音声や、独特の美的語彙や表現にみられるものである。たとえば、チャーエ（チャイ）を飲むときに入れる砂糖の量を、「ほんの少し」と言わずに、ペルシア語の「ブルブル鳥の涙ほど」という表現を使う。あるいは、飲酒のことを「花を飲む」と言い換えて、「般若湯」同様、「酒」という言葉を直接口にしない。こうした表現により、「優美なウルドゥー語」というイメージが共有されるのである。すなわち、ウルドゥー語の洗練とは、外来語をどれだけ多用するかではなく、いかに効果的に用いるかにあるといえよう。この洗練や優美が、ここで扱う記録文学においてより豊かで明確なイメージをもたらしている。

2 『最後の宴』が描く郷愁

植民地期インドでは、各宗教コミュニティの改革運動や復興運動が盛んになり、ヒンドゥーは「よりヒンドゥー的」な、ムスリムは「よりムスリム的」な生活を目指す動きが活性化した。運動のなかには、西洋の文化に追従もしくは協調する動きのほか、出版技術や西洋的近代教育を導入しながらもムスリムとしての自覚を維持する動き、あるいは西洋的文化に対する拒絶や反発などがあった。それらは政治・社会運動へと発展し、結果的には、ヒンドゥーとムスリムの政治的対立を生み、インド・パキスタンの分離独立へとつながっていった。

宗教コミュニティの政治化が進むなか、ウルドゥー語の文人のなかにも、政治・社会運動に積極的に関与した者もあったが、他方、社会の急速な変化とは裏腹に、自らの著述活動でインド・イスラーム文化を回顧する作品を残す動きもあった。ムンシー・ファイズッディーン・ディヒラヴィー著『最後の宴』（一八九〇）は、ムガル朝の王族たちの生活に関する語彙を網羅しているが、食生活の紹介では、ナーンの種類だけでも二五種類、プラーオの種類も二五種類、料理名も一一八種類に及んでいる。こうした料理名の羅列は、調理方法がないために料理の内容が不明なものもあり、場合によっては実在しなかった可能性も否定できない。だが料理名の記述は、料理の再現が目的ではなく、料理名から料理とその雰囲気を想像することで、インド・イスラーム文化の粋たる宮廷文化を追体験することにこそ意味がある。「玉子プラーオ」の名で、現地語で玉子を指す「アンダー」でなく「バイザ」という一般の生活ではあまり用いないアラビア語語彙を用いることや、「花園プラーオ」「金色プラーオ」「銀色プラーオ」「光宮殿プラーオ」「真珠ピラーオ」「エメラルド・プラーオ」や「サフラン・プラーオ」のように料理の色あいが浮かぶ名前（語彙）を用いることで、優美な食文化を感じさせるのだ。

王族の食事の記述にも、郷愁が込められている。

これらの料理は皆、クァーブ（中皿）、タシュタリー（小

チラムチー（この鉢の上でアーフターバから出る水で手を洗い、水は網目の蓋を通して鉢に溜まる）（Dihlavī 1977: 27）

アーフターバ　手洗い用蓋付き水差し（Dihlavī 1977: 27）

皿）、リカービー（丸く窪んだ皿）、ピヤーラ（碗）、ピヤーリー（小碗）にきれいに飾られていた。真ん中には肋骨入れ（ガラ入れ）が置かれていた。上には蝿が食事の敷布に来ないよう、ニイマト・ハーナ（蚊帳）が置かれた。麝香、サフラン、阿檀の香りで部屋中が匂い立っていた。銀箔で食事の敷布は輝いていた。チラムチー（手洗い用の蓋に穴のあいた鉢）、アーフターバ（手洗い用の蓋付き水差し）、ひよこ豆入れ（手洗い用のひよこ豆の粉入れ）、ジャスミン滓（手洗い用）、栴檀の石鹸の箱が一方の水煙管の敷物に置かれ、もう一方には、手拭掛の女たちが手巾、膝掛け、手拭い、鼻拭きを手に持ち立っている。

〔Dihlavī 1965: 17〕

ここで執事が皇帝を呼び、皇帝が席につく。女王やそれ以外の女御たちも席につき、皇子や皇女も座る。「手拭掛」が手拭を皇帝の前に置き、いよいよ「王の膳」が運ばれる。

皇帝は綿布団の腰掛けの前におつきになる。右手には女王や奥方たち、左手には皇子や皇女が座っている。手拭掛は膝掛けを掛け、手拭きを前に置く。王の膳の料理長が特別な料理の印を外して王の膳を出しはじめる。見よ、皇帝は胡坐をかきながら王の膳を召し上がっておられる。奥方、皇子、皇女はいかに礼節を以て座り、視線を下にして食事をしていることか。皇帝が〔取り分けようと〕自らの手で食べ残しのお恵みを下賜されると、一同糸杉のように美しく背筋を伸ばして立ち、敬礼する。さて皇帝は十分お食べになり、祈りを捧げ、まずはひよこ豆粉、それ

からジャスミン、そして栴檀の石鹸で手を洗われ、食事を片付けさせる。〔Dihlavī 1965: 17-8〕

ディヒラヴィーが見てきたかのように描き出す優雅な食事の風景は、まるで映画のセットのようである。重要なのは、食器や家具の一つ一つが、宮廷の言語であったペルシア語の優雅な語彙で語られていることである。*[2] こうした特徴は王が寝室に移動してからの描写にも見られる。

皇帝が寝室においでになられ、寝台に腰かけられると、水煙管を一服される。一時間ほどして「生命の水」を所望される。水番の料理長はガンジス川の水を満たした水差しを氷の中に入れていて、素早く水差しの小袋一つを取り出し封印、小布巾を巻きつけて宦官に渡す。宦官は皇帝の前で封を切り、銀杯に注いで皇帝に飲ませる。見よ、皇帝が飲まれる間、皆起立している。飲み干されると一同、「さらなる寿命を」と丁重に挨拶する。さて、正午となり、皇帝は寝台に横たわられる。寝室の幕は降ろされ、指圧師は指圧をして差し上げる。さて、いかに静かになったことか。誰も声を上げることなどできない。〔Dihlavī 1965: 18〕

王族の様子を浮かべつつ読ませるこの文章は、インド・イスラーム文化を担った宮廷文化の繊細さと優美さを物語るには十分であり、こうした風景が、現在のムガル料理のイメージにつながっていると思われる。

『最後の宴』の編者アリー・アシュラフ・スブーヒーは、「本書の刊行は、インド大反乱後の文人らが、当時のデリーの模様を描くきっかけとなった」として、この後同様の書籍一五冊が刊行されたことを紹介している*[3]〔Dihlavī 1965: 9〕。例えば、同時代の作家ミルザー・ファルハトゥッラー・ベーグ（一八八三―一九四七）は、ムガル朝最後の皇帝バハードゥル・シャー二世の前で最後の詩会が開催され、当時の詩人が大集合するという空想歴史小説『デリーの最後の灯火（デリーのある記念すべき詩会）』（一九二八）で、王宮の内部や詩人たちの生活、性格を生き生きと描き出した。書名の「最後の灯火」はまさに、インド・イスラーム文化の灯火が消えようとしていたことを示している〔Ṣalāḥ al-Dīn 1986〕。

文人たちはなぜ、都市の文化をウルドゥー語で書いたのだろうか。明確な回答は得られないが、自らが見聞した優雅なインド・イスラーム文化を後世に語り伝えたかったと考えるのが妥当であろう。その背景には、ヒンドゥーとの対立関係において、ヒンドゥーがヒンドゥー文化の復興を進め、デーヴァナーガリー文字の使用を奨励したのに対し、インド・イスラーム文化の象徴となるウルドゥー語およびその文学を保護する動きが高まっていたことがある〔山根 二〇一五〕。また類書については、『最後の宴』の人気を受けて書かれた可能性があるが、こうした回顧録で、宮廷文化に関する知識の披露を競っていたとも考えられる。ムガル朝が滅んで半世紀後、人々は見聞した記憶を辿り、優美な記録に残すことで、インド・イスラーム文化を称えたのである。

これらの記録がウルドゥー語で書かれた別の理由として、読者がウルドゥー語話者であったことが挙げられる。また、多彩な語彙や、王族の仕草の妙を、ウルドゥーの文人たちが英語で伝えることができなかったのかもしれない。一八世紀半ば、ナワーブ・ダルガー・クリー・ハーンはペルシア語でデリーの風俗を描き、当時の有名な人物や、宮城から数キロ離れたアラブ・サラーエ（旅籠）で新鮮なナツメヤシの実やカフワ（緑茶）が出されて賑わう様子などを残した〔Khān 1988〕。一八二〇年代には、イギリス総督チャールズ・メトカーフ（一七八五―一八四六）とデリー駐在官ウィリアム・フレイザー（一七八四―一八三五）の要望に応えてペルシア語でデリーの建造物に関する記録が書かれ〔Beg 1982〕、一九世紀にはほかにもイギリス人による地誌編纂作業と並行して、現地の文人による英語での地誌や民族の歴史が多数書かれた。地誌のほとんどは英語で書かれ、イギリス人を読者として想定していた。これらの記録に対し、『最後の宴』のようにウルドゥー語で書かれたインド・イスラーム文化の記録は、自分たち（ムスリム）のために書き残したものであり、「自分たち」が「インド・ムスリム」であるという自意識がここに見とれるのである。ここでは、ほとんどの書き手や読み手が実際には体験しなかった宮廷料理が、自らの宗教文化、すなわちインド・イスラーム文化として取り込まれている。

3　都市文化の誇りとしての食事――『過ぎ去りしラクナウー』

ムガル期の北インドにおいて、デリーと並んでイスラーム文化が発展したのは、北中部アワド藩王国の都ラクナウーであった。ラクナウーは一七二二年、アワド太守であったサアーダト・アリー・

ハーンが事実上の独立を果たし、歴代太守らの庇護の下、芸術が開花した。文学においては、一八世紀半ばにイランやアフガニスタンからの侵攻でデリーが壊滅的な打撃を受けると文人や職人らがラクナウーに移住し、太守の庇護を受けた。ここで開花したウルドゥー詩は「ラクナウー詩派」と呼ばれ、簡明な文体で知られたデリーの詩壇に対し、豊富な語彙を用いた表現で知られる。ラクナウー市内には現在も当時の建造物が残り、旧市街では銀箔を作る槌音が聞こえてくる。

アブドゥル・ハリーム・シャラル（一八六〇－一九二六）はラクナウーのイスラーム学者の家庭に生まれ、古典的教養を自宅で学び、一八九三年から九六年まで渡英している。シャラルはイスラームの歴史に関する小説も書いたが、文芸誌『哀愁』を発刊し、一九一四年から一六年まで同誌にエッセイ「インドにおける東洋文化の最後の見本」を連載、これを後に単行本『過ぎ去りしラクナウー』として刊行させたことでも知られる。

『過ぎ去りしラクナウー』は、ラクナウーの動物、学芸、音楽、文芸、舞踊、遊戯、娼婦など社会の華やかな側面の記録である。食文化に関する記述には、退廃的とすらいえる貴族の生活が描かれている。アワド藩王国太守シュジャーアッダウラはいつも宮殿内で妻と食事をとっており、夫婦のために毎日六か所の台所から食事が届けられていた。うち「太守の台所」には毎日二千ルピーが費やされたといい〔Sharar 2006: 207〕、西太后のそれを彷彿とさせる。さらに太守たちは、一つの食材で異なる料理を拵える「だまし料理」に興じていた。

信頼できる筋から聞いた話では、デリーの王子の中でミルザー・フッラム・バフトの息子ミスラー・アースマーン・カダルがラクナウーに来てシーア派に改宗すると、数日間ここに滞在し、その後バナーラスに赴き、ここに暮らすこととなった。ラクナウー滞在時、ワージド・アリー・シャーが彼を招き、食卓の敷布にジャム〔の入った皿〕を一つ置いた。それは見た目では大変繊細で見事なもので、おいしそうに見えた。アースマーンがこれを一口食べると、眩暈がした。なぜならそれはジャムではなく、肉を塩で味付けした団子だったのだ。料理長がその形状をジャムそのもののように拵えていたのであった。このような騙しに遭って、ミルザーは非常に恥じた。一方、ワージド・アリー・シャーは、デリーの親しい王子を騙したことで喜んだのであった。

〔Sharar 2006: 209〕

ところが、勝負はこれでは終わらなかった。数日後、今度はアースマーンがワージド・アリー・シャーを自邸に招く。当然、自分が騙されるであろうと予想していたワージド・アリー・シャーは、心の準備をしていたにも関わらず、やはり騙されてしまう。それというのも、アースマーンの料理人シャイフ・フサイン・アリーが、数百に及ぶ料理を見事に揃えたからであった。

プラーオがあり、〔サフランで色付けしたプラーオの〕ザルダがあり、ビリヤーニー、肉団子、カバーブ、野菜料理、〔甘酸っぱい〕漬物、〔油や酢と香辛料で漬けた〕漬物、ローティー、パラーター、シールマールがあった。つまりあらゆる料理が並んでいたのである。だがどれをとっても砂糖でできていたのだ。カレーも砂糖でできていた。米も砂糖、漬物も砂糖でできていた。ローティーも砂糖であったが、全ての器、食事の敷布、ガラ入れまで砂糖でできていたというのである。ワージド・アリー・シャーは恐る恐る一つ一つに触れながら騙されに騙されつづけたのだった。

〔Sharar 2006: 209-10〕

芸術好きと恋愛遍歴で知られたラクナウーの太守ワージド・アリー・シャーとデリーの皇子の騙しあいは、ワージド・アリー・シャーの負けとなった。インドには、菜食のヒンドゥーが豆で肉料理もどきをつくるなど、日本の豆腐でそぼろ煮風の料理をつくるのに似た食文化があるが、ラクナウーのだまし料理は、ムスリム宮廷での優雅な趣向として記録された。

シャラルは都市の料理についても詳述している。ラクナウーで人気のある米料理プラーオを当時デリーで流行していた炊き込みご飯ビリヤーニーと比較し、香辛料を多用したビリヤーニーは一見華やかだが、ラクナウーの優雅さと洗練を好む人々は、ごちゃ混ぜのビリヤーニーより、優美さ、繊細さのあるプラーオを選んだとしている〔Sharar 2006: 210-1〕。デリーとラクナウーの料理を比較して、薄味ながら上品さのあるプラーオに軍配を上げる様子にも、日本の関東と関西の味付けを競うような、都市への誇りがある。

一見無駄な費用と時間をかけた豪華な料理に関する記述に共通するのは、郷愁と誇りである。この小節の最後に、こうした料理人の誇りが如実に表れているエピソードをひとつ紹介しよう。あるとき、アワド藩王国の太守アースィフッダウラのもとに、新しい料理人が現れた。何をつくれるかを尋ねられた彼は、マーシュ豆のダール（豆でできたスープ状の料理）のみであると答えた。それにもかかわらず、彼が要求した月給は五〇〇ルピーであった。太守は興味をそそられたのであろうか、彼を使用人として雇うことにしたが、この料理人はさらに太守に対して、仕えるにあたっての「条件」を申し出た。その条件とは、彼のダールを食べたいと望む場合には一日前に命じること、そして、「出来上がりをお知らせいたします折には、閣下にはすぐさまお召し上がり」いただきたいということであった。太守はこの条件を認めた。さて、この後、何が起こったのだろうか。

数か月後、料理人に豆をこしらえるよう命が下った。彼は調理し、太守に知らせた。太守はすぐ来るからと食卓の準備を命じた。食卓ができたものの、太守は雑談に明け暮れていた。料理人は再び参じて王の膳ができたと申し上げた。太守が来るのがさらに遅れた。彼は三度目に知らせたが、それでも太守は来なかった。すると料理人は豆の鍋を取り上げ、ある乾いた木の根元に注いだ。そして辞表を申し出て立ち去った。太守は残念がった。料理人を探させたが、見つからなかった。数日後見ると、豆を捨てた木の根元には緑が溢れていた。〔Sharar 2006: 211〕

このエピソードを記した作者は、この顛末を語ったうえで、「宮廷で料理人がいかに大切にされていたかがわかるであろう。腕のいい料理人が来れば、いかに引き留めていたか、ということがわかるのだ」と締めくくっている〔Sharar 2006: 211〕。シャラルの記述には、この都市の栄華を見た市民としての誇りが強くにじみ出ている。こうした郷愁と誇りを通して、インドのムスリム社会のごく一部の文化が、「インド・イスラーム文化」として一般化し、共有されていったのである。

三　近代に揺れるムスリム

1　新旧の料理が混じる風景——文人、宗教学者、啓蒙運動家たち

一九世紀に入ると、インドの主要都市ではイギリス人らによって出版・印刷技術や西洋式教育、キリスト教などのほか、食文化も紹介された。食文化は宗教的戒律や慣習と深く関わっていたが、イギリス植民地期には、新たな食材、食事の作法が紹介された。ここでは、文人、宗教学者、啓蒙運動家など、同時代のムスリムが新たな食文化にどのように反応したかを検討する。

ムガル朝最後の皇帝、バハードゥル・シャー二世のウルドゥー詩の添削を行っていた、ウルドゥー語とペルシア語の古典詩人ミルザー・アサドゥッラー・ハーン・ガーリブ（一七九七―一八六九）は、友人や詩作の弟子らにウルドゥー語で多数の書簡を送った。それらの書簡で彼は、インド大反乱後のデリーの、イギリスによる市街地の建物の取り壊し、鉄道の敷設などの変貌を詳述している。同様に、当時出回っていた洋酒を、彼は知人宛の書簡で褒めたたえている。

リキュールの意味を貴兄は知らぬらん。イギリス酒（洋酒）なり。成分これ極めて繊細、色見事に美しく、味も氷砂糖の薄いシロップの如く甘きなり。この言葉の意味はいずれの字引にも見出せぬべし（一八五九年七月）

〔Ghālib 1985: 511〕

食事といえば六マーシャー（約六グラム）のふすま粉（のパン）というところ、何を食べるというのか。ボンベイやスーラトではいいイギリス酒（洋酒）がある由、もしそこに行くことができれば、宴に参じて飲んだものを（一八六六年九月五日）

〔Ghālib 1985: 568〕

ガーリブは当代きっての文人であったからこそ、いち早く洋酒を味わう機会を得たのであろう。イギリスの区画整理によってデリーの街並みが変貌することを嘆く一方、ボンベイやスーラトなど西部の港町に登場した美味な洋酒は、酒好きのガーリブにとっては歓迎すべき新文化であった。

ガーリブが洋酒を歓迎した一方で、新奇なイギリスの文化の浸透は、インドの人々、特に宗教家たちに西洋文化の受容に関する宗教的判断を強いた。当時のインド・ムスリム社会でイスラーム復興運動を推進したのは、一八六七年、北インドのデーオバンドという町に設立されたデーオバンド学院の学派であった。デーオバンド学派は、スンナ派ハナフィー学派の改革派ウラマー（学者）らによって設立され、歌舞音曲や聖者崇拝を否定した。学院出身者のなかにはのちに政界や社会運動に傾倒し、反英運動を指揮する者も出た。

デーオバンド学派は、ムスリムの生活に関する多数のファトワー（意見書）を出すことで知られ、主要なファトワーが編纂されている。このファトワー集には、井戸に動物が落ちた場合や、異教徒（ヒンドゥー）が用いた井戸水の使用に関する疑問についての意見〔'Uthmānī 1985: 187-240〕について、ヒンドゥーとの共存を薦める寛容な意見が含まれているが、イギリスの食事や調理に関するファトワーは含まれていない。おそらく、ハラールや飲酒、豚肉を食べることなどは、論じる以前の行為と考えられていたものと思われる。同学院出身者アシュラフ・アリー・ターナヴィー（一八六三－一九四三）は二〇世紀初め、インド・ムスリム女性の指南書『天国の装身具』を記したが、ここでもイギリスの食事に関する言及はなく、食事に関しての指南は乳児に飲ませる母乳や子供の食事、あるいは調理法、特に清潔な環境の必要性に限られている〔Thānavī n.d.: 630〕。

デーオバンド学派と並んでインドで知られるのが、一八八〇年代に北インドのバレーリーで興った、スンナ派バレールヴィー学派である。バレールヴィー学派はデーオバンド学派と異なり、聖者崇拝を認めるなどの解釈をもつ。この学派はその問答集で新し

ガーリブの唯一の写真。嫌がる本人を友人らが説得して撮影した（1868 年頃）。*Ghalib 200th Birth Anniversary* (New Delhi: Ghalib Institute, 1997)

い食事作法に関して触れているが、何を食べるかについての見解は示しておらず、新たな食事の作法としての、靴履きでの食事の是非について解釈を行っている。例えば以下のようなものである。

質問　靴を履いたまま食事をしてよいのか？
答え　預言者の言行には、座して食事をする場合、靴を脱いだほうが安らいでよいというものがある。またイスラーム法にも食事中は靴を脱げとある。靴を履いて食事する言い訳が、地面に座ることができず、敷物もないということであれば、それは推奨される言行をやめることとなる。したがって靴を脱ぐのがよい。もしテーブルで食事をし、椅子に座って靴を履くというならば、それはキリスト教徒独特の方法で、これを避けた方がよい。そして預言者ムハンマドのお言葉を覚えておくべきである。〔Barelvī 1988: 47-8〕

これらの宗教的判断を見ると、イスラーム学者にとって食材の選択や飲酒は議論の余地のない問題であり、こうした問題には紙幅を割く必要すらないと考えていたと思われる。その一方で、食事の作法については、戸惑う人々のために宗教的指針を示す必要があったのであろう。テーブルでの食事をめぐる判断も、「避けた方がよい」という推奨であって、忌避や禁止ではない。新たな生活文化に対する柔軟性をもった判断であるといえよう。

植民地下のインドでイギリス文化の紹介は「近代化」でもあった。すなわち、新たな文物とともに、新たな知見や思想がインドの人々にもたらされたのである。イギリスとの協調路線の中でインド・ムスリムの近代化を図ったサイイド・アフマド・ハーンは一八三八年にイギリス側の官職に就いたが、後にインド・ムスリムの啓蒙運動を牽引した。彼は一八六三年に科学協会を設置、自然科学や歴史、政治哲学に関する西洋の著作をウルドゥー語に翻訳、紹介し、一八七〇年には啓蒙雑誌『倫理の醇化』を発刊、ここに近代化に関する数多くのエッセイを書いた。また一八七五年には北インドのアリーガルにムハマダン・アングロ・オリエンタル・カレッジを設立し、近代教育の導入に尽力した。このカレッジはのちにアリーガル・ムスリム大学に昇格した。アフマド・ハーンの近代化運動は「アリーガル運動」と呼ばれ、多くの政治家や文人を輩出したが、同時に西洋追従であるとの批判も受けた。

このアフマド・ハーンのエッセイにも食事に関する記述がみられる。その中で彼は、イスラーム以前のアラブの食習慣における動物の血を固めた料理の話や、肉食のヒンドゥーでさえ、女神の名を唱えない場合はその肉を食べないことなどから、食事における禁忌の重要性を説いていた〔Khān 1963: 368-72〕。

伝統墨守派のムスリムから西洋かぶれと批判を受けたアフマド・ハーンだが、自身は敬虔なムスリムとしての食生活を守っていた。一八六九年、息子のケンブリッジ留学に付き添ってイギリスを訪問した際のエッセイが、科学協会の雑誌や『倫理の醇化』に連載されたが〔松村二〇一九〕、その中で、イギリスに向かう船中で供された羊、山羊などをと殺したのはヨーロッパ人調理師で、首の動脈を切るというムスリムと同じ方法であったことから、羊、牛、鶏、鳩を食べたと記している。また、最初の食事の際、食卓にはシェリー酒と赤ワイン（クラレット）用のグラスがあったが、アフマド・ハーンは飲まない意思を示すためにグラスを逆さにした。給仕はアフマド・ハーンの立派な髭を見て主賓と考えてワインの名前を次々と挙げたが、アフマド・ハーンは冷たい水を注文し、以後は氷入りの水が出された〔Graham1979: 82〕。一方で一八八四年一〇月七日、イギリス人インド総督がアリーガル大学を訪問後、アフマド・ハーンの自宅での昼食会に参加した際、食卓にはボンベイ産のマナガツオと牡蠣、おいしい辛口のシャンパンが出されたという〔Graham1979: 261〕。先に紹介した酒好きのガーリブと違い、アフマド・ハーンはイギリス人と同席し、彼らを酒でもてなしても、自身がムスリムとしての食生活を貫くことは可能であることを示したのである。こうした食生活における対応は、西洋との共存を志向したムスリム啓蒙運動家の姿勢を明確に示している。

インド人とイギリス人の会食（1890 年）Clark Worswick (ed.), *Princely India: Photographs by Raja Deen Dayal 1884-1910* (New York: Pennwick, 1980), p.74.

2　ムスリムの「揺れ」

イギリス人との交流は、インド・ムスリムにとって未知の体験であった。アフマド・ハーンのアリーガル運動に感化され、初のウルドゥー長編小説家となって活躍したナズィール・アフマド（一八三六－一九一二）の作品には、こうしたインド・ムスリムの心の揺れが描かれている。彼の代表作『時の申し子』（一八八八）では、主人公のイブヌルワクト（「時の申し子」「迎合者」の意）が、反乱時に負傷したイギリス人ノーブル氏を救い、彼を家にかくまった際の食事について、ムスリムの友人から細かく尋ねられる場面がある。

友人　それで君、その人（ノーブル氏）の食事についてはどんな段取りをしたんだい？

イブヌルワクト　段取りだなんて、家でこしらえていたものをあの方も食べていたさ。ただし彼の食事には香辛料を入れないくらいの配慮はしたがね。挽いた塩を入れた塩入れと黒胡椒を入れた容器を別々に置いておいたよ。インドの食事ではプラーオ、カバーブ、サモーサー、フィルニー（米をミルクと砂糖で煮込んだデザート）、甘過ぎない菓子をおいしそうに食べていたね。

友人　鍋は別々にしておいたんだろうね？

イブヌルワクト　君、本当のことを言うとね、鍋も壺も別にはしなかったのさ。食事はうちのもの、鍋もうちのもの、拵えたのもうちの者、それで分ける必要があるかね？

友人　でも、イギリス人だったんだろ?
イブヌルワクト　イギリス人さ、それでいいじゃないか。食事に禁忌なものはないし。

〔Ahmad 1961: 47〕

イブヌルワクトの口調から、友人は自分の問いかけが彼の気分を損ねたことを察し、この会話はここで終わりとなる。しかしその後、人々はイブヌルワクトの水煙草を飲むことを躊躇(ためら)うようになったのだった。つまり、イギリス人との共食で、イブヌルワクトは周囲の人々から批判的な眼差しを向けられるようになるのである。しかし、イギリス人にかねがね関心をもっていたイブヌルワクトは、周囲の視線を知りながらもノーブル氏との交流を続ける。あるとき、イブヌルワクトはノーブル氏の自宅へと招待された。イブヌルワクトはノーブル氏に昼食を一緒にとるように勧められるが、彼は空腹でないと言っていったんは断る。これに対しノーブル氏は共食に問題はなく、むしろそれを忌避するインド人の姿勢に問題があると指摘した。

ノーブル　……(微笑み、イブヌルワクトと共に食堂の方に歩きながら)どうしてだい、君は僕と食事するのを躊躇っているのかい? 君も僕も数か月間、一緒に食事をしたじゃないか。それに僕はあのとき、大反乱のときもキリスト教徒だったが、今も同じさ。神様が望むとおり、神のご加護のもとで死ぬときまでそうあるだろうよ。

イブヌルワクト　いいえ、私はあなたの人柄に反対や躊躇いなんて毛頭ありません。でも人々が〔こうした行為を〕悪いと思っているんです。

ノーブル　でも君はこのことに罪悪を感じているのかね？　インドを滅ぼした弱点はそこにあるんだよ。神様が彼らの性格をつくり、下僕にしたとおりに、ここの人たちはずっと下僕のままにあったのだ。もしこの弱点を克服しなければ、ずっとこの先も下僕のままでいるだろう。

〔Ahmad 1961: 53-4〕

ノーブル氏の説得によってイブヌルワクトはノーブル氏との食卓についた。だがそこで彼が経験したのは、手ではなく、ナイフとフォークを使って食べる見知らぬ食事作法であった。

彼〔イブヌルワクト〕が無作法の中でも無作法なことをやったといえば、右手にフォーク、左手にナイフを持ったことだった。ノーブル氏が言うとおりにフォークを左手に取ったとき、力一杯フォークをナイフでこすったため、ナイフの刃が全て欠けてしまったのだ。給仕がテーブルから別のナイフを取って渡すと、おそらくジャガイモだったのだが、それを切ろうとして力を入れすぎ、テーブルクロスに落ちた。それから何かをフォークで刺して口に運ぼうとしたが、いつも刺しそびれたのだった。結局、何度も繰り返して鼻や顎、頬、すなわち顔中が汚れでいっぱいになっても、一口も運ぶことができなかった。その日の食後、彼の顔を見た人は、当てつけにこう言ったのだった。「それは顔かい、それとも（ヒンドゥーの祭）ディーワーリーの（穴だらけの）灯明入れかい?」彼は話さなかったが、そのすすり泣くのを見て、口唇や歯茎、あるいは舌のどこかにフォークが刺さったのではないかという疑いが何度も起こった。〔Aḥmad 1961: 55〕

イブヌルワクトはさらに、スプーンでプディングを丸呑みし、フィンガー・グラスの水をとりあげて飲むというように、次々と失敗を重ねていく。

ナズィール・アフマドは、こうしたイブヌルワクトの行為は彼がキリスト教ではなく「イギリス性」の「洗礼」を受けたいとする気持ちの表れだと述べ〔Aḥmad 1961: 54〕、イギリスの食文化の模倣は、植民地支配下における被支配者としての従属であると批判した。だが、小説のなかでは、イブヌルワクトの周囲の人々は、これを宗教的問題として理解してイブヌルワクトを批判したのであった。あるとき、モスクで礼拝する人々の間で、イブヌルワクトがクリスチャンに改宗したとの噂が流れた。そこにいあわせた一人は、「イギリス人と食事をするってことは、奴はクリスチャンさ、奴は永劫のクリスチャンさ」と断言する。モスクにいた人々は、ムスリム学者のマウラヴィー氏にこの問題について尋ねる。

マウラヴィーは答えた。

「イギリス人と食事をすることで人間はクリスチャンにはならない。だが（アラビア語で）ある集団に同調する者はその集団の中にある、という言葉に気をつけねばならない。ムスリムはこのことに慎み深くあるべきである。だが〔アラビア語に〕噂には真実と嘘の両方がある、と〔いう教えが〕ある。噂を信じられるものか。それにそれが真実だとしても、〔アラビア語の表現で〕個人の重荷を他人に課せられることはない、と云う。一人の行動が子孫まで伝染することなどないぞ」

このとき、礼拝者たちの間では賛否両論となった。だがそうこうするうちにこの噂は町中に騒ぎのように広まった。〔Aḥmad 1961: 94-5〕

その後、人々はイブヌルワクトに露骨によそよそしい態度をとるようになった。イブヌルワクトはいらだち、叔母に向かって自らの立場を弁護する。

叔母さんもクルアーンの翻訳を読んでるよね。〔クルアーンの〕食卓章の最初を見てごらん、啓典の民の食事は清浄である。そして汝の食事もまた彼らにとって清浄である、とね。その意味は何だい？ じゃあ、イギリス人と食事する以外に、僕の中に不信仰なものがあるかい？ 僕はきちんと礼拝もするよ、覚えてるだろ、ラマザーン〔断食〕の月にノーブルさんがうちに来ただろ。僕は日中断食してたよ。神のおかげで一度の断食もしないことはなかったさ。夜はノーブルさんと食事をしたさ。朝のクルアーン朗誦は僕がいつもしていたことさ、僕はそれを欠かさなかった。ムスリムになるのに他にどんなことが必要なんだい？

宗教とは何か？　個人のあらゆることは神と共にある。誰かが他人の信仰についてとやかく干渉する必要などない。そしてもし自分がクリスチャンになりたいと思ったとしても、誰が止められると言うんだ。僕は知ってるんだ、貧乏人の集団から抜け出て、金持ちの集団に交じるんだ。下僕から支配する側に。愚か者から賢者に。卑下される側から尊敬される側に。でもそれもみんな宗教なんだ、この世の欲望や恐れに影響を与えるのも。

〔Ahmad 1961: 96-7〕

イブヌルワクトの独り言にある貧乏人とは、当時の多くの被支配層、すなわちインドの人々のことであり、金持ちとはイギリス人およびイギリス人に与することで富を得るインド人のことである。支配されるインド人は「下僕」であり、「愚か者」であり、「卑下される側」なのである。下僕から「支配する側の賢者」になるため、イブヌルワクトはもがいている。だが作品の結末で、イブヌルワクトは自身がインド人であることを実感する。本作品は、イギリスの文化を受容すべきか否かで戸惑うインド・ムスリムの心情を見事に描き、その中で食文化の変化が効果的に用いられている。

四　郷愁と戸惑いの中の食文化

植民地期インドにおいて、ムスリムは過去の宮廷文化の栄華を自らのものと「錯覚」しつつ、これを回顧しながらも、急速に浸透する新たな文化への対応に迫られた。既に述べたとおり、ここで紹介した優雅な宮廷文化や都市文化は、インドのほとんどのムスリムが体験したことのないものであったが、それが記録され、鑑賞されることで、「インド・イスラーム文化の粋」として共有された。すなわち、インド・イスラーム文化を文学によって優美なものとして記録し、固定化させたのである。優雅な文化の衰退は、文化的成熟度が高みにあった分、かえって強く意識されたのではないだろうか。

イギリスがもたらした文化を受容することは、新たな価値観の中で生き残る術ではあったが、そこにはこれまでの文化と新たな文化のはざまで戸惑う人々の姿があった。ガーリブのように洋酒を歓迎したムスリムもいれば、デーオバンド学院やバレールヴィー学院の宗教指導者のようにムスリムとしての規範の護持に言及しつつも、新たな食生活に対する拒絶反応を見せない中道的な立場を指針として示した者もいた。あるいはアフマド・ハーンのように、自らの宗教実践を堅持しつつ、イギリス人との共食を拒絶しないというムスリム個人としての姿勢を示した者もいた。これらの事例では、西洋文化の受容や、この文化との共存の姿勢がみられる。その一方で、『イブヌルワクト』に出てくる「一般の」ムスリムたちの中には、共食への拒否反応が描かれている。植民地期のインド・ムスリムの社会には、こうした「揺れ」や「戸惑い」があったのである。そしてこの「揺れ」は、一九世紀末のヒンドゥーとムスリムの宗教的対立構造の鮮明化によって、ムスリムが「ムスリム」としての自覚を強めていく過程で、急進的な解釈を生み、西洋文化に対する拒否反応を示す動きも生んだ。『イブヌルワクト』に描かれたイギリス人との共食を拒否する人々の心性は、のちの宗教的純化に向かう動きを支える素地として捉えることができるのではないだろうか。
二〇世紀に入り、宗教的アイデンティティが政治化していく歴史的流れと、インド・ムスリムが自らの文化を純化させた動きの連動は、食文化に関する資料でも明確になっているのである。

註

*1　ミーラー・ナーイル監督のインド映画『モンスーン・ウェディング』(二〇〇一)は、デリーのヒンドゥー家庭における婚礼を描いているが、そこに婚礼前に女性が集まって歌い踊る「メヘンディー」の儀式が描かれていて、パキスタンのムスリム家庭でのメヘンディー〔山根二〇〇三、九九頁〕の様子とほぼ同じである。

*2　食器など生活用品、乗り物、家具などの専門用語については、〔Dihlavī 1977〕がある。

*3　例えば、ムガル朝末期のデリー城内の生活を描いた〔Tīmurī 1986〕、同時期のデリー市内の様子を描いた〔Ḥasan 1986; Dihlavī 1987〕などが挙げられる。こうした著作は二〇世紀初めに刊行されたが、これらインド・イスラーム文化に関する多くの著作の題名に「最後の」という言葉が用いられていることも重要である。また、これらの著作が、インド政府系の機関「ウルドゥー・アカデミー」から、ラジーヴ・ガーンディー政権期の一九八〇年代半ばに集中して刊行されたことは、インドにおけるイスラーム文化保護政策の文脈で検討する必要がある。

参考文献

Aḥmad Nadhīr 1961(1874). *Ibn al-Waqt*, Lahore: Majlis Taraqqī Adab.
Barelvī, Maulānā Shāh Aḥmad Riẓā Khān 1988. *Fatāvī Afrīqa*, Lahore: Nadhīr Publishers.
Beg, Mirzā Sangīn (tr.Sharīf Ḥusain Qāsmī) 1982(1827?).

Sair al-Manāzil, New Delhi: Ghalib Institute.

Dihlavī, Maulāvī Ẕafar al-Raḥmān 1977. *Farhang-e Isṯilāḥāt Peshahwārāṇ*, 1-5, Karachi: Anjuman Taraqqī Urdū Pākistān.

Dihlavī, Saiyid Aḥmad 1987. *Farhang-e Āṣifīyah*, Jild Sevam o Caharam, Lahore: Urdu Science Board.

Dihlavī, Munshī Faiẓ al-Dīn 1965(1890). *Bazm-e Ākhir*, ed. by Walī Ashraf Ṣubūḥī Dihlavī, Lahore: Majlis Taraqqī Adab.

Firāq, Saiyid Nāṣir n.d. *Lāl Qil'a kī Ek Jhalak*, ed. by Ḥakīm Khwāja, Delhi: Urdū Akādemī.

Ghālib, Mirzā Asad Allāh Khān 1984, 1985, 1987, 1988. *Ghālib ke Khuṯūṯ* 1-4, ed. by Khalīq Anjum, Delhi: Ghalib Institute.

Graham, G.F.I. 1979(1885). *The Life and Work of Sir Syed Ahmed Khan*, Karachi: Oxford University Press.

Ḥasan, Saiyid Wazīr 1986(1934?). *Dihlī kā Ākhrī Dīdār*, ed. by Saiyid Ẕamīr Ḥasan Dihlavī, Delhi: Urdū Akādemī.

Inshā, Inshā Allāh Khān (tr. Panḍit Buraj Mohan Datātriyā Kaifī) 1988 (1935). *Daryā-i Laṯāfat*, Karachi: Anjuman Taraqqī Urdū Pākistān.

Kaukab, Tafaẕẕul Ḥusain 1954(1863). *Fughān-e Dihlī*, Lahore: Akādemī-e Panjāb.

Khān, Mirzā Ḥairat 1987(1903). *Cirāgh-e Dihlī*, Delhi: Urdu Akādemī.

Khān, Nawwāb Dargāh Qulī (tr. Khwāja 'Abd al-Ḥamīd Yazdānī) 1988. *Muraqqa'-i Dihlī*,Lahore: Ilfā Baravu.

Khān, Saiyid Aḥmad 1963. *Maqālāt-e Sar Saiyid*, ed. by Maulānā Muḥammad Ismā'īl Pānīpattī, Lahore: Majlis Taraqqī Adab.

Narang, Gopi Chand 1961 *Karkhandāri Dialect of Delhi Urdu*, Delhi: Munshi Ram Manohar.

Ṣalāḥ al-Dīn, ed., 1986(c.1928). Mirzā Farḥat Allāh Beg, *Dihlī kī Ākhrī Shama'*, Delhi: Urdū Akādemī.

Shā'istah, Suhrawardī Ikrām Allāh 2005. *Dillī kī Khwātīn kī Kahāwateṇ aur Muḥāvre*, Karachi: Oxford University Press.

Sharar, 'Abd al-Ḥalīm 2006. *Guzashta Lakhnaū, Hindustān meṇ Mashriqī Tamaddun kā Ākhrī Bahār*, Lahore: Sang-e Meel Publications.

Thānavī, Maulānā Ashraf ʻAlī n.d. *Bihishtī Zewar*, Lahore: Jahāngīr Book Depo.

Tīmurī, ʻArsh 1986. *Qilʻa-e Dihlī kī Jhalkiyāṅ*, Delhi: Urdu Akādemī.

ʻUt̲h̲mānī, Maulānā ʻAzīz al-Raḥmān 1985. *Fatāvā Dār al-ʻUlūm Deoband*, Deoband: ʻUrūsh Publications.

Yamane, So 2009. "Sounds of Difference: A Study on Urdu Orthography in the Beginning of the Nineteenth Century," *International Journal of South Asian Studies*, 2.

小谷汪之　一九九三『ラーム神話と牝牛――ヒンドゥー復古主義とイスラム』平凡社。

松村耕光　二〇一五「アフマド・ハーンのイギリス旅行記について」『言語文化研究』第四一号。

山根聡　二〇〇〇「デリーへの哀悼詩」『世界文学5　大阪外国語大学における世界文学の教育と研究』大阪外国語大学。

――　二〇〇二「ガーリブのウルドゥー語書簡に見られる19世紀半ばのデリーについて」『西南アジア研究』第五六号。

――　二〇〇三　広瀬崇子・小田尚也・山根聡編『パキスタンを知るための60章』明石書店。

――　二〇〇七「一九世紀初めインドにおけるウルドゥー語の正書法」『西南アジア研究』第六七号。

――　二〇一五「一九世紀北インドにおけるウルドゥー語とイスラームの親和性」三尾稔・山根聡編『英領インドにおける諸宗教運動の再編』人間文化研究機構地域研究間連携研究の推進事業「南アジアとイスラーム」。

第二章

インドのイギリス人女性と料理人

植民地支配者たちの食生活

井坂　理穂

一　メムサーヒブと料理人

おそらくあなたは料理人か給仕人の家の出身でしょうから、自分の仕事についてよく知っているとは思いますが、しかしすべてを知っているわけではないのも確かです。教わっていないことを知らないのは不名誉ではありませんが、学ぼうとしないのは恥ずべきことです。（中略）世のなかの病の半分はおなかからくるもので、そこに入る食べ物はあなたの責任ですから、料理人があらゆることをできるだけよいやり方で行うよう努めなければならない、というのは当然のことです。そうすれば家中が心地よくなります。もし晩餐のできがひどければ、奥様は怒るでしょうし、ご主人様は消化不良を起こし、不機嫌になるでしょう。すべてがうまくいかなくなるでしょう。そしてそれは誰のせいですか？　あなたのせいです。〔Steel and Gardiner 2010: 223〕

この引用は、一八六〇年代にインド高等文官の職にある夫とともにインドに渡り、同地に長年滞在したイギリス人女性F・A・スティールとG・ガードナーが共著で出した家事指南書のなかにある「料理人への助言」という章の冒頭である。[*1] 同書は、自分たちのように植民地インドに滞在するイギリス人女性に向けて、インドで家を管理し、家事をこなしていくために役立つ知識や情報をまとめたものだが、この料理に関する章には、ところどころにイギリス人家庭で働くインド人の料理人たちに向けて語りかけるような文章が含まれている。明らかに「上から」の目線を感じさせる書きぶりになっているが、ここには同時に、いかにイギリス人家庭にとって在地出身の料理人の役割が重要であったのかも映し出されている。

本章では、植民地期のインドで家事に従事していたイギリス人女性たち[*2]――いわゆる「メムサーヒブ（女主人、奥様）」たちが、慣れない土地で食のあり方をめぐってどのように模索していたのかを検討する。彼女たちは、家庭において、夫や子どもの健康や福利を守る妻や母としての役割と同時に、家や家計を管理し、家で働く在地出身の使用人たちを監督し、来客をもてなし、社交の場である晩餐会を滞りなく組織する女主人としての役割も期待されていた。また、そうした彼女たちの役割や振舞いは、帝国の担い手として、西洋文明の象徴として、在地社会に対する模範としての意味あいをもたせられることもしばしばであった。家庭や帝国における自らの役割や位置づけを意識しながら、メムサーヒブたちは健康の観点から重要であるばかりでなく、「自分たち」の文化を象徴的に示すことにもなる「何を、どのように食べるか／料理するか」という問いについて模索を重ねていく。また、その過程で彼女たちが得た知識や情報は、家事指南書や料理書をはじめとする出版物を通じて、あるいは口伝えに同胞の女性たちへと広まっていった。こうした食をめぐる模索や情報の伝達には、イギリス人の女性たちばかりではなく男性たちも関わり、彼らもまたインドのイギリス人家庭で何をどのように食べるか、料理するかを規定するのに貢献していた。

メムサーヒブたちがこのような役割を果たすうえで重要であったのが、イギリス人家庭に雇われていた料理人たちである。[*3] インドに渡ったイギリス人官僚、軍人、宣教師、商人らの多くは、その身分や経済的状況、生活様式に応じて、在地社会出身の「使用人」[*4]を複数雇っており、日常生活において彼らに大きく依存していた。家事指南書や回顧録には、一家族のための使用人として、執事、料理人、給仕、食器洗い人、水運び人、掃除人、乳母、仕立て人、洗濯人、馬丁、庭師その他が挙がっており、イギリス本国の上流家庭における使用人の体制に近いものとなっている。[*5] 使用人のうち、執事はイギリスの場合と同様に地位や賃金が高く、雇用主との間に信頼関係を築くことも多かったが、一家の胃袋を預かる料理人の賃金も執事に次いで高いか、それと同等、ときにはそれ以上である場合もあった。[*6] メムサーヒブ向けのある料理書の著者によれば、一家の主婦にとって、自分やその家族の「健康と幸福」は、いわば料理人の手に委ねられていた〔'Shalot' 1914: iii〕。とりわけインドに到着したばかりでその土地の言語も慣習も十分に理解できないメムサーヒブは、食材や調理道具の選択や購入からはじまり、かなりの部分を料理人に依存せざるをえなかった。

このような食生活における料理人への依存は、気候や食材などの環境面での本国との違いとともに、インドのイギリス人家庭における食事の内容に影響を及ぼしていた。リジー・コリンガムの研究によれば、一九世紀半ば以降のインドのイギリス人家庭では、それ以前の時代に比べると、在地社会の料理が晩餐のメニューとして避けられるようになり、食における本国志向が強まっていた〔Collingham 2005: 159-60〕。ただし当時のイギリス本国の社会的上層部における食事はフランスの食文化の影響を反映したものであり、それがインドのイギリス人社会にも持ち込まれていた。こうした本国志向は、一八五七年のインド大反乱以降、インドのイギリス人コミュニティが在地社会との距離感を強めていたことに呼応していると思われる。[*7] インドに渡るイギリス人女性の数が増加していたことも、インドのイギリス人社会の再編を促した。

しかしながら、彼らの家庭における日々の食生活をみると、実際にはそこにはインドの在地の要素が依然として遍在していた〔Leong-Salobir 2011; Procida 2003〕。メムサーヒブたちは食材や料理を選ぶにあたって、在地社会の食文化からも様々な要素を取り入れながら、自分たちの考える「文明」の基準を意識しつつも、その地域の状況に合わせたいわゆる「アングロ・インディアン料理」を創出していったのである。[*8]

以下では、植民地期にインドに滞在するイギリス人向けに書かれた家事指南書・料理書（男性によるものも含まれる）や、後にメムサーヒブたちが残した回顧録などをもとに、メムサーヒブたちがインドにおいて、在地出身の料理人たちと相互に影響を及ぼしあいながらどのような食文化を生み出していったのかを、料理人の雇用、食材の入手、調理の過程、献立づくりの四つの側面から検討する。

二　料理人の雇用

メムサーヒブたちにとって、「よい」料理人を雇うことができるかどうかは、インドでの生活を大きく作用する要素であった。イギリス人家庭で雇用される料理人は、その他の使用人の場合と同様に、知人からの紹介を通じて、あるいは以前の雇用主からの紹介状に基づいて選ばれていた。イギリス人のインド滞在経験者の回顧録には、紹介状の信憑性のなさ、「よい」料理人を見つけることの難しさが記されている。紹介状は他人から借りたものや、市場で偽造されて売られていたものである可能性もあり、必ずしも信頼のおけるものではなかった〔An Anglo-Indian 1882: 53; Hull 1878: 119; Riddell 1860: に〕。

指南書や回想録にはさらに、料理人やその他の使用人について、どのようなコミュニティ出身者が望ましいのか、あるいは、どのような人々が一般に雇われていたのかが書かれていることも多い。インドのイギリス人家庭では肉の調理が必要となることから、肉に触れることを拒否するような上位カーストで菜食主義者のヒンドゥー教徒は、料理人や給仕には雇用できなかった。二〇世紀前半にインドに滞在した軍人の妻、ルビー・K・グレイによれば、彼女の家では料理人と給仕はともにムスリムであった。[*9] ハイダラーバード藩王国で医師として勤務した経験をもつR・リドルの記した家事指南書では、料理人は通常、インド出身のキリスト教徒か低カーストのヒンドゥーであり、割合は低いがムスリムもいるとされている〔Riddell 1860: 7〕。このほかに、ベンガルのヒンドゥーはときにはワインを飲み、ハムまで食べるにもかかわらず、イギリス人のために給仕をすることは拒否するが、ボンベイのヒンドゥーはより柔軟性があるとする記述もあれば〔Blanchard 1867: 299〕、料理人の出身コミュニティとして、ムスリム、ポルトガル人、「マグ（Mug）」と呼ばれるビルマ出身者、低カースト出身のヒンドゥーを挙げている記述もある〔Grant 1862: 106〕。

このほかに、ゴア出身のキリスト教徒が料理人として評判が高かった点も目を引く〔Burton 1993: 52; Collingham 2005: 169-70; Chaudhuri 1994: 551〕。彼らはポルトガル領ゴアでキリスト教徒に改宗した人々やその子孫であり、牛や豚などの異なる種類の肉に触れることについても、ワインの給仕に関しても支障がなかった。ゴア出身の使用人を雇用していたあるイギリス人官僚の妻によれば、彼らは信用がおける人々であり、カトリックであることから、ヒンドゥーやムスリムの祭りに影響を受けることがない点も長所であった。[*10] イギリス人家庭の間では、インド人の使用人が頻繁に休みをとることへの不満も表されており、「ヒンドゥーやムスリムの祭り」の影響とは、宗教的行事によって使用人の勤務状況に支障が出る状態を指していたものと思われる。料理人としての評判を獲得したゴア出身者たちは、やがてインド人のエリート家庭でも雇われるようになる。以上のような記述からは、料理人や給仕の雇用にあたっては、肉食、飲酒などのイギリス人家庭の食習慣に適用できるか否かが重要な観点となっていたことがわかる。[*11]

たとえ条件に合った料理人を雇用できたとしても、その料理人が家に留まりつづけてくれるとは限らなかった。例えば一九三〇年代後半から官僚の夫に連れ添ってインドに滞在していたマージョリー・ホールは、ゴア出身の有能な料理人を雇っていたのだが、彼は二倍の給料が支払われる職場を見つけたために、一家のもとを去っていく。一家はその後、バローチスターンの中心都市クエッタ、さらにシンド州のジャコバーバードに転居する。ジャコバーバードでは料理人が見つからずに困っていた彼らだが、幸いクエッタにいたやはりゴア出身のキリスト教徒の料理人が、ちょうど雇用主が休暇に出たことから、雇用主が戻るまでホール一家のもとで働くことになる。ところが彼は慣れない土地で病にかかり、ようやく回復した直後に今度は置手紙だけを残して突然いなくなってしまう。その手紙には、「あなたのもとを去るのは申し訳なく思いますが、この場所は人間が住むにはふさわしくありません」と記されていたと、夫人はユーモアを交えながら回想している。[*12] 時代や地域によって雇用状況には差異があったにせよ、「よい」料理人に対する需要は一般に高かっ

インド在住のイギリス人家庭と使用人たち（1888年）Clark Worswick (ed.), *Princely India: Photographs by Raja Deen Dayal 1884-1910* (New York: Pennwick, 1980), p.79.

たことから、有能な料理人の場合には、条件のよりよい働き口を求めて移動する機会も少なからずあったものと思われる。こうした状態は料理人に対するメムサーヒブの立場に影響を与え、彼らとの様々な折りあいを迫られることも少なくなかった。

料理人も含め、使用人は月ごとに支払いを受けたが、彼らが給料を受け取ったのちに無断でいなくならないように、複数の指南書は支払いを遅らせるなどの対応をとることを勧めている[*13]〔An Anglo-Indian 1882: 51; James 1879: 77; Riddell 1860: 5-6〕。無断で立ち去らなくとも、使用人のなかには理由をつけて頻繁に休みをとろうとする者もいた。ある指南書の著者は、親の死去を理由に何度も仕事を休もうとする給仕について、「彼には際限なく両親が補充されていたに違いない」と苦笑めいた調子で記している〔Blanchard 1867: 74〕。イギリス人にとって家庭内での使用人との関係は、一定の警戒心や不信感、緊張を伴っていることが多かったものと思われる。彼らを子どもになぞらえたり[*14]、家族の一員とみなしていることを彼らに感じさせるようにと説く指南書もあるのだが〔James 1879: 75; "Chota Mem." 1909: 56〕、こうした記述にも家の中の「他者」である彼らを、いかに安全で従順な存在にするかという問題意識が見え隠れしている。これはインド社会をいかに支配するかという帝国意識と重なるものでもあった。

三　食材の入手

次に、食材をどのように手に入れていたのかをみてみよう。多くの食材は市場から購入している。使用人の間の役割分担については地域や家庭ごとに差異があり、執事が市場に赴く場合もあるが、料理人自らが買い物を担当する場合も多い。前述のスティールとガードナーの指南書は、何を調理するのか、何がどれほど必要であるのかを知っているのが料理人だけであることなどから、料理人に買い物をさせることを強く勧めている〔Steel and Gardiner 2010: 79〕。

市場での買い物に関しても、使用人に対する不信感や警戒心はいたるところに現れている。事前に食材購入のための代金を料理人に渡しておくべきであるとする意見がある一方で〔"Chota Mem." 1909: 73〕、事前に渡した場合、料理人がこれを他のことに使ってしまったり、おつりがあるにもかかわらず使い切ったふりをする可能性があるとして、料理人に立て替えさせ、後から請求させる方法をとる家庭もあった。後者の例では、料理人は朝食後の時間帯にメムサーヒブに請求書を差し出し、彼女は品物の内容があっているかどうかを確認したり、帳簿につけたりしたうえで、料理人に立て替え分を支払った〔An Anglo-Indian 1882: 67-8; James 1879: 49-50〕。使用人が実際の価格以上の金額を請求する可能性もあることから、食物の価格を月ごとに発行される市場料金表に照らしあわせてみることを助言する記述もみられる。使用人を介して購入した食材は、その他の生活用品とともに鍵のついた倉庫に保管され、女主人は必要なものを取り出して使用人に渡していた。

在地社会との接点があまりなく、この社会の言語や慣習を習得していないメムサーヒブたちは、食料の購入ひとつとっても、料理人をはじめとする使用人たちに依存せざるをえなかった。指南書や回想録のなかでは、彼らが多少の不正を行ってもそれには目をつぶることを勧める記述が散見されるが、このことも依存度の高さを物語っている〔"Chota Mem." 1909: 78; Dawe 1888: 6; Gordon 1913: 49; Riddell 1860: v-vi; Savi n.d.: 70〕。あるメムサーヒブは、好奇心で一度だけ市場を訪れたのだが、「その（一度の）訪問だけで、今後永久に（料理人による）詐欺の犠牲になってもよいと思うには十分であった」と記している〔Savi n.d.: 108〕。彼女の視点からみた市場は、人混み、悪臭、「らい病の人々や目のみえない乞食たち」、ハエの群れや危険な野良犬などのいる場所であり、とても自ら買い物ができるようなところではなかった。メムサーヒブたちは、使用人に買い物の指示を出す際にも、どの季節にどのような食材が入手できるかすら把握できていない場合もあった。このためメムサーヒブ向けの料理書のなかには、それぞれの月に手に入る食材を列挙したものもあった〔Burke 1923; A Thirty-Five Years' Resident 1880〕。十分な情報や知識を備えていることは、料理人たちに指示を出し、彼らを監督するうえで不可欠であると考えられていたのである。

メムサーヒブたちが買い求めた食材には、現地でとれるものばかりでなく、イギリスやアメリカなどから送られてくる缶詰や瓶詰の食品もあった〔Collingham 2005: 167-8; Wyvern 1885: 29〕。指南書のなかには、こうした輸入食品への依存を戒めているものもあるのだが、そのことは逆に、当時のインドのイギリス人社会で缶詰がいかに流通していたのかを推測させる。ある著者は、インドにおいて来客にイギリス料理をできるだけ多く出そうとするのは誤りであると主張し、そのようなことをすれば、あらゆるパーティで「缶詰の鮭、缶詰の豆、缶詰のハム、瓶詰の果物」などの食べ物ばかりが並べられることになり、しまいには人々はそれらを見るだけでもうんざりして、残りの人生の間、あらゆる缶詰を嫌うようになるにちがいないと記している〔An Anglo-Indian 1882: 86〕。前述のスティールとガードナーの指南書においても、「インドの魚にはよいものがたくさんあるので、それらを嫌ってあらゆる機会にイギリスの缶詰の魚を用いるのは間違っている」と述べられている〔Steel and Gardiner 2010: 240〕。

食材の購入は主に市場で行われたものの、イギリス人家庭の食卓にとって重要な肉やパンについては、彼らの好みにあったものを入手するのは困難であった。こうした状況に対応して、ときには彼らの間で「マトン・クラブ」や「ブレッド・クラブ」が設立されることもあった。「マトン・クラブ」は、同じ地域に住むイギリス人が共同で出資して羊を購入・飼育し、これを定期的に屠り、その肉を会員の間で分けることを目的としたものである。「ブレッド・クラブ」も同様に共同で出資して設備を整え、小麦粉を購入し、パン焼き職人を雇い、彼らのためのパンをつくらせるという組織であった〔Temple-Wright 1912: 6-7, 197〕。

このほかに、メムサーヒブたちは家庭菜園で野菜を育て、これらを利用することもあった。こうした家庭菜園は、新鮮さや家計への負担をなくすという点から大いに推奨されていた。環境条件が合えば、自分たちの料理に必要な野菜を選んで育てることができるのも利点であった。指南書のなかには、一つ一つの野菜について、栽培にあたっての注意を細かく記したものもみられる〔An Anglo-Indian 1882: 99-113; Steel and Gardiner 2010: 138-43〕。家畜の飼育も推奨されており、ミルクを得ることのできる牛やヤギのほか、食用の兎や家禽類の飼育などを行う家もあった。いうまでもなく、これらの世話をするのは使用人たちであり、メムサーヒブが行う仕事はここでもその管理、監督であった。例えばある指南書では、乳搾りをする者がミルクの量を増やすために水を足したり、飼料を横領したりする可能性への注意が促されている〔An Anglo-Indian 1882: 135〕。

このように、食材の入手において、メムサーヒブたちは使用人たちを介して現地社会と交流し、折りあいながら、「自分たち」にふさわしい食生活を維持するために様々な試みを行っていた。

四　調理の過程

食材の入手と同様に、調理にあたっても多くの場合、メムサーヒブは料理人に大きく依存していた。調理場[*15]は、その一家が「バンガロー」と呼ばれる邸宅に住んでいる場合には、別棟として設けられていることが多かった。この調理場の設備や道具の貧弱さ、衛生環境の悪さについては、多くの指南書や回顧録の著者が指摘している。軍人の夫とともに一四年間インドに滞在したクレモンズ夫人によれば、調理場はそれを見るだけで、イギリス人女性たちの「繊細な胃に悪い影響が及ぶ」

ほどの汚さであった〔Clemons 1841: 187〕。建物は泥や煉瓦でつくられており、屋根が低く、通常は部屋の真ん中に一本の煙突がついていた。そこには椅子もテーブルもなく、「たとえあったとしても彼らは使わないだろう」と夫人は著書のなかで述べている。彼女は、「こうした調理場のような場所に人々がどうやっていられるのかは、我々には驚きである」と述べ、調理場の暑さ、煙、汚れはヨーロッパ人には耐えがたいものであり、この環境ゆえに、家族の誰かが調理場を点検することが事実上妨げられているとも記している〔Clemons 1841: 189〕。

このような状況を踏まえて、調理場を頻繁に訪れないほうがよいと助言する指南書もあるのだが〔An Anglo-Indian 1882: 68; Garrett 1887: 19〕、その一方で、調理場にまめに足を運んだり、予告なしに点検することを助言する声も多い〔"Chota Mem." 1909: 75-6; Dawe 1888: 7; Anonymous 1887: v; A Thirty-Five Years' Resident 1880: i〕。インド人の衛生観念に対する強い不信感や、水回りをはじめ、調理場の点検が必須であるとの認識は、イギリス人の間で広範に共有されていた。例えば、インド在住のイギリス人の間では、メムサーヒブと使用人とのやりとりのかたちをとった以下の笑い話が広く知られていた。

メムサーヒブと執事（左）、調理場で働く料理人（右）〔Grant 1862: 96, 106〕

「おまえ、ご主人様の靴下はなぜあんなに汚れているの？」

「使ったんです。コーヒーをこしたんです」

「なんですって、この恥知らず、コーヒー、ですって？」

「はい、奥様。でもご主人様のきれいな靴下じゃありませんよ。もうお使いになったやつを使っています」

〔A Lady Resident 1864: 68〕

この笑い話が実際に起こった出来事をもとにしているかどうかは不明だが、この話が広まった背景には、インド人の使用人はコーヒーを入れるのに使い古しの靴下さえ使いかねないとのイギリス人の強い不信感があったと思われる。

調理場のなかで用いられる調理器具もまた、調理場と同様に、イギリス人からみれば「原始的」としかいいようのないものであった。しかしそのような「原始的」な器具を用いながら、優れた料理をつくることのできる料理人の腕は、逆に賞賛の的ともなっていた〔An Anglo-Indian 1882: 85; Atkinson n.d.: "Our Cook Room"; "Chota Mem." 1909: 72; James 1879: 45; A Lady Resident 1864: 45〕。調理器具の選択については、メムサーヒブは料理人自身に任せていることが多かった。例えば前述のグレイ夫人は、雇用した料理人に市場に行って必要と思われるものを買ってくるように指示したのだが、彼がもち帰った壺や鍋――おそらくきわめて素朴なものであったのだろう――を見て大いに驚いている。それらを使って一体どのように料理していたのか想像もつかない、と彼女はのちに振り返っている。また、グレイ夫人によれば、調理場の竈(かまど)は四角形になったレンガのうえに鉄格子が置かれ、前面から木炭を入れるだけの簡素なものであり、料理人はそのうえに壺や鍋などを置いていた。*16

メムサーヒブと料理人との間では、調理場の設備だけではなく、調理の仕方についても慣習や認識が大きく異なっていた。メムサーヒブは調理場を料理人たちに任せながらも、しばしば自分たちの調理法の優位性を主張し、彼らへの「指導」を試みた。そこには階級的な上下関係に加えて、人種的・民族的優劣の意識がうかがえることもある。ある料理書では、料理人に任せると悲惨な結果となるとして、サラダは家庭の主婦がつくるべきことを説いたり、残り物の肉をどのように利用するかは「インドの料理人にとっては解決が難しい問題」であるとして、メムサーヒブにこの本にあるレシピを用いるように勧めている〔Young 1928(?): 115, 212〕。別の料理書によれば、インド人の料理人はソースなしでは「生きていけない」のだが、その「情熱」は抑えられなければならなかった。というのも、彼らはソースを使って古くなった魚や肉の悪臭を隠すことが予想されたからである〔"Shalot" 1914: v〕。この料理書はこのほかにも、インドの料理人がしばしば午後にゆでた野菜を晩餐のために温めなおしたり、朝食を前の晩に料理するなど、調理の仕方において様々な問題を起こすことを指摘している。

ただし実際には彼女たちのやり方自体も、イギリスでみられる調理法そのものというよりも、在地の食材や環境に合わせて改変を余儀なくされたものが少なくなかった。同じ料理書によれば、イギリスでは食材を生かした簡素な調理法が適しているのに対して、「肉も貧弱で野菜も味がしない」インドでは、スパイスや調味料が不可欠であった。そのためインドにおいては、クリーム、バターあるいは油、ベーコンにハム、レモン、ハーブ、ダッチ・チーズ、ワイン、リキュールなどの「必需品」を惜しんではならず、ニンニクやタマネギも欠かせないとされている〔"Shalot" 1914: v〕。

メムサーヒブたちが料理人に指示を出すにあたっては、言語の壁をどのように克服するかという問題があった。指南書では、食材の英語名や調理器具の英語名と併せて現地語での名称がローマ字表記で記されていることも多い。そのほかにも日常生活に必要な文章や単語について、ローマ字で表記した現地語訳をつけている指南書が散見される。あるいは、料理人に指示を伝えられるようにヒンドゥスターニー語と英語の混成語による翻訳をつけた料理書もあった〔"Shalot" 1914: v〕。この混成語について、著者は主にメムサーヒブと料理人のみに通じるような言葉であるとして位置づけているのだが、この言葉を選んだ背景には彼女自身の経験があった。彼女はかつて、教育を受けたインド人によって英語からヒンドゥスターニー語に翻訳された料理書を料理人に与えたことがあったのだが、その料理人は翻訳者が用いたなじみのないアラビア語起源の「三分の一」という単語にとまどい、発音の近い英単語の「スライス」であろうと推測して、材料をすべて薄切りにしてしまったのである〔"Shalot" 1914: v〕。

この他に、二言語で書かれた料理書も複数出版されていた。例えば、タミル語と英語とで書かれた『料理人あるいは在地の料理人助手に何を教えるか』という題名の料理書は、第二版を出す際に読者からの提案を受けて、英語部分がタミル語部分のちょうど反対側のページにくるように印刷され、タミル語が読めないメムサーヒブが料理人にどの部分を指し示せばよいのかがわかるように工夫されていた[*17]〔Anonymous 1877; Collingham 2005: 163〕。同じように、英語とペルシア・アラビア文字表記のヒンドゥスターニー語とが向いあわせになるかたちで印刷されている料理書もある〔The Ladies' Committee 1939〕。冒頭に引用したスティールとガードナーの著書に含まれている「料理人への助言」は、ヒンディー語やウルドゥー語に翻訳され、パンフレットとしても出版されていた〔Crane and Johnston 2010: XXV〕。さらにはスティールとガードナーは、使用人が理解できるような指示を出すために、メムサーヒブは現地語を学ぶべきであるとも主張している〔Steel and Gardiner 2010: 12〕。

料理人に指示を出すにあたっては、メムサーヒブ自身も料理についての十分な経験や知識をもっていることが望まれた。自らが料理のできないメムサーヒブは、使用人に対する依存度がさらに高まり、立場が弱くなるとも考えられていた。しかし、メムサーヒブは料理人を指導すべき立場にあるとされながらも、実際には彼らから調理法を学ぶことも多かった。ある指南書の著者は、料理が美味であり、そのつくり方を知りたいときには、料理人に調理法を教えさせ、その材料や量を彼のいうとおりに書き留めることを助言している〔An Anglo-Indian 1882: 69〕。

あくまで在地社会から学ぼうとしない人々に対しては、批判的な見解が示されることもあった。ある料理書の著者は、「カレーは本質的に東洋の料理であり、満足のいくようにつくるには、人々から学ばないという高慢な態度ではいけない」と主張し、あるイギリス人女性の例を挙げている〔E.A.M.F.

1906: 94〕。この女性は、軍隊にいる夫の仕事の関係でイギリスにやってきたインド人の知人に向かって、「あなた方インド人は料理の仕方を知らないんじゃないかしら」と述べ、自分がカレーを調理するところを見ていくように促した。知人がこれに応じると、彼女はティーカップ一杯分の米をモスリンの袋に入れて鍋でゆで、次に小皿一杯分の冷たい残り肉をカレー粉、タマネギ、バター、ストックとともに別の鍋に入れて煮込んだ。調理が終わると、彼女は米を平らな皿に盛り、その真ん中に穴をあけ、そこにカレーを流し込んだのだが、こうしてできあがった料理は、およそ食欲をそそらないものであった〔E.A.M.F. 1906: 94〕。

なお、このエピソードのなかに登場する「カレー粉」は、まさにイギリス人の間で、インドの香辛料のきいた様々な異なる料理を「カレー」という概念で一括して捉える発想と呼応するかたちで発展したものであった(序章・補説を参照)。これは、様々に異なる香辛料を家庭で挽き、料理に合わせて調理の各段階で入れるというインドの家庭でのやり方とは異なり、複数の香辛料をあらかじめ調合したものである〔Collingham 2005: 140〕。インドに滞在するイギリス人向けに書かれた料理書や家事指南書には、この「カレー粉」をつくるために、どの香辛料をそれぞれどれだけの分量で調合するのかについて、様々な組みあわせのものが紹介されている。なかには「カレー粉」のほかに、「カルカッタ・カレー粉」「マドラス・カレー粉」「ボンベイ・カレー粉」「セイロン・カレー粉」などの地名をつけた異なるカレー粉の調合方法を記したものもあった〔Gordon 1913: 103; An Old Lady-resident 1922: 216〕。これらを家で調合する手間を省きたい人々に対しては、市販のカレー粉のうちのどれがよいかについて助言が与えられている〔"Wyvern" 1885: 288〕。このように「カレー粉」の使用が広まった背景には、あらかじめ決まったやり方で調合した香辛料を用いることで、インド人の料理人の味覚に基づく味付けではなく、イギリス人好みの決まった味付けに、ある程度まで調節することができると考えられたためかもしれない。インド在来の料理と考えられていた「カレー」も、こうしてイギリス人家庭のなかで彼らの料理として改変され、その調理法は料理書や家事指南書などを通じてさらにイギリス人社会に浸透していったのである。

五　献立づくり

冒頭部で触れたように、植民地支配体制が確立していった一九世紀半ば以降、インドのイギリス人社会の食文化において本国志向が強まったとはいえ、彼らの家庭の食卓には依然として在地社会の料理や、本国で食べられている料理と在地料理とが混合したものも数多く含まれていた〔Procida 2003: 138-41; Ray 2015: 98-103〕。家事指南書や料理書で紹介されている料理の多くは、確かにイギリス本国でよくつくられるもので占められていたが、これらとは別に「我らのカレー」「東洋の料理法」「在地の料理」などの章も設けられており、インドの在地料理の調理法にも多少なりとも関心が寄せられていたことがわかる〔Steel and Gardiner 2010: 305-6; Riddell 1860: 373-452; "Wyvern" 1885: 285-313〕。スティールとガードナーの指南書では、当初は含まれていなかった在地料理のつくり方の紹介が、要望を受けてあとから挿入されている〔Crane and Johnston 2010: xxi〕。また、「晩餐（ディナー）は文明の特権である」〔Young 1928(?): iv〕とまでいわれていた晩餐においては、カレーを出すことがためらわれることもあったが、朝食や昼食ではカレーやマリガトーニ・スープ（南インドの料理をもとにした香辛料の効いたスープ）、ケジュリー（米と豆からつくられる在地料理のキチュリーがもとになったもので、ここに魚や卵、タマネギなどが加えられた）などの典型的な「アングロ・インディアン料理」は依然として食卓に並んでいた*18〔Collingham 2005: 119, 145, 159; "Wyvern" 1885: 171, 286〕。料理における本国志向が強まったとはいえ、在地の食材や料理人の技術を考えれば、経済的な面からも味覚の面からも、在地の要素を取り入れた料理は排除できなかったのである。

食事の献立を決めるのは、一般にはメムサーヒブの役目であったが、料理についての経験やインドにおける食材の知識が欠けているために、献立づくりに苦労する若いメムサーヒブも少なくなかった。こうした女性たちのために、日々の食生活における献立の例を多数挙げたり、晩餐会などの特別な機会に出す食事の献立を紹介した本も出版されている〔An Anglo-Indian 1882; Burke 1923; Carne 1919; Anonymous 1877; "Wyvern" 1885〕。ここで、ある家事指南書に紹介されている晩餐会のメニュー三例のうち、第一番目の例をみてみよう〔An Anglo-Indian 1882: 88-90〕。

スープ　：アーモンドスープ　澄んだ肉汁のスープ
魚料理　：マナガツオ　缶詰のサーモン

前菜　　：シビレのクロケット　トマト添え牛肉巻きの蒸し煮　ヤマウズラの肉団子
ルルヴェ：ゆで七面鳥　羊腰肉
ローストした肉料理：コガモ　ウズラ
アントルメ：マラスキーノ（さくらんぼからつくるリキュール）ゼリー　クリームブリュレ　マンゴークリーム詰めメレンゲ
チーズ　：フレッシュ　スティルトン
アイス　：レモンアイスクリーム　コーヒーアイスクリーム
デザート：季節の果物　ケーキ、ビスケットなど

本国と同じような食材や設備が揃っていない場所で、これだけの料理を用意する苦労は容易に想像できる。しかも晩餐会は重要な社交の場であり、夫の地位や名誉を維持するうえでも、これを滞りなくとりしきることはメムサーヒブたちにとって大きな責務となっていた。こうした状況のもと、彼女たちが料理人の助力を得ながら、在地の条件や料理人の技術を念頭に入れつつ試行錯誤する過程で、家庭ごとの「アングロ・インディアン料理」がさらに発達していったものと思われる。

同書には、晩餐会メニューの第三の例として、比較的小さな規模の晩餐会のための、より「インド風」の献立も紹介されており、そこにはマリガトーニ・スープ、プラーオ、カバーブなどが含まれている。著者はこのメニューについて、「多くの人々の好みからするとあまりにインド風すぎる

だろうが、一つの例として出しているにすぎない」と弁明したうえで、「優れたインド料理でありながら、人々が嫌っているものがたくさんある」と述べている。ただし著者によれば、これらの料理では一般的にギー（バターの水分を蒸発させたもの、精製バター）があまりに多く使われていた。著者はギーではなくバターを使うことを勧める一方、雇い主がギーの使用を嫌がっていても料理人はこれを頻繁に使うことや、バター代（ギーよりも高価）がかかるといった実状にも触れている〔An Anglo-Indian 1882: 92-5〕。この指南書の著者自身は、在地の要素を取り入れることに積極的な姿勢を示しているのだが、同時にこれらの記述からは、インドのイギリス人社会全般の傾向として、食生活における「イギリス人らしさ」が重視されていた様子が垣間見える。また、在地の料理がメニューに取り入れられる場合にも、彼らと料理人たちとのやりとりを通じて、それらが改変されていった様子もうかがえる。

さらに同書は、晩餐会の献立に関して、よい料理人がいるのであれば料理人に相談するようにとも助言している〔An Anglo-Indian 1882: 85〕。スティールとガードナーの指南書に書かれた「料理人への助言」のなかでも、著者は料理人に対して、献立に関して女主人の指示をただ受け入れるのではなく、自らも進んで案を出すことを求めている〔Steel and Gardiner 2010: 226〕。在地の食材に詳しく、経験を積んで様々な調理法を習得した料理人は、献立を決めるうえでもメムサーヒブにとっては頼るべき存在であった。

ときには献立づくりにおいて、料理人が主導的な役割を果たすこともあった。あるイギリス人女性は回顧録のなかで、彼女の家のムスリムの料理人が、突然の大人数の来客にもあわてることなく、常に落ち着いて調理可能な料理の献立を考えていた様子を描いている。自らの仕事に誇りをもっていたこの料理人は、缶に入った食材、庭の野菜など、ありあわせのものを巧みに利用しながら、短時間で見事な晩餐を用意するのであった。この回顧録の著者は、「インドの使用人は試される状況におかれたとき、驚くほど機知に富む」と感嘆をこめて記している〔Savi n.d.: 145-6〕。こうした料理人は、家庭生活のなかだけではなく、インドのイギリス人社会においても夫を支える役割を期待されたメムサーヒブにとって、指導し監督する対象でありながら、同時に自らの役割を果たすために欠くことのできない強力な協力者ともなっていたのである。

六　帝国支配と食

インド在住のイギリス人女性たちにとって、「何を、どのように食べるか／料理するか」がいかに重要な問題であったのかは、植民地期に出された料理書や、家事指南書における料理に関する記述の多さからも明らかである。家庭において夫や子どもの健康や福利を守る責務をもつ者として、また、帝国を支配し、西洋文明を象徴するイギリスに属する一員としての地位を意識する彼女たちは、料理人たちを指導・監督するという自らの立場を強調しつつも、彼らに依存し、その協力を必要とするという現実のなかで、様々な交流や妥協を経ながら食生活をとりしきっていく。そこでは家庭、帝国、在地社会における彼女たちの役割や位置づけを反映して、「イギリスらしさ」を志向しながらも、料理人や環境との折りあいを重ねつつ、在地社会の食材や調理法を選択的に取り込んだ料理が発達していく。このようにして発達した料理は、女主人と料理人との関係や、食材の入手方法から調理場の点検にいたるまでの多岐にわたる食に関わる慣習とともに、当時出版された数々の指南書や回顧録を通じて、あるいはインド在住の官僚、軍人その他のイギリス人たちの人的ネットワークを通じて、あるいは料理人たち自身によって伝えられることで、インドのイギリス人社会に広まっていく。さらにこれらの料理や慣習は、都市部のインド人中間層の家庭における食生活にも選択的に取り入れられ、そこで様々な変化を遂げていくことになるのである。

＊本章は、〔井坂 二〇一三〕をもとに、加筆・修正を加えたものである。

註

＊1　同書は一八八八年に初版が出されてから一九二一年までの間に少なくとも一〇回は版を重ねており、数多くの読者を獲得していたことがうかがえる〔Crane and Johnston 2010: xxviii〕。

＊2　本章では「イギリス人」という表現を用いているが、インド在住のいわゆる白人男性、白人女性のなかには、イギリス以外のヨーロッパ地域の出身者も含まれている。したがって、ここに紹介されているような経験は、厳密な意味でのイギリス出身者だけではなく、インドに住むその他の白人で、使用人

を雇用するような階層に属していた人々にもあてはまる部分が多い(ここでは論じることができないが、イギリス人も含め、インドにいた白人のなかには貧困層が含まれていたことにも留意したい)。指南書のなかには「イギリス人」と並列して、あるいは「イギリス人」という言葉のかわりに、「ヨーロッパ人」という表現を使用している記述もみられる。また、「メムサーヒブ」という言葉も、本章ではインド在住のイギリス人女性(主に既婚女性)を表すものとして用いているが、この言葉自体はイギリス以外の地域出身の白人女性に対しても用いられていた。

＊3　インドのイギリス人社会では「料理人」を指す言葉として、cook のほかに、bawarchee や khansama などが用いられた(英語文献中のローマ字表記には bobachee や consumah をはじめ、様々なバリエーションがある)。ただしベンガル管区においては、khansama は料理人ではなく給仕頭を指していた〔Yule and Burnell 1886: 190〕。

＊4　ここでは英語の servant を当時の社会的背景に合わせて訳した「使用人」の言葉を用いるが、現代の文脈では彼らを表す用語として「家事労働者(domestic worker)」が使われることが多い。

＊5　使用人に対する名称や、役割分担の詳細な部分については、インドのなかでも地域ごとに異なっていたほか、家庭ごとの差異もみられる。イギリス本国における上流家庭の使用人の体制については、〔新井二〇一一;エヴァンズ二〇一二〕などを参照。

＊6　使用人の役割や賃金については、〔An Anglo-Indian 1882: 49; Steel and Gardiner 2010: 54-105; Garrett 1887: 39; Gordon 1913: 87-8; Grant 1862: 105-25; Hull 1878: 124-35; James 1879: 47; King 1884: 129; A Lady Resident 1864: 41-61; Riddell 1860: 3-10〕などを参照。

＊7　インド大反乱以降のこうした変化については、〔Metcalf 1995; Metcalf and Metcalf 2002〕を参照。

＊8　「アングロ・インディアン」という言葉は、二〇世紀初めまではインドにおけるイギリス人を指すのに使われていたが、一九一一年のセンサス以降は、それまで「ユーラシア人(Eurasian)」と呼ばれていた人々、すなわち、ヨーロッパ系出身者と現地出身者の両方の血を受け継いだ人々(主にイギリス人の父親と現

地出身の母親との間に生まれた人々や彼らの子孫）を指すようになった。本章では「アングロ・インディアン」の言葉は、一貫してインド在住のイギリス人を指すのに用いている。

＊9　Mrs Ruby K. Gray, "Memoir by Mrs Ruby Gray," p.59, Mss Eur D1037/11.

＊10　Blanche Reynolds, "Recollections of a Political Officer's Wife in Rajputana," p.7, Mss Eur F226/25.

＊11　このほかに、英語を話す使用人は、そのことによって自らが特権的立場にあるかのように勝手に想像することから、雇用しないようにとの助言もみられる〔Blanchard 1867: 81〕。

＊12　Mrs Margery Hall, "Autobiography and the Nights Were More Terrible than the Days...," Chapter IV, p.7; Chapter X, pp.38-42, Mss Eur F226/11.

＊13　このように使用人への不信感から給料の支払いを遅らせることを勧める記述がある一方で、指南書のなかには、支払いの遅延によって使用人が不満をもち、不正を働く原因になるとして、これに反対する記述もみられる〔Dawe 1888: 5〕。

＊14　メムサーヒブ向けに売られていた家計簿のなかには「役立つ」ヒンドゥスターニー語（ここでは北インドで話されている言葉を指す）の会話文が含まれているものもあるが、そこには「余計なお世話です」「きちんとやりなさい」「面倒をかけないで」「私の言うとおりにしなさい」など、日常生活におけるメムサーヒブと使用人との関係を推測させるような表現も含まれている〔*Memsahib's Daily Account Book*: 1942: 8〕。

＊15　インドのイギリス人社会では「調理場」を指す言葉として、cook-house や cook-room のほかに、bawarchee-khana などが用いられた（英語文献中のローマ字表記には bobachee connah をはじめ、様々なバリエーションがある）。

＊16　Mrs Ruby K. Gray, "Memoir by Mrs Ruby Gray," p.91, Mss Eur D1037/11.

＊17　同じく英語・タミル語の二言語で出版された料理書に〔An Old Lady-resident 1922〕がある。

＊18　ここでは取り上げることができないが、「アングロ・インディアン料理」の発展過程を語るうえで

は、家庭のほかに、鉄道やイギリス人向けの宿泊地などでつくられた食事にも着目する必要がある〔Collingham 2005: 123-25, 169〕。

参考文献

新井潤美　二〇一一『執事とメイドの裏表――イギリス文化における使用人のイメージ』白水社。

井坂理穂　二〇一三「植民地期インドにおけるイギリス人家庭と料理人」『Odysseus 東京大学大学院総合文化研究科地域文化研究専攻　紀要』第一八号。

エヴァンズ、シャーン（村上リコ訳）　二〇一二『メイドと執事の文化誌――英国家事使用人たちの日常』原書房。

シュトローベル、マーガレット（井野瀬久美惠訳）　二〇〇三『女たちは帝国を破壊したのか――ヨーロッパ女性とイギリス植民地』知泉書館。

An Anglo-Indian 1882. *Indian Outfits & Establishments: A Practical Guide for Persons about to Reside in India; Detailing the Articles Which Should Be Taken Out, and the Requirements of Home Life and Management There*, London: L.Upcott Gill.

Anonymous 1877. *What to Tell the Cook or, The Native Cook's Assistant: Being a Choice Collection of Receipts for Indian Cookery, Pastry, &c., &c.: In English and Tamil*, 3rd edn, Madras: Higginbotham.

Anonymous 1887. *Indian Cookery "Local" for Young House-keepers; Containing Numerous Recipes Both Useful and Original*, 2nd edn, Bombay: Imperial Press.

Atkinson, George Francklin n.d. *"Curry & Rice" on Forty Plates; Or, The Ingredients of Social Life. At "Our Station" in India*, London: Day & Son.

Banerjee, Swapna M. 2004. *Men, Women, and Domestics: Articulating Middle-Class Identity in Colonial Bengal*, New Delhi: Oxford University Press.

Blanchard, Sidney Lamar 1867. *Yesterday and To-day in India*, London: W. H. Allen.

Burke, W. S. 1923. *Every Day Menus for Indian House-keepers with a Kitchen Dictionary and Some Easily Made Cups and Cocktails*, 4th edn, Calcutta: Thacker, Spink.

Burton, David 1993. *The Raj at Table: A Culinary History*

of the British in India, London: Faber and Faber.

C. C. K. 1906. *Indian Cookery and Domestic Recipes Containing Useful Recipes in Cookery, Miscellaneous Recipes and General Notes*, 2nd edn, Madras: Lawrence Asylum Press.

Carne, Lucy 1919. *Simple Menus and Recipes for Camp, Home and Nursery*, 2nd edn, Calcutta: Thacker, Spink.

Chaudhuri, Nupur 1994. "Memsahibs and their Servants in Nineteenth-century India," *Women's History Review*, 3-4.

"Chota Mem." 1909. *The English Bride in India: Being Hints on Indian Housekeeping*, London: Luzag.

Clemons, Mrs. Major 1841. *The Manners and Customs of Society in India; Including Scenes in the Mofussil Stations; Interspersed with Characteristic Tales and Anecdotes*, London: Smith, Elder.

Collingham, Lizzie 2005. *Curry: A Biography*. London: Chatto & Windus.（リジー・コリンガム 二〇〇六『インド・カレー伝』東郷えりか訳、河出書房新社）

Crane, Ralph and Anna Johnston 2010. "Note on the Text," in Flora Annie Steel and Grace Gardiner, *The Complete Indian Housekeeper and Cook*, ed. by Ralph Crane and Anna Johnston, New York: Oxford University Press.

Dawe, W. H. 1888. *The Wife's Help to Indian Cookery: Being a Practical Manual for Housekeepers*, London: Elliot Stock.

E.A.M.F. 1906. *The Wife's Cookery Book Being Recipes and Hints on Indian Cookery*, Madras: Wilson's Artistic Press.

Edmunds, Joseph 1902. *Curries, and How to Prepare Them: Recipes by Some of the Most Eminent Chefs de Cuisine*, London: Food & Cookery Publishing Agency.

Garrett, Elizabeth 1887. *Morning Hours in India. Practical Hints on Household Management, the Care and Training of Children, & c.*, London: Trübner.

Gordon, Constance E. 1913. *Anglo-Indian Cuisine (Khána Kitâb) and Domestic Economy*, 2nd edn, Calcutta: Thacker, Spink.

Grant, Colesworthy 1862. *An Anglo-Indian Domestic Sketch: A Letter from an Artist in India to his Mother in England*, 2nd edn, Calcutta: Thacker, Spink.

Gray, Mrs Ruby K. "Memoir by Mrs Ruby K Gray

Describing her Life as the Wife of an Indian Army Officer, 1922-47," Mss Eur D1037/11, India Office Records and Private Papers.

Hall, Mrs Margery "Autobiography and the Nights Were More Terrible than the Days...," Mss Eur F226/11, India Office Records and Private Papers.

Hull, Edmund C. P. 1878. *The European in India, or, Anglo-Indian's Vade-Mecum*, 3rd edn, London: C. Kegan Paul.

James, Mrs. Eliot 1879. *A Guide to Indian Household Management: Hints on Outfits, Packing, Bungalows, Furnishing, Servants, etc., etc.*, London: Ward, Lock.

King, Mrs. Robert Moss 1884. *The Diary of a Civilian's Wife in India 1877-1882*, Vol.I, London: Richard Bentley & Son.

The Ladies' Committee, F.I.N.S. Women's Workshop 1939. *A Friend in Need: English-Hindustani Cookery Book*, Madras: F.I.N.S. Women's Workshop.

A Lady Resident 1864. *The Englishwoman in India: Containing Information for the Use of Ladies Proceeding to, or Residing in, the East Indies*, London: Smith, Elder.

Leong-Salobir, Cecillia 2011. *Food Culture in Colonial Asia: A Taste of Empire*, Abingdon: Routledge.

Lewis, C. C. 1928. *Culinary Notes for Sind*, Karachi: C. C. Lewis.

MacMillan, Margaret 1996. *Women of the Raj*, London: Thames and Hudson.

Memsahib's Daily Account Book 1942. Lucknow: The Pioneer Press, Mss Eur C403, India Office Records and Private Papers.

Metcalf, Barbara D. and Thomas R. Metcalf 2002. *A Concise History of India*, Cambridge Cambridge University Press.（バーバラ・D・メトカーフ、トーマス・R・メトカーフ 二〇〇六『インドの歴史』河野肇訳、創土社）

Metcalf, Thomas R. 1995. *Ideologies of the Raj*, Cambridge: Cambridge University Press.

An Old Lady-resident 1922. *The Madras Cookery Book (English and Tamil): Specially Compiled for the Requirements of Europeans and Anglo-Indians in India*, Madras: Methodist Publishing House.

Procida, Mary A. 2003. “Feeding the Imperial Appetite: Imperial Knowledge and Anglo-Indian Domesticity,” *Journal of Women's History*, 15-2.

Ray, Utsa 2015. *Culinary Culture in Colonial India: A Cosmopolitan Platter and the Middle Class*, Cambridge: Cambridge University Press.

Reynolds, Blanche “Recollections of a Political Officer's Wife in Rajputana,” Mss Eur F226/25, India Office Records and Private Papers.

Riddell, R. 1860. *Indian Domestic Economy and Receipt Book; Comprising Numerous Directions for Plain Wholesome Cookery, Both Oriental and English*, 5th edn, Calcutta: Thacker, Spink.

Savi, E. W. n.d. *My Own Story*, London: Hutchinson.

“Shalot” 1914. *Things for the Cook (In English and Hindustani), Part I--English*, 2nd edn, Calcutta: Thacker, Spink.

Steel, Flora Annie and Grace Gardiner 2010. *The Complete Indian Housekeeper and Cook*, ed. by Ralph Crane and Anna Johnston, New York: Oxford University Press.

A Thirty-Five Years' Resident 1880. *The Indian Cookery Book: A Practical Handbook to the Kitchen in India, Adopted to the Three Presidencies*, 6th edn, Calcutta: Thacker, Spink.

Vieyra, Beatrice A. 1915. *Culinary Art Sparklets: A Treatise on General Household Information and Practical Recipes for Cooking in All its Branches*, Madras: Vest.

“Wyvern” 1885. *Culinary Jottings: A Treatise in Thirty Chapters on Reformed Cookery for Anglo-Indian Exiles*, 5th edn, Madras: Higginbotham.

Young, Marie 1928(?) *The Old Lady's Cookery Book (For India): A Thoroughly Practical Manual; 673 Recipes of Simple and Dainty Dishes Connected with the Correct Method of Serving Them*, Benares: National Press.

Yule, Henry and Arthur Coke Burnell 1886. *Hobson-Jobson: Being a Glossary of Anglo-Indian Colloquial Words and Phrases, and of Kindred Terms; Etymological, Historical, Geographical and Discursive*, London: John Murray.

第三章

ナショナリズムと台所

二〇世紀前半のヒンディー語料理書

サウミヤ・グプタ（上田真啓 訳）

一　料理と国家

本章は、二〇世紀前半のヒンディー語の料理書の検討を通して、それらが都市部のヒンドゥー中間層の台所や料理の世界をどのように規定しているのかを考察し、コミュニティ、アイデンティティ、国民国家、さらには「食べてよいもの」をめぐる議論について問いなおすことを目的としている。以下で論じるように、これらヒンディー語の料理書は、二〇世紀前半の排他主義的、宗派主義的なヒンドゥーの国家・国民像の形成に潜在的に貢献するものでもあった。

アルジュン・アパドゥライは、独立後のインドにおける料理書を分析した著名な論文のなかで、空間的に移動し、複数の民族やカーストや言語によって構成され、西洋の影響を受けた中間層によるインドの国民料理の構築を、「国民料理がその地域的、民族的ルーツを隠そうとはしない脱工業化、脱植民地化の段階」として位置づけている〔Appadurai 1998: 5〕。しかし、本章の目的はこのようなサラダボウル的多様性をもった国民料理の形成過程を追うことではない。ここで目指しているのは、インドが独立するよりも前の時代に、ヒンディー語圏の中心地において「インド」がどのように思い描かれていたのかを料理という切り口から考察することである。取りあげる料理書は、洗練された太守の料理を生み出したことで知られるアワド地方[◇1]で書かれたものであるが、そこに含まれているのはアワドの宮廷料理ではなく、連合州の中部や東部に暮らすヒンドゥー教徒の家庭で日常的に食されていた料理である。二〇世紀前半というまさにこの時代、この地域は、ヒンディー語をヒンドゥー教徒と結びつけ、それらをインドのナショナル・アイデンティティに結びつけるという、「ヒンディー語・ヒンドゥー教徒・ヒンドゥスターン（インド）」論形成の最前線であった。[*1] こうした議論と同調するかたちで、これら料理書もまた、この国の想像された過去と目指すべき未来を描いたのである。

二　ヒンディー語圏の出版物

連合州における出版物とヒンディー語の公共圏を研究してきた人々がすでに示しているように、

二〇世紀前半は、ヒンディー語による著作活動が花開いた時代であった。こうした文学やジャーナリズムの世界での出版物は、民族運動の最も急進的な変化と連動していた。すなわち、国家とその再生をめぐる話題は、ヒンディー語の公共圏における様々な出版物によって取りあげられる中心的なテーマとなったのである。ヒンドゥーの食習慣を扱う出版物もその例外ではなかった。いわゆる「女性問題」や理想化された家庭生活をめぐる論争がそうであったように、女性誌や家事の手引き書は、家庭といった最も私的な空間を取りあげながらも、そこから国家へと思いを巡らせたのである。

しかしながら、当時、次々と出版されていた女性誌や家事の手引き書は、料理は女性によってなされるべきものであると繰り返すだけで、どう調理すべきかについての具体的なアドヴァイスはほとんどされなかった。調理に関する指南というものはなかったのである。ヒンディー語圏の中心地で刊行された主要な定期刊行物では、レシピの記事は、寄稿記事でさえきわめて稀であった。『家庭の吉祥天（グリハ・ラクシュミー）』という名の定期刊行物がイラーハーバード（アラーハーバード）で一九〇九年に刊行され、大いに成功を収めたが、これですら、「家事に特化したものである」という触れ込みにもかかわらず、定期的なレシピ記事を掲載することはなかった。[*2] 清潔感や衛生面、倹約さを強調するかたちで、新しい家庭生活についてのアドヴァイスは積極的に与えられた。事実、「在地の生活において、女性の日常の習慣で問題視されていない——つまりそのままにしておかれたものは一つとしてない」と言われるほどであった〔Walsh 2004: 55〕。

しかしその一方で、料理というものは女性たちにとって教わる必要のあるものではないと考えられていた。ベンガルの家事の手引き書のなかでは、ある改革主義者の夫でさえ、妻に対して失意の念でこのように述べている。「私がお前に料理を教えることができるかって？　料理について教えることなどあるというのかね？　自分で見て調理するだけで、料理のことなど全てわかるだろうに」〔Walsh 2004: 58〕。

しかし、以上のことがらは、料理の教えが流布していなかったことを意味するものではない。[*3] 女性誌がレシピの記事にほとんど紙面を与えなかったとはいえ、ヒンディー語で書かれたレシピに関する冊子や料理書自体は出版され、大衆的な刊行物の世界で一角を形成していたのである。それらは、宗教的あるいは神話的文学、性愛指南、詩歌、扇情的な小説、恋愛物語――それらは法話[◇2]（ヴラタ・カター）、ロマンス（昔の恋愛もの）、評論といった在来のジャンルと密接に関連した――を出版している多くの小さな出版社を通じて生み出されていた。[*4] 古くからの口承の世界を現代的な出版の領域に取り込むことによって、それら料理書は、伝統的な知識の体系と植民地期の都市生活での新たな需要との橋渡しをしていたとみなすことができる。そしてその過程において、それら料理書は習慣的な料理を再定義すると同時に、それに伝統としての普遍性を与えていたのである。

三　四冊の料理書

本章で考察される四冊の料理書は、二〇世紀前半に連合州で刊行されたものである。それらのうちで最も古いものは、『料理の王（パーク・ラージ）』と呼ばれるもので、カールティク・プラサードによって著され、ワーラーナシーから一九〇八年に刊行された（第二版）。二番目に取りあげるのは、パンディト・マニラーム・シャルマーによる『料理の月光（パーク・チャンドリカー）』であり、一九二六年にイラーハーバードから出版された。筆者の知る限りでは、これは連合州中央部の最も古い料理書である。三番目に登場するギリーシュチャンドラ・ジョーシーによる『料理規則の鏡（アーダルシュ・パーク・ヴィディ）』は、一九三八年に出版された。最後に触れる『広汎な料理の知識（ブリハドゥ・パーク・ヴィギャーン）』は、パンディト・ナラシンハラーム・シュクラによって著され、一九三九年にマトゥラーから出版されて、一九四九年には第二版が出版された。

　これら料理書はすべて男性によって著されたものである。書物を通じて料理を教える立場にありながら、彼らは、料理は女性たちの本分であると少しの皮肉もまじえずに述べている。彼らによって褒め称えられた古（いにしえ）の料理の達人たちは、常にビーマやナラ◇3のような男性であって、決して彼らの妻たちではなかったにもかかわらず。

　それら料理書のほとんどは、古典サンスクリット文献から引用された一節で始まるが、とりわけ好まれたのが、「身体は、ダルマを達成する最上の手段である」◇4というものであった。これら料理書はすべて、料理の起源はヴェーダ時代および叙事詩時

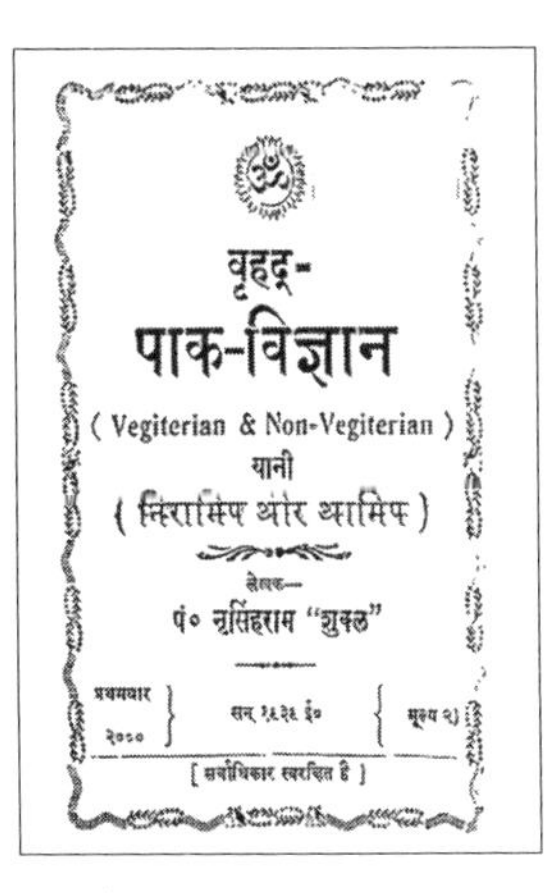

パンディト・ナラシンハラーム・シュクラ『広汎な料理の知識』表紙

代の『料理論典（パーカ・シャーストラ）』というジャンルの書物にあるとしている。それらはみな、同じようなレシピのレパートリーを有しており、料理の品目は「プラカラナ（項目）」という名の共通の分類システムにしたがっている。つまり、「ローティー（パン）・プラカラナ」「ダール（豆、あるいは豆のスープ）・プラカラナ」「チャーワル（米）・プラカラナ」「シャーク（野菜）・プラカラナ」「ラーエター（ヨーグルトに野菜などを入れたもの）・プラカラナ」「ミシュターン（菓子）・プラカラナ」等々といった具合である。古代ヴェーダ時代には主要な食材であった肉は、いくつかの料理書に含まれているが、アルコール飲料はいずれにも含まれてはいない。ひとつの書物のなかで紹介されるレシピの範囲は多岐にわたり、さながら多種多様な品目が並べられるインドのターリー（大皿、大皿の上に様々な料理をのせたもの）のようである。

まずはじめに、『料理の王』を取りあげるが、その理由は、単にそれが四つの料理書のうちで最も初期のものであり、この『料理の王』の分類法とレシピが他の三つに影響を与えているから、というだけではない。後代の料理書、とりわけ『料理の月光』における論調や、料理書としての性格の変化を明らかにするためでもある。

カールティク・プラサードによって著された『料理の王』は、世紀が変わろうとするころに、ワーラーナシーから出版された。九四頁ほどの小冊子であるこの料理書は、「ヒンドゥーの一般家庭のための」ものであったため、ヴェジタリアンのレシピのみを含む。しかし著者は、本書とは別のかたちで肉料理のレシピを紹介することを約束している。『料理の王』は、台所の場所と空間、泥炉と燃料の質、調理器具の種類とその特性、ギー（精製バター）と様々な混合スパイスの準備といった、インドの台所に立つ際に必要な基本的技術について実用的なアドヴァイスを与えるとすぐにレシピに移行する。レシピは、大まかな順で、米とダール、ローティー、ラーエター、パコーリー（パコーラー、揚げもの）、野菜、菓子とに分類されている。いくつかのレシピは実際にはそう単純なものでないにもかかわらず、簡潔に述べられているにすぎない。

『料理の王』は、目新しい、あるいは外来の料理について、批判的な見方はしていない。外来のものは、たいてい「地元のものでない」ものとして理解されていた。したがって、ベンガルの菓子についてのセクションは、わずか五品に限られており、我々が今日ラスグッラー[5]と呼んでいる菓子のレシピは見出せない。ベンガルの菓子は当時ちょうど誕生したところで、ほとんどの人にとってはまだ馴染みのないものであったことがわかる。目新しい、あるいは外来の料理に対する敵意は、『料理の王』の著者にはなかったと思われる。それは例えば、「イギリス風野菜料理（アングレーズィー・タルカーリー）」のための混合スパイスに、これはイギリス皇太子によって味わわれ、好まれているのだとする一行の但し書きが付されていることからもわかる。また、イギリスのシロップのレシピや、ワインとショウガと砂糖でできたビスケット――そのなかには「イギリスの上質なビスケット（バリヤー・ヴィラーヤティー・ビスケット）」と名づけられたものも含まれている――のつくり方、「イギリスの上質な水」として薦められている、レモネードやジンジャーエールのつくり方、地元の果物を使ったインドのシャーベットのつくり方などが何のためらいもなく並べられている。

料理の技術は、古代インドにおいて高度に発展し、ムスリム支配の間にさらなる高みへと引き上げられたということをこの料理書は強調している。後の書物でも繰り返されるいくつものテーマに触れているとはいえ、『料理の王』には外来のものに対する敵意はほとんどみられず、「国民料理」の立場をとることは全くない。

二番目の料理書、『料理の月光(チャーンド)』は、四つのうちで最も成功を収めたものである。この本は、著名なヒンディー語の雑誌『月光』の名高い編集者、ラームラク・シンハ・サハガルによって依託されたもので、著者であるパンディト・マニラーム・シャルマーは出版を待たずにこの世を去った。そのため最終稿は、月光出版の経営者で、ラームラク・シンハ・サハガルの妻であるヴィディヤーワティー・サハガルによって編集された〔Sharma 1926: 5-6〕。『料理の月光』の初版は一九二六年に登場し、四年間で六〇〇〇部以上も売り上げた。

この料理書は、八三六のレシピから成り、四〇頁近い目次を含めると六〇〇頁を越える。一六のセクションがあり、それぞれのセクションは一〇三の野菜のレシピ、三八通りのダールのつくり方、二六の米の調理法、二二通りのキチュリー(豆の入った粥状の混ぜご飯)のつくり方、一二通りのポーリッジ(粥状の食べ物)を数種の穀物からつくる方法、カリー(ヨーグルトとヒヨコマメを使った料理)の四三通りのつくり方、八〇種類ものパン[◇6]のつくり方、一一三種のつけあわせ——チャトゥニー(なめもの)、アチャール(漬け物)、ジャム、ラーエターを含む——、四四種のおつまみ、一九種の乳製品、八三通りの菓子、そしてそれとは別に二〇種のキール(米、砂糖、ミルクをあわせたもの)と二一種のべンガルの菓子等である。糖尿を患っている人には、最後の二つのセクションがある。つまり、二七通りの断食用の料理、[7]一三通りのチャート（スパイスで味付けされたスナック）についてである。「料理に関することで載っていないものはほとんどない大著」であり、娘や姉妹への最適な結婚祝いとして宣伝されたのも無理はない。

しかし、もちろん扱われなかった品目もある。明らかに、この八三六のレシピからなる膨大なリストは、完全にヴェジタリアン向けのものである。ただしここで肉料理が取りあげられていないのは、この書物がヴェジタリアンのみが生活する世界で発行されたため、というわけではない。

事実、その他の二書、『料理規則の鏡』と『広汎な料理の知識』は、ノンヴェジタリアンのレシピを有していた。『料理規則の鏡』は二つのパートに分かれている。すなわち、五五〇以上ものレシピからなる広汎なヴェジタリアンのパートと、一六〇ほどのレシピからなるノンヴェジタリアンのパートとである。『広汎な料理の知識』は、タイトルページでこの本がヴェジタリアンとノンヴェジタリアンのレシピを含んでいると述べているが、実際のところは肉のパートは、ヴェジタリアンのパートの分量に比べてほんのひとかけらにすぎなかった。

一九二〇年代には、ますます国家がヒンドゥーのものとして、さらにはヴェジタリアンのものとして意識されるようになり、『料理規則の鏡』と『広汎な料理の知識』の両者は、彼らがなぜノンヴェジタリアンのレシピを掲載したのかを弁明しなくてはならなかった。例えば『料理規則の鏡』の著者は、「我々の国（インド）では、ヴェジタリアンよりもノンヴェジタリアンの方が多数派である」〔Joshi 1938: intr.〕と述べることで、ノンヴェジタリアン料理を含めた理由を説明している。しかしこのような料理書を記した著者たち自身は上層のカーストに属しており、彼らは、菜食主義は誇らしく、理想的なことであると考えていた。そのために、一冊の料理書のなかで、あたかもヴェジタリアン料理が掲載されている箇所が穢されることを避けるかのように、ヴェジタリアン料理とノンヴェジタリアン料理のレシピの間には「療養食」のセクションが挿入され、両者は紙面上でも隔離されたのであった。*5

さらに、菜食主義は、ヒンドゥーの宗教や文化よりも、M・K・ガーンディー（マハートマー・ガーンディー）の非暴力へのこだわりとより密接に結びつけられていた――「アヒンサー（非暴力）の原理を信じ、と畜を罪と見做す人たちはヴェジタリアンである。それらを信じない人たちはノンヴェジタリアンである。今日、世界中のほとんどの人たちが肉を食べている」〔Shukla 1938: 228〕と。したがって、バラモンである『広汎な料理の知識』の著者ナラシンハラーム・シュクラも、ノンヴェジタリアンの食べ物を扱うことにさほどためらいは感じていなかった。しかし、彼自身が菜食主義は文化や宗教に根ざしたものではないと考えていたにせよ、本書における彼の料理の選び方は、当時この地方で想像され主張されていたヴェジタリアン・ヒンドゥー中心の国家像とはますます対立するようになっていった。したがって、彼もまた自身の本で扱う料理のなかに肉を含めることを正当化する理由を示さねばならなかった。『広汎な料理の知識』の著者は主張する――「この料理書のなかに我々が肉を含めたのは、肉食を推奨するためではない。取り扱う主題を完全なものとするためにそれを含めているにすぎないのであって、他意はないのだ」〔Shukla 1938: 228〕と。

これらとは対照的に、『料理の月光』によって想像され、描かれた世界は、完全にヴェジタリアンのものであった。一九二〇年代、すなわち、ヒンドゥーを中心とした国家像を説く論調がピークを迎えた時代に刊行されたこの書物は、肉の項目を完全に消し去ったのである。*6 世紀が変わるころに登場した包括的な『料理の王』や、ノンヴェジタリアン料理を含めたことにおいては「共犯」関係にあった『料理規則の鏡』や『広汎な料理の知識』とは異なり、『料理の月光』には、ノンヴェジタリアンや「外来の」レシピが含まれることは全くなかった。『料理の月光』の著者は、閉鎖的なヴェジタリアンの世界に住んでいた。このヒンドゥーを中心とする国家像と、そこにおける食のありかたに関する考え方が、政治的・文化的な策略であったということは、書物に含まれているものよりも、そこで欠けているもの、つまり「そこに何が書かれていないのか」に注目すればよりはっきりとするだろう。

こうしたヒンドゥーを中心とした国家像は、『料理の月光』というテキストの言語的特徴からもうかがえる。『料理の月光』を除く三つの料理書は、大半がヒンドゥスターニー語◇8で書かれており、その表現はヒンディー語圏の中心地で日常的に使われる言葉の延長線上にある。例えば、『広汎な料理の知識』では、アワド地方とブラジュ地方の宗教的な作品に由来する二行連句、ときには二行四句（ドーハー）が見られ、食べ物にまつわる民話が充実している。これらは、しばしば連合州の中央部に今も見られるような、一家の長老たちによって語られるものによく似ている。これに対して、『料語であるヒンドゥスターニー語が入り込む余地はなかった。

実際のところ、『料理の月光』のなかではヒンディー語・ウルドゥー語での調理の同義語に当たる単語は全く使われていない。つまり、調理に関して、その技法は「プラナーリー」、書籍は「シャーストラ」、料理術は「ヴィギャーナ」、方法は「ヴィディ」、あるいは調理行為は「ランダナ・カールヤ」といったように、サンスクリット語化された表現が常に使われる。食べ物を指す語は「カーディヤ」あるいは「ボージャナ」であって、決してヒンドゥスターニー語の「カーナー」ではない。台所は「パーカ・シャーラー」であって、ヒンドゥスターニー語の「ラソーイー」その他の表現はほとんどみられない。この古風で厳格な『料理の月光』の世界では、身近な食品や料理でさえも、サンスクリット風の装いで登場し、現代の読者を当惑させる。たとえば、キチュリーは「ミシュラ・アンナ」、カリーは「タクラ・アンナ」、揚げパンは「グリタ・アンナ」のカテゴリーに入り、プラーオ（炊き込みご飯）は「パラ・アンナ」と強引に名づけられた。分類の名称がサンスクリット語化されているだけではなく、野菜ですらもサンスクリット語化されて、単なるタマネギが「パラーンドゥ」へと姿を変えられてしまうのである！

言語同様、それぞれのレシピは、文化的・共同体的な違いの指標となっている。肉料理を含んでいる料理書のなかでは、イギリス式の肉の食べ方――主に少量のスパイスで茹でるか焼くか――は、文明化されていない「野蛮なもの」としてみられていた〔Joshi 1938: 299〕。さらに、ヒンドゥーとムスリムの肉料理も違ったやり方で味付けされていた、つまり、ヒンドゥーはヒーング〔アサフェティダ〕を使い、一方ムスリムはタマネギを使っていた〔Joshi 1938: 299〕。イギリス人は機械で挽かれたカレーの粉を使い、一方でインドのコールマー◇9は加工していないスパイスを新たにすりつぶして使う。ヒンドゥーは新しく用意されたローティー〔パン〕や、新しい流行とされていたイギリスのパンを消費することにこだわっていた。一方でカミーリー・ローティー、シールマール・ローティー、タンドゥーリー・ローティーのレシピは、「ムスリムとパンジャーブ人たちの間では広まっているが、彼らはパンを焼くために共有の窯を使うことで儀礼的に汚れるとは考えない」〔Shukla 1938: 52〕。食品においてだけでなく、調理の技法にも違いは顕著である。イーストの使用や、ヒンドゥーにとっては見慣れないタンドゥール窯、ヒンドゥーのものとは上下逆のタワー◇10〔鉄板〕などを示すことで、これらの料理書は、ヒンドゥー・ムスリムの両コミュニティがほとんど正反対であることを強調しようとしたのである。

四　料理における浄と不浄

浄と不浄という儀礼的観念に基づいて、食べ物を「カッチャー・カーナー」と「パッカー・カーナー」に分けるという上位カースト・ヒンドゥーの分類方法は、ヒンドゥーの台所にとって重要であった〔Sharma 1926: 387; Joshi 1938: 109; Shukla 1938: 34-5, 121〕。カッチャー・カーナーとは、水で調理された料理――主にはダールやキチュリーといった茹でられたもの、炒められていない野菜、ローティー――であって、穢れやすいものとされる。これらは家庭の台所で調理されてすぐに、おそらく台所のすぐ側で、穢れないうちに消費されるものである。そうすることは、儀礼的にはより私的であり浄であると考えられていた。パッカー・カーナーは、ギーで揚げられたもので、カッチャー・カーナーよりも穢れにくく、宴会や祭りといった台所の外でも共有され得るものである〔Achaya 1994: 62-3〕。

さらに、旅行中など穢れが避けられないときには、「アチューティー・ローティー（旅行中に食べることのできる、水を使わずにつくられる汚染されていないパン）」が頼りにされた。カーストの習慣に厳格にしたがう者は、この長持ちし、汚染されることのないパンを携帯することで、見知らぬ土地で汚染された手でつくられた怪しげな食事を食べなくても済むのである〔Sharma 1926: 293〕。接触による儀礼上の不浄の観念は、これらの禁止事項やレシピを通じて完全に習慣化された。

ヒンドゥーの台所は、原則的には神聖な場所であり、浄・不浄のルールが厳格に守られるが、同時に、常に新しいものとの交渉を余儀なくされる場所でもある。想像されたヒンドゥー的伝統に基づく国家のなかでさえ、現代的な要求は満たされねばならなかった。以下では、ヒンディー語の料理書を通じて、インド都市部の家庭の台所という私的な空間で語られる浄・不浄の表現や、そこでの女性の役割を見ていきたい。これによって、これらの本の著者が相矛盾する要求をどのように調停しようとしたのかをみることができるだろう。

全ての料理書には、台所についてのセクションがある。衛生と環境改善についての植民地支配者の強い主張を取り入れようとする意図がそこにあったことは明らかである。衛生と清潔さ、命令、紀律といった近代的な考えは、都市部の中間層の台所へ導入されるべきであり、これによって文明化が実現されると考えられた。したがって、台所は風通しがよく、衛生的で、清潔でなくてはならなかった。食糧貯蔵室は台所の側に置かれ、「あらゆるもののために場所があり、それぞれがあるべき場所に置かれ」ていなければならなかった〔Prasad 1908: 3; Shukla 1938: 22〕。このようなアドヴァイスは、グローバル化された家庭のあり方をそのまま翻訳したものではなかった。これらは、書物の中で慣習を通じて在地化されていったのである。台所は、毎日きちんと掃除しなければならず、泥と牛糞を混ぜたものを塗らなければならない。また、再利用されることがなく、穢れが最小に抑えられる土製の容器が最もよいとされているが、金属製の様々な種類の台所用品も備えていなければならなかった〔Sharma 1926: 34〕。金属製の台所用品は定期的にきれいにしておかなければならず、かまどの灰で研磨するのが望ましかった〔Prasad 1908: 13〕。水は飲む前に浄化しなければならず、煮沸か濾過が望ましかった。一九二〇年代にはほとんどの都市部の自治体ではフィルターで浄化された水道水が普及していたにもかかわらず、依然として最も清浄な水は、バドリーナートのガンジス川の水であるとされていた〔Shukla 1938: 9-12〕。

さらに調理する者の衣服についての指示も書かれている。調理する者はサリーかドーティーを着用することが望ましいが、台所用に使うものを別に用意しておかねばならない〔Sharma 1926: 37〕。これらの縫い目のない衣服[◇11]は毎日洗濯されねばならないが、台所の外の世界にあるものによって穢されてはならない〔Shukla 1938: 27〕。料理を給仕する者も縫い目のある衣服は身につけないのが望ましく、宴会などで部外者に給仕する際には、いかなる接触も避けなければならない。西洋式の食事とは対照的に、インド式の食事は、より科学的で衛生的であると称賛された。インドの「台所は監獄、食糧貯蔵室は掃き溜め」〔Walsh 2004: 102〕と描いた植民地支配者の眼差しがここではちょうどを逆さまになり、ヨーロッパの台所は汚物まみれであり、それゆえにヨーロッパ人の間では調理の場所と食事の場所が分けられているとされた。『広汎な料理の知識』の著者は主張する。

> この点において、我々インド人は、ヨーロッパ人よりも何マイルも先んじている。彼らの台所は途方もなく不潔で、不快極まりない。もしそこで食事をせねばならないとなると、身の毛がよだつであろう。したがって、我々とは異なり、彼らの家では、台所と食事をする場所とが分離されているのである。〔Shukla 1938: 22〕

このような、調理場と食事の場所に関するアドヴァイスと禁止事項は、料理書の著者たちが、西洋の衛生観や清潔観を組み入れて自分たちのものとした結果である。そこでは、インドの台所の浄と不浄に基づいたカーストの話題は、明文化されてはいないが常に意識されている。西洋の衛生観や清潔観は彼らによって受容されたばかりか、インドの浄・不浄の価値観といわば融合したのである。

五　台所と女性

家庭の台所の、ジェンダー化された空間の形成においても、伝統と近代との交渉を見ることができる。これまでにも何人かの研究者によって指摘されているように、二〇世紀前半のヒンディー語公共圏は、女性の教育と公共空間への参加を強く支持していた。しかし同時に、教養ある政治的に意識の高い女性が台所に背を向けてしまうことへの危機感も広まっていった。[*7]

諸料理書では、「国家への奉仕」は、夫に対する献身と同じくらい優先度の高い義務であると主張された。このため、ガーンディーが女性のために社会的な地位を用意したにもかかわらず、この「国家への奉仕」は、全く異なる風に解釈されてしまったのである。「国家への奉仕」は、政治へ参与することだけではなく、男性や国家のために健康的でおいしい料理をつくることをも意味した。よい台所がよい妻を、よい妻が健康的な料理を、そして健康的な料理が強力な国家を作り出す。このような連想は全ての料理書においてなされた。しかし、なかでもとりわけ、『料理の月光』が最も熱心にこの考え方を支持した。『料理の月光』は、現代インド人の男性、アーリヤ種族、インド国家が脆弱なのは、食糧が不足しているからではなく、むしろ、アーユルヴェーダのドーシャの原理[◇12]や、六つの味覚[◇13]、一年の内の六つの季節における六つの消費の仕方[◇14]などの「伝統」に無頓着な、未熟な女性による調理のせいである、と断言している〔Sharma 1926: intr.〕。さらに、女性たちはそれぞれの家族の味覚や好みを記憶しておかねばならなかった。家庭においておいしい料理が供されていれば、男たちは外食で浪費することもなく、健康を害することもないというわけである。事実、腕のよい料理人としての彼女たちは、料理書に記載されている正確な分量を重視するのではなく、家族の好みの味に合わせてそれら分量を変更するべきだとされた*8〔Sharma 1926: 16-7〕。日常的に料理をするが、そういった料理術に無頓着な女性たちは、愚鈍で無能であるとさえ言われている〔Sharma 1926: 22〕。このような料理による「国家への奉仕」では、上手く調理された食事は家庭の幸福と国家の再生双方のための手段であった。

さらには、これまで指摘されてきたように、この言説は、料理を情感から、つまり家族愛の面から定義し、結果的に、料理という家庭の労働を女性にとって受け入れやすいものとしたのである〔Ray 2010: 60-70〕。その言説によると「食の神」アンナプールナーのように、真のアーリヤ人女性は、「自身の血肉に料理への愛が刻み込まれている」〔Sharma 1926: 5〕ので、自らの手で用意した食事を自分の夫・息子・近親者に給仕する際には、名状しがたい幸福感を得るのである。『料理の月光』は、女性は生まれつき料理をする傾向にあって、遊びの時間でさえ女の子たちは台所で過ごし、幼少のころから人生における究極の目的のための訓練をしているのだと主張している。ウトゥサー・レイが既に指摘しているように、この言説は、料理に関係するあらゆる行為に価値をおき、「家庭の労働を、料理に携わる女性にとって受け入れやすいものとした」だけでなく、同時に、中間層の人々を労働者層から遠ざけもしたのである〔Ray 2010: 60-70〕。したがって、実質的に召使いは用済みとなった。つまり、たとえ彼らを雇う余裕があったり、彼らがいくら信用のおける者たちであったとしても、家庭の労働を家の女性たち自身が担うのであれば、彼らは不要となる。むしろ、『料理の月光』は、料理をすることで、「女性たち自身のためになる健康的な運動」の機会を彼女たちが得ているのだとも考えた。このヒンディー語の料理書に採用された「献身」と「愛」の言葉によって、料理の苦労は「解消」され、台所での骨の折れる仕事は自然なものとされたのである。

この理想的な家庭における料理は、毎朝、台所を掃除して浄化する（できれば牛糞で）ことから始まる。あらゆる穀物は三度洗浄せねばならず、挽く前に乾燥させなくてはならない。挽くのは家で行われねばならない。というのも、粉挽き場で挽かれた穀物、特に小麦粉は、家庭で挽かれたものほどおいしくはないからだといたるところで警告されていた。スパイスは使う直前に挽かねばならない。つけあわせやおつまみは、食事と食事の空き時間につくらねばならない。事実、いくつかのレシピは朝のわずかな時間のうちにつくることができるが、一方であるものは、下ごしらえに三日も要した。調理は、泥土でできた炉で、薪や牛糞を燃料とするのが最も好ましかった。扱いにくさにおいてはわずかにましなアンギーティー（鉄炉、燃料は炭）もあるが、それを使えば料理の味は犠牲となる。アンナプールナーの仕事は全くもって絶え間なく苛酷なものであった。イギリス人のご婦人は、自分で手足を動かすのではなく使用人たちを管理するという特権的な生活を享受していたかもしれないが、ヒンドゥーの女性の生活はそれとははるかにかけ離れたものであった〔Walsh 2004: 113-40〕。それゆえに、一部の人々から、近代の女性たちは自らの家庭の義務を放棄し、料理のことを考えただけでも身震いしていると嘆く声が常にあったのも無理もない。

そのうえ、女性たちが自らのために調理をすることは決してなかった。それどころか、それらの料理書には、女性が食を楽しむことさえ言及されてはいなかった。最低でも二五人もの人々のために毎日二食調理していた若いバラモンの主婦、ラースンダリー・デーヴィーは、自伝のなかで、彼女自身の食事がどれほど決まりのない不規則なものであったかを痛切に訴えている。タニカ・サルカールの言葉を借りれば、ラースンダリーは、「調理のなかでの興奮や、愛する者たちに食事を提供する満足感や、彼女が優れた主婦として用意した記憶に残る料理の香りや味については何も触れずに、調理や食事を単に重労働だと描写」しているのである〔Sarkar 2001: 122〕。ヒンドゥーの台所では、調理は一種の「断食」とともになされる宗教的な義務であった。事実、「アーリヤ」に属する年配の女性が「みなが食事を終えるまで、一粒たりとも食べ物を口にしなかった」のは当然のことであった。ヒンドゥーの家庭においては、「食の神」であるはずのアンナプールナー（もちろん主婦のことである）が飢えてしまうことが頻繁にあったたし、実際そうなれば何の皮肉でもなく、彼女は一層称賛された。

このような家庭へ客人が訪問すれば、女性たちの分け前であったはずのわずかな軽食でさえ奪い去られてしまう。インドの慣習では、客人に食を分け与えることは、古今を問わず「食の贈り物」であるからである。『料理の月光』によれば、「インドそのものを大きな旅館や宿であると見なすことは何ら誇張ではない」し、そこでは、食の施しを受けずに去る客人などないようにするのが家長の宗教的な義務であった。しかし料理書の著者は、現実には料理の文化は退化し、環境やアーユルヴェーダを考慮した伝統的な料理術は軽視され、女性はもはや客人へのもてなしを宗教的義務として実践しなくなってしまったと認識していた。そしてその原因は、外国人とその習慣に影響を受けてヒンドゥーの理想が汚されてしまったことにあると考えられた。ここにみられる「外国人」へのまなざしは、インドという「偉大な宿」に喜んで受け容れてもらえない人々も明らかにいたことを示している。

六　ヒンドゥー、国家、食

これらの料理書において述べられた料理の世界は、現実のものであったのか、あるいは想像されたものであったのか？『料理の月光』は孤立した存在であるように思われるかもしれない。しかし、一見包括的にも見える他の料理書でさえ、『料理の月光』によって美化された模範にしたがっていたのである。理想的な料理人である男性や女性を引きあいに出すときには、ヴェーダや叙事詩からの例が常に用いられた。なぜなら、その後の時代において、料理にまつわる英雄や文献が生み出されることはなかったからである。また、これらの料理書で取りあげられた料理や調理法はアワドのものであったにもかかわらず、アワドという用語、そしてアワド料理は、どの料理書においても言及されることがなかったことは重要である。

植民地期の社会は、外国のあるいは植民地支配による介在がなく、汚れのない「純粋に在来のアイデンティティ」を常に模索し、苦悩していた。国家を想像することの難しさは、そのかたちが普遍的であることが望まれつつも、一方で、内容は独特で「在来の」ものでなければならない点にあった。「ヒンドゥー」というあまりに近代的なカテゴリーが、どのようにして特定の地域を越えた統一的で新しい「国家」像と結びつき、それを正当化するようになったのかについて、これまで数々の研究者が論じてきた。「ヒンドゥー」という用語は明確な定義を欠き、その時々によって人種・文化・文明・国家・国民性・宗教といった様々なことがらを指し示すのに使用された。その結果、この単語はむしろそれが「指し示さない」ものによって定義されるようになってしまった〔Dalmia 1997: 32-42〕。このことは、ヒンドゥーあるいはアーリヤという単語が、常に外来のものへのあからさまな嫌悪を伴って使われることを意味するものではない。しかし、まさにこの私的で日常的な食の領域を通じて、二〇世紀前半における国家についての排他主義的な思考が潜在的に助長されたのであった。

ナショナリズムは、日常の新鮮味のない世界で日々再生産される特有の状態である、とマイケル・ビリングは主張している〔Billing 1995: 8〕。台所と料理の伝統は、生産と消費の両方を通じて、家庭と国家を表し、現実の、あるいは潜在的な国家への帰属を強調するのに用いられている。これらのヒンディー語の料理書に書かれた食に関する教えは、想像されたヒンドゥー国家を示すものともいえるのである。

＊本章は、二〇一五年六月二〇日に東京大学で開催した国際ワークショップ「何を料理するのか？——近現代インドの食とアイデンティティ」（What Do We Cook? Food and Identity in Modern India）において、サウミヤ・グプタ氏が報告した原稿を、氏の許可のもとに翻訳し、また、氏と相談の上で日本の読者にわかりやすいように一部を改訂したものである。尚、翻訳に際し加納和雄・井坂理穂両氏より多大なる助言を賜ったことを特に記し謝意を表したい。

註

＊1　詳細については〔Pandey 1990: 201-32〕を参照。

＊2　『家庭の吉祥天（グリハ・ラクシュミー）』は、最も人気のある女性向け定期刊行物の一つで、初年で四〇〇〇もの購読者がいた。一九二四年にはこれが二〇〇〇にまで落ち込んだが、おそらくイラーハーバードで発行された別の定期刊行物、『月光（チャーンド）』の購読者人口のせいであろう。『月光』は、一九二六年には六〇〇〇部という匹敵するものがない発行部数を誇っており、これが一九三〇年には一万五〇〇〇部にまで増加した〔Nijhawan 2012: 49; Orsini 2001: 64-5〕。

＊3　調理の詳細な指南付きの料理書はベンガルから一九世紀末に出版されてはいたものの、この書は全くの初歩から調理術を教えるというよりもむしろ、女性の調理のスキルを磨くことに重きがおかれていた〔Borthwick 1984: 210-16〕。

＊4　チャール・グプターは「高と低、つまりエリートと大衆の文学を単純に分けることは適当ではない」と指摘している〔Gupta 2001: 84〕。また、フランチェスカ・オルシニは、ヒンディー語とウルドゥー語による商業的な出版活動を分析し、そこには「本や劇場

がもたらした娯楽の商品化によって、政治的な含みをもちうる言説、表現、イメージが組み込まれていた」としている〔Orsini 2009: 1-48〕。

＊5　出版社は、この紙面上の潜在的な穢れを正当化するために、以下のようにヒンドゥー教の過去の「世俗性」を引きあいに出した。「ヴェジタリアンの人々のなかには、（ヴェジタリアン料理とノンヴェジタリアン料理の）両方のレシピが含まれていることに異議を唱える者もあるかもしれない。しかし我々の宗教的なテキストをみると、それぞれ異なる信仰をもつ人々にとって有益なものとなるようにと、複数の信仰に関する知識が含まれている。それと同様に、この料理書においても（ヴェジタリアンの人々は）自分たちにかかわることがらのみを採用すれば、何も問題はないはずである」。

＊6　二〇世紀前半には、ヴェジタリアン対ノン・ヴェジタリアンの論点は、ナショナリストの思想にとって重要な文化の問題になっていた。そこでは、肉食は西洋の物質主義の証であり、菜食は、精神的、文化的に優れている東洋の証であるとされた〔Sengupta 2012: 73-87〕。

＊7　『貞女の鑑（ストゥリー・ダルパナ）』のような政治的な雑誌ですら、反英非協力運動への参加を夫に否定された女性に対して、家に留まってカーディー（手織り布）を織ることで祖国への義務を果たすように忠告していた〔Orsini 2002: 265〕。

＊8　『料理規則の鏡』も、正確に計量することに対して注意を促している。「列挙してきたスパイスは、全部揃えば非常によいが、ひとつふたつ無くとも問題ではない。スパイスの計量は、おおよその量と理解されるべし。というのも、家庭ではだれもスパイスを計量器で計ってから入れることはないから」〔Joshi 1938: 312〕。

参考文献

Achaya, K. T. 1994. *Indian Food: A Historical Companion*, Delhi: Oxford University Press.

Appadurai, Arjun 1988. “How to Make a National Cuisine: Cookbooks in Contemporary India,” *Comparative Studies in Society and History*, 30-1.

Billing, Michael 1995. *Banal Nationalism*, London: Sage Publications.

Borthwick, Meredith 1984. *The Changing Role of Women in Bengal 1849-1905*, Princeton: Princeton University Press.

Dalmia, Vasudha 1997. *The Nationalization of Hindu Tradition: Bharetendu Harishchandra and the Nineteenth Century Bararas*, Delhi: Oxford University Press.

Gupta, Charu 2001. *Sexuality, Obscenity, Community: Women, Muslims and the Hindu Public in Colonial India*, Delhi: Permanent Black.

Joshi, Girish Chandra 1938. *Adarsh Pak Vidhi*, Kashi: Hind Pustak Agency.

Nijhawan, Shobna 2012. *Women and Girls in the Hindi Public Shere: Periodical Literature in Colonial North India*, Delhi: Oxford University Press.

Orsini, Francesca 2002. *The Hindi Public Sphere 1920-1940: Language and Literature in the Age of Nationalism*, Delhi: Oxford University Press.

—— 2009. *Print and Pleasure: Popular Literature and Entertaining Fictions in Colonial North India*, Delhi: Permanent Black.

Pal, Dhirendranath 1908. *Strir sahit Kathopakathan (Conversations with the Wife)*, Calcutta: Vaishnav Charan Vasak.

Pandey, Gyanendra 1990. *Construction of Communalism in Colonial North India*, Delhi: Oxford University Press.

Prasad, Kartik 1908. *Pak Raj*, 2nd edn, Banaras: Lahari Press.

Ray, Utsa 2010. "Aestheticizing Labour? An Affective Discourse of Cooking in Colonial Bengal." *South Asian History and Culture*, 1-[illegible].

Sarkar, Tanika 2001. *Hindu Wife, Hindu Nation: Community, Religion and Cultural Nationalism*, Delhi: Permanent Black.

Sengupta, Jayanta 2012. "Nation on a Platter: The Culture and Politics of Food and Cuisine in Colonial Bengal," in Krishnendu Ray and Tulasi Srinivas, eds., *Curried Cultures: Globalization, Food, and South Asia*, Berkeley and Los Angeles: University of California Press.

Sharma, Pandit Maniram 1926. *Pak Chandrika*, Allahabad:

Chand Press.

Shukla, Pandit Narsinghram 1938. *Vrihad Pak Vigyan: Vegetarian and Non-vegetarian yaani Niramish aur Aamish*, Mathura: Hindi Pustakalya.

Walsh, Judith 2004. *Domesticity in Colonial India: What Women Learned When Men Gave Advice*, Lanham: Rowman and Littlefield Publishers.

訳註

◇1　アワド地方とは現在の北インド、ウッタル・プラデーシュ州のガンジス川以東のほぼ全域を指す。一八世紀半ばにはアワドは独立国家となり、一九世紀半ばまでの約一〇〇年間、太守(ナワーブ)の宮殿を中心として独特のイスラーム文化が咲き誇った。アワド藩主国は、一八五六年にイギリス東インド会社によって取りつぶされ、一九〇二年にはアーグラー・アワド連合州の一部となった〔辛島・前田他 二〇一二、四二頁; 小谷 二〇〇七、二九八頁〕。

◇2　ヒンドゥー教諸派の宗派神崇拝のための斎戒儀礼をヴラタというが、その際に語られる法話をヴラタ・カターという〔辛島・前田他 二〇一二、七〇五頁; 古賀・高橋 二〇〇六、一八八頁〕。

◇3　ビーマは、古代インドの叙事詩『マハーバーラタ』の主要な登場人物(パーンダヴァ五王子の一人)。ナラは、『マハーバーラタ』の挿話『ナラ王物語』の主人公。

◇4　このフレーズは、古典インドの最も著名な詩人カーリダーサの『クマーラの誕生』第五章第三三詩節において見られる。訳語は、訳者が〔Kale 1981: 192〕の英訳に基づいて訳したものである。

◇5　ラスグッラーとは、ミルクをライムなどの酸で分離させたカッテージチーズにセモリナ粉を混ぜて、団子状にしたものをシロップで煮込んだもの。ベンガル菓子の代表的なもの〔小磯・小磯 二〇〇六、二六頁〕。

◇6　原語は bread であるが、ここでは、油で揚げずにつくるローティーや、油で揚げるパラーター、プーリー、カチョーリーの総称として使用されている。

◇7　断食のなかには特定の食べ物を食べることができないという断食の仕方もある。詳細については〔小磯・小磯 二〇〇六、一九八頁〕。

◇8　ヒンドゥスターニー語とは、狭義には北インドのドアーブ地方の一方言の別名を意味するが、一般的にはそこから派生した北インド一帯の共通語を指すことが多い。この点においてヒンディー語も、ヒンドゥスターニー語のひとつということができ、事実両者に構造的な違いはほとんどない。しかし、性質の面では、ヒンドゥスターニー語は北インドの庶民の話し言葉であるのに対して、ヒンディー語はサンスクリット語の語彙を多用する「ヒンドゥー教徒の書き言葉」として、とくに二〇世紀前半強く意識されるようになる〔辛島・前田他 二〇一二、六八一頁〕。

◇9 野菜や肉を油やギーで炒めて、クリームやヨーグルトを使ってつくる料理の総称〔小磯・小磯 二〇〇六、五六頁〕。

◇10 通常、ヒンドゥー文化圏では、チャパーティーなどを焼く際に使用するタワー(鉄板)は、ごく浅いすり鉢状であるが、イスラーム文化圏で同じような場面で使用する鉄板は、上下を逆さまにしたような、ドーム状のものである。

◇11 ヒンドゥー教徒の伝統的な考えでは、裁断・裁縫していない衣服が宗教的に清浄であるとされている〔辛島・前田他 二〇一二、六一頁〕。

◇12 ドーシャの理論とは、ヴァータ・ピッタ・カパという三要素に関する理論で、インドの医学の根幹を成す理論のこと。これら三要素の均衡が崩れることによって病気が生じるとする〔辛島・前田他 二〇一二、四八頁〕。

◇13 甘い、酸っぱい、塩辛い、辛い、苦い、渋い、の六つ〔小磯・小磯 二〇〇六、一一一頁〕。

◇14 インドには伝統的に春、熱季、雨期、秋、寒季、冷季の六つの季節があるとされている〔辛島・前田他 二〇一二、二〇一頁〕。

＊訳注に際し、以下の文献を参考にした。

小谷汪之編 二〇〇七『世界歴史大系 南アジア史2』山川出版社。

辛島昇・前田専学他編 二〇一二『〔新版〕南アジアを知る事典』平凡社。

小磯千尋・小磯学 二〇〇六『世界の食文化8 インド』農文協。

古賀勝郎・高橋明編 二〇〇六『ヒンディー語=日本

語辞典』大修館書店。
山下博司・岡光信子　二〇〇七『インドを知る事典』東京堂出版。
Kale, M. R. 1981. *Kumārasambhava of Kālidāsa*, 7th edn, Delhi: Motilal Banarsidass.

第四章

現代「インド料理」の肖像

はじまりはチキンティッカー・マサーラーから

山田　桂子

一　国民文化としての食

ニューデリーにユナイテッド・コーヒーハウスという店がある。レトロなコロニアル風の内装で、たいがい旅行客とおぼしき西洋人がいる。一九九〇年代前半、私がまだ留学生だったころ、ここはインド料理の他に西洋料理や中華料理など豊富なメニューを手ごろな値段で提供するありがたい店だった。名前に惑わされて注文しては実際に出てきたものを見てがっかりさせられることもあったが、それでも私のような長期滞在者でこの店にお世話になった人は多いだろう。私のお気に入りはチキンレバー・トーストだった。れっきとしたイギリス料理で、インド風の味がしたがレバーは新鮮でおいしかったのを覚えている。大学の先輩がインドでチキンレバーを出す店は珍しいと教えてくれて以来、ニューデリーに来るたびに食べに寄っていたのだ。ところが二〇〇〇年頃、久しぶりに行ってみるともうそのメニューはなくなっていた。その後二〇一〇年に訪れたときには、かつての万国料理屋の面影は全く消え、メニューを絞り込んだ高級レストランに衣替えしていた。

実はこのような事件はこれがはじめてではなかった。経済自由化の影響が肌で感じられるようになった一九九〇年代後半から、懐かしい思い出のある食堂やレストランの多くがなくなったり改装されたりした。改装した店はどこもメニューが変わって値段も上がり、内装も洒落た雰囲気になった。富裕層の若者や家族で混雑するようになり、私には行きにくくなってしまった店はいくつもある。ところが今回またもや同様の変化を目にしたとき、過去繰り返し見てきた光景にもかかわらず、これこそが国民文化の創造の現場なのではないだろうかとはじめて思い至ったのである。

ホブズボウムのいう「創られた伝統」、すなわち近代国民国家の「伝統」文化が歴史的には新しく創造されたものにすぎないという議論が研究者に大きなショックを与えて久しい〔Hobsbaum and Ranger 1983〕。その後、文化を政治や権力のせめぎあう場として分析するカルチュラル・スタディーズが現れたが、その名前を最近聞かなくなったのはそのような視角がいまや半ば常識になったからだろう。二一世紀に入りユネスコ無形文化遺産条約が発効すると、フランスとメキシコは即座に自国の料理の登録申請を行い、日本もそれに倣った。*1 国民の文化的アイデンティティを「伝統」的な食文化に求める動きはグローバルな現象である。インドでも同様の現象が起こらないはずがない。なぜならすでに二〇〇一年以来インドとイギリスの間で、「チキンティッカー・マサーラー」の発祥をめぐり、それがインド料理なのかイギリス料理なのかで論争が起こっていたからである。

インドにおける「国民料理」の形成は、一九九〇年代の経済開放以前からすでに一部の研究者の関心を惹いていた。アパドゥライは一九八八年の論文で、都市に住む英語の堪能な中間層の家庭で食文化の共通化が起こっていることに注目し、それが「インド料理」の名の下に進行するところに国民料理の形成を読み取った〔Appadurai 1988〕。しかし、経済開放後の二〇〇四年、アシシュ・ナンディは、国民的食文化の形成とはそのようなプライベートな空間の話ではなく、グローバルな都市の公共空間で「他者」の視線のフィルターを介して成立する次元のものであるとの立場をとった〔Nandy 2004〕。私の頭に最初浮かんだのも、ナンディが問題にしたような食文化である。それは大都市の外食、特に中級以上のレストランで展開される食文化で、しばしば外国人に対してはインドの尊厳を喧伝し、インド人に対しては国民意識を刷り込む場である。チキンティッカー・マサーラーのような（家庭料理に属さない）典型的レストラン料理が国同士の論争となるのは、「他者」の目に触れる外食の定番メニューこそがグローバルな文化政治の中にあるからに他ならない。

本章はまずチキンティッカー・マサーラー論争から話を始める。しかし

タンドゥーリーチキンを売る屋台（2010年、マナーリーにて）

それを単なるインドとイギリスの間の国民意識の衝突として取り上げるのではない。この論争にはいくつもの謎があり、それらは真剣な歴史的考察に値する（第二節）。そしてこれらの謎の解明は必然的に、この料理の元になった別の二つの料理、バターチキンとタンドゥーリーチキンの新しい起源の話に辿り着く。現代インド料理の看板ともいえる、あまりに有名なこの二つの料理には実は発明者がいるのである。そしてその発明には、植民地経験とインド・パキスタン分離独立が深く関わっている（第三節）。本章では史料として文献も用いるが、決め手となるいくつかの情報は二〇一〇年のフィールドワークによって得た（第四節）。謎解きは最終的に過去のムガル朝や民衆の食文化、特に肉食の話へと遡行してゆく（第五節）。結論を先取りすれば、現代インドの国民料理の構築とは、一地方のいわゆる非エリート、庶民の異端的食文化が、もっとも公的な国家的威信の領域へとのし上がっていくプロセスであった。そしてその国民料理のアイデンティティは、それが背負う複数の文化と今日の政治的緊張ゆえに、過去と同様、未来においても多様性と矛盾の中にあるのだということを示したい。

二　チキンティッカー・マサーラーの謎

チキンティッカー・マサーラーは、チキンティッカー（タンドゥール窯で焼いた一口大の骨なし鶏肉）をトマトとクリーム[*2]をベースにしたグレービー（どろっとしたシチュー状の液体）に入れて煮込んだもので、全体的に赤い色をしている。もうひとつ、これとよく似ているのにまったく別のメニューとして扱われる、兄弟関係のような料理がある。それが「バターチキン」である。ここではひとまず二つの料理の決定的な違いを押さえておく。それはチキンティッカー・マサーラーには骨なし肉が入っているのに対し、バターチキンの方には「タンドゥーリーチキン」すなわちタンドゥールで焼いた骨付き肉が入っていることである。[*3]

タンドゥールはインド料理の象徴として世界中で有名である。タテ型の巨大な素焼きの壺で、底に炭など燃料を入れて高温にしたのち、内側の壁に生地をぺたっと貼ってナーンと呼ばれるパンを焼いたり、長い金串に刺した肉や野菜を入れて焼いたりする。中央アジアから西アジアまで広い地域で使われるが、南アジアでは特にパンジャーブ地方で一般的な調理機器である。いわゆる「タンドゥール料理」はレストランのメニューでは「カレー」や「デザート」などと並ぶ大カテゴリーで書かれており、独自のジャンルとして確立しているだけでなく、世界中でもっとも人気のあるいくつもの「インド料理」を生み出してきた。すでに名前を挙げた四種類、チキンティッカー・マサーラー、チキンティッカー、バターチキン、タンドゥーリーチキンはその代表である。

チキンティッカー・マサーラー論争は二〇〇一年、イギリス外相ロビン・

タンドゥール釜（2010年、チャンディーガルにて）

クックが公式の場で、チキンティッカー・マサーラーは真実イギリス人の国民食であると発言したことに端を発した。この発言は様々な物議を醸し、その過程でインド人にとって問題のあるひとつの事実が発覚した。それは、イギリスではチキンティッカー・マサーラーがイ、ギ、リ、ス、で、発、明、さ、れ、たことになっている、ということである。このことは多くのインド人には寝耳に水であった。インドではその後何年にもわたって新聞や雑誌でこの問題が言及され、ことあるごとにイギリスではなく昔からインドで食べられていたと反論が試みられた。[*4]

イギリス発祥譚の内容はリジー・コリンガムがわかりやすく説明しているので次に引用する。

> この料理は商魂たくましいインド人シェフが発明した傑作などではなく、ある無知な客の苦情の産物として片づけられるような不快な料理だった。この客は自分のチキンティッカーがパサパサしすぎていると腹を立てた。そこでシェフはキャンベル社のトマトスープ缶にクリームと少々のスパイスを混ぜ、文句をつけられたチキンのグレービーにした。これが今やイギリス人が恥ずかしげもなく週に一八トン以上消費する、ひとつの雑種料理の発祥となったのである。
>
> 〔Collingham 2006: 3〕

つまり、パサついたチキンティッカーを出された客が文句を言い、シェフがそれに対処するために缶詰のトマトスープ（キャンベル社製）とクリーム、スパイスを使って煮込み直して提供したのが始まりというのである。
実はこの話にはまだ続きがある。イギリスに住むバングラデシュ出身者コミュニティのネット新聞に掲載された記事には、次のように書かれている。

長い間この料理は趣味人からは軽蔑の対象だった。一九五〇年代にロンドンでゲイロードを開店したマヘーンドラ・カウルは、開店祝いの際に起こった事件のことを今でも思い出す。当時イギリスで勤務していたインドの高官T・N・カウルを招待したところ、条件を付けられた。もしメニューにチキンティッカー・マサーラーが入っていたら、招待には応じられないというのだ。しかし、下品なボリウッド映画が大当たりとなるとそれが偶像となったように、最後にはチキンティッカー・マサーラーが勝利の笑い声をあげ、批評家は黙るほかなかったのである。

〔*Banglalink*, 27 October 2007〕

最初の引用に「不快な料理」とあったが、次の引用にも「軽蔑の対象」とある。その理由はのちに触れるとして、ともかくそのような扱いを受けていた料理がのちにイギリス人の国民食といわれるまでになったのである。
しかし二つ目の引用のように、そもそも一体なぜバングラデシュ出身者がこの話題に関心をもち、また詳しいのか。それは彼らがイギリスのインド料理店で「インド人」として「パンジャーブ料理」

を出していたからである。イギリスにおけるインド料理店の歴史は植民地支配の話なくしては語れない。初期のインド料理店はシレットというベンガル地方の一地域の出身者がほとんどで、そこは現在はバングラデシュだが当時は英領インドであった。彼らが料理のレパートリーにパンジャーブ料理を入れた最初の理由は明らかではないが、[*5] おそらく顧客となったイギリス人の抱くインド・イメージが原因ではないかと思われる。イギリス軍に採用されたインド人兵士の多数がパンジャーブ人であり、また商人としてイギリスで活躍するパンジャーブ人も多くいたため、イギリス人にとってはパンジャーブ人がインド人イメージのステレオタイプになっていた可能性が考えられる。タンドゥールそのものを最初に導入したのは引用文にもあるロンドンのゲイロードというレストランといわれる。しかしタンドゥール料理やチキンティッカー・マサーラーを客に提供した「最初の店」がどこなのかについては、複数の店が名乗りを上げて今も争っている。いずれにしろ、一九六〇年代後半にはタンドゥール料理もチキンティッカー・マサーラーも広く知られていたようである。

チキンティッカー・マサーラー発祥譚に戻ると、一見いかにも作り話のように聞こえるが、しかしよく読み返してみると実は薄気味悪いほどリアルに感じられてくる。確かに、かつてインド料理店とはイギリス人労働者が酔っ払って小腹を満たしに行くような場所だった。客は横柄で迷惑な言動もしただろう。また、タンドゥーリーチキンをつくる場合、肉を刺した串は注文が入るまで熱い窯の近くにぶら下げておくので、注文が入らないとジワジワと加熱されつづけて最後にはパサパサになるから、当然おいしくはないだろう。この点は後述するバターチキンにも関わる。きわめつけはトマトスープ缶である。トマトスープ自体はインドではイギリス由来の料理だが、レストランではたいがいメニューの最初に並んでおり、列車の中でも売りに来るほど一般的である。しかし、インド人料理人にとっては自分たちの料理ではないため、平気で既成の缶詰を店に常備することは十分あり得る。それが本当にキャンベル社のトマトスープ缶[*6]だった可能性もゼロとはいい切れない。つまり、イギリス発祥説には信憑性があるのである。

　周辺には他にもいくつかの謎がある。特に奇妙なのは、イギリスで発明されたのがチキンティッカー・マサーラーだけという点である。これとほとんど同じようなバターチキンの方はインドで発明されたことになっており、その発祥の地はオールド・デリーの老舗有名レストラン、モーティーマハルということになっている。そこに疑義を呈す者は誰もいなかったのである。しかし前述したように、二つの料理の違いは乱暴に単純化すると骨があるかないかだけである。骨付き肉でバターチキンをつくったなら、当然骨なし肉でもつくったのではないだろうか。チキンティッカー・マサーラーとバターチキンの起源が別々にあるのは不可解ではないだろうか。

　もうひとつの謎は二つの料理の名前が英語だということである。チキンティッカー・マサーラーは現地語の「ティッカ」や「マサーラー」という単語を含んではいるが、ひとつづきのメニュー名としては英語であり、またこれ以外の呼称はない。バターチキンの方はヒンディー語の「ムルグ・マッカニー」[*7]の英訳だという者もいるが、それは次の二点で間違っていると私は考える。第一に、例えば「ローガン・ジョーシュ」（羊や山羊肉を油で煮込んだ料理。ローガンは油、ジョーシュは煮込みの意味）

や「ドー・ピヤーザー」（炒めタマネギと揚げタマネギを使う肉料理。ドーはふたつ、ピヤーザーはタマネギの意味）を英語に訳してメニューに載せることは決してない。第二に、「バター」と「マッカン」（マッカニーは形容詞）は別物である。バターはイギリス由来の無発酵バターのことで、冷蔵技術がなかったころのインドには存在しなかった。インドの家庭で伝統的につくられるマッカンは発酵バターである。そしてバターチキンに使うのはバターであってマッカンではない。これらを考えあわせると、チキンティッカー・マサーラーだけでなくバターチキンまでもイギリス起源かのように感じられてくる。

しかし何よりも最大の謎は、実はタンドゥーリーチキンの方にある。バターチキン発祥の店モーティーマハルは実はタンドゥーリーチキン発祥の店としても有名で、ガイドブックやグルメ記事で紹介されている。*8 そしてその発明者はクンダン・ラールというひとりの人物で、タンドゥーリーチキンの発明やタンドゥール料理を広めた功績で多数の受賞歴があった。*9 しかし、肉を串に刺してタンドゥールで焼くだけのシンプルな料理が、たったひとりの、しかもつい最近まで生きていた人物の発明だったなどということがありえようか。もしさんまの塩焼きがつい数十年前の誰かの発明だといわれたら、いったい誰が真に受けるだろうか。以上の謎を解くために、まずはクンダン・ラールの生涯を追うことから始めたい。

三　クンダン・ラールのタンドゥーリーチキン

クンダン・ラールは一九九七年に他界したが、孫のモーニーシュが出版した料理本には序の部分で祖父について若干の言及がある。*[10] それらの情報を総合すると、彼の人生はおおよそ次のようなものであった。

クンダン・ラールは一九一〇年のころ、パンジャーブ地方ジェーラム県の小さな町で生まれた。父親は布地屋を営んでいたが、クンダン・ラールが幼いときに亡くなった。彼は一九二〇年（一〇歳頃）家計を助けるためにペシャーワルに働きに出た。バザールにある出前料理の店であった。ある日、クンダン・ラールは雇い主である主人に独自のレシピでつくった焼き鳥を食べさせた。それは鶏肉をヨーグルトとスパイスで下ごしらえし、金属のワイヤーに数珠のように通してタンドゥールの中にぶら下げ焼いたものである。このとき、現在タンドゥーリーチキンで使用している鉄串ではなくワイヤーを使ったのは、鉄串が店になかったからだという。当時この店のタンドゥールはもっぱらナーンやローティー等のパン類を焼くだけで、それ以外肉や野菜などを焼くことはなかった。彼の知恵に感心した主人は、すぐにメニューに加えて客に提供しはじめた。するとあっという間に評判になり、店にはパーティーや結婚式への出前の申し込みが殺到するようになった。

出前料理の店とは文字どおり料理をつくって配達したり客が料理をテイクアウトする店で、通常は店に食べるためのスペースはない。この店にも厨房に併設した小さな食堂があるのみだったが、大繁盛の結果、主人は一九二七年この食堂部分を改築し、モーティーマハルという名前のレストランとして開業した。するとこれもまたすぐに軌道に乗った。当時の様子を知る者の回想によると、クンダン・ラールは非常に働き者で商売熱心、客へのサービスはことのほか手厚く、そのために多くのよい顧客、常連客に恵まれたという〔Gurjal 2004: 81-90〕。

しかし彼が三七歳のころに分離独立を迎えた。生まれ故郷もペシャーワルもパキスタン側に入ることが決まったため、ヒンドゥー教徒の彼は一家でインドへ移住することを決め、混乱の中デリーを目指した。このとき所持していた全財産は一万二〇〇〇ルピーで、飛行機で国境を越えたというから、築いた財産は相当なものだったのだろう。しかしそんな一家も最初は難民キャンプからスタートした。その後、オールド・デリーのにぎやかな一角に適当な不動産を見つけ、ここにペシャーワル時代と同じ名前で同じような出前を兼ねたカフェ・レストランを開業して商売を再開した。これが現在のモーティーマハルである。インド独立の式典に向かう初代首相ネルーが店の前を通ったというから、非常に短期間のうちに開店に漕ぎ着けたことになる。

当時のオールド・デリーには、彼と同じように、パキスタン側のパンジャーブ地方から多くの移住者が難民として流れ込んでいた。そのネットワークがクンダン・ラールの商売を成功に導き、また彼自身の人生を大きく変えることになった。得意客のひとりで、移住後ネルー内閣の大臣として難民支援に尽力した政治家チャーンド・カンナーが、ネルーを自宅に招待した際に、いつものようにモーティーマハルにタンドゥーリーチキンの出前を頼んだのである。これを食べたネルーはたいそう気に入り、チャーンド・カンナーに誰の料理なのかを尋ねたという。それ以来、ネルーはタンドゥーリーチキンを公式晩餐の料理としてモーティーマハルに注文するようになった。最初に公式晩餐で提供された正確な年は不明だが、資料の記述から推測すると一九五五年以前であろう。

公式晩餐への登場によって、下町の難民のタンドゥーリーチキンは公的な「インド料理」に一気に格上げされることになった。そしてモーティーマハルは政府関係者や政治家、そして外国からの賓客も訪れる名所になった。有名な逸話に、インドの初代教育大臣マウラーナー・アーザードがイラン国王がインドを訪問した際に、「デリーに来てモーティーマハルに行かないのは、インドに来てタージマハルを見ないのと同じことだ」と言ったというものがある。その後アメリカのニクソン大統領、フルシュチョフらソ連歴代の首脳たち、ネパール国王など、名だたる外国の要人も訪れた。印パ紛争の最中でも、のちにパキスタン首相となったZ・A・ブットーは、インドに来るたびに来店したといわれる。ネルー家とモーティーマハルの関係も深まり、インディラー・ガーンディーが首相をつとめたときもモーティーマハルの料理が公式晩餐に並んだ。

写真を見ると、クンダン・ラールはくるりとねじって整えた立派な口髭がトレードマークの、恰幅も笑顔もよい明るい雰囲気の男である。店では民族衣装も着たようだが、ネクタイをきちんと締め洋服のスーツを着こなした写真が多い。ヒンドゥー教徒だがイスラーム音楽のカウワーリーを愛し、店のＢＧＭにもしていた。自宅にはヒンドゥー教の礼拝室の他にシク教の聖典を置いた部屋もあり、彼自身は近所のシク教寺院に足繁く通ったという。その姿は西洋、ヒンドゥー、イスラーム、シクの四つの文化が交錯するパンジャーブ地方、ペシャーワルの文化を体現するとともに、あたかもネルーが理想としていた独立インドの多文化主義を象徴していたかのようでもある。彼の人生は一難民が新生インドと共に歩んだ立身出世の物語であり、また自ら「インド人」となることを選択した男が文字どおりインドを代表する人物となってゆく、国民の物語なのである。

クンダン・ラールの焼いたタンドゥーリーチキンはどのような味がしたのだろうか。インド人は基本的に生ものを嫌い徹底的に加熱調理する印象があるが、それに反して彼の焼いた肉には中心にピンク色が残っていたという。それでいて周囲はパリッと焼けていて、香ばしいマリネ液の潤いが残っており、炭の香りもついていた。マリネ液のレシピはペシャーワル時代のものではない。彼はデリーでもあれこれと試行錯誤を繰り返し、時間をかけて最終的な作り方を完成させたと後年語っている。当然このレシピは門外不出とされた〔*The Christian Science Monitor*, 5 October 1988〕。

以上の話から、少なくとも彼がタンドゥーリーチキンを有名にした人物、そして厳密にいえば、おいしいタンドゥーリーチキンをつくることのできる、独自の**マリネのレシピ**の考案者だったことがわかる。ただし、タンドゥールで肉を焼くという発想そのものが本当に彼自身のものなのかは以上の材料からは判然としない。しかしそれを追求する前に、もうひとつの料理について見る必要がある。それはバターチキンである。

四　バターチキンの経歴

クンダン・ラールがタンドゥーリーチキンをもとにしてつくったのがバターチキンである。チキンティッカー・マサーラーの発祥譚のところでも触れたが、肉を串に刺したままタンドゥールの近くにぶら下げておくとパサパサになってしまう。クンダン・ラールはそのような売れ残りのタンドゥーリーチキンを捨てることをもったいないと思い、肉を再利用して新しい一品にできるメニューを考案した。それがトマトとバターを使ったグレービーである。このグレービーにタンドゥーリーチキンを入れて煮込み、バターチキンと名付けて売り出したところまたしても大評判となったのである。

繰り返しになるが、タンドゥーリーチキンは骨あり肉でチキンティッカーは骨なし肉である。タンドゥーリーチキンでバターチキンをつくったなら、当然チキンティッカーでチキンティッカー・マサーラーもつくったのではないかと考えられるが、クンダン・ラールの伝記に関する資料にはチキンティッカー・マサーラーの名前は全く出てこない。孫のモーニーシュは、祖父はバターチキンと同時に事実上チキンティッカー・マサーラーもつくったはずであり、それはイギリスでの発祥以前だったと主張しているが〔Gurjal 2009: xxii-xxiv〕、そのことを裏付ける資料はない。

クンダン・ラールの晩年についてはほとんどわからないが、華やかな活躍は続かなかったようである。店が繁盛したのは一九七八年頃までで、その後経営難に陥った。死去する六年前の一九九一年に店は売却され、翌年には新しい経営者の手に移った。ちょうどインドの経済自由化と軌を一にしている。クンダン・ラールの死後、孫モーニーシュは別の新しい場所で新規にレストラン「モーティーマハル・デラックス」を設立した。モーニーシュはこの店の営業開始の年について明言を避け、創業をあくまで一九二〇年（クンダン・ラールがペシャーワルで働きはじめた年）として、この店がクンダン・ラールから継承された由緒正しい店であることを謳っている。この店はその後インド内外に一〇〇店舗以上の支店や姉妹店を展開する一大有名チェーンに成長した。しかし、タンドゥーリーチキンとバターチキン発祥の店として伝説になったのは、このモーティーマハル・デラックスではない。

　奇妙なことだが、伝説の店は別の経営者に代わった元の店の方である。その店の新しい経営者に対してメディアがクンダン・ラール時代の功績に言及し、記事にしたり表彰したりしているのである。*11 またミシュラン・ガイドの星をもっとも多く受賞しているイギリス人有名シェフ、ゴードン・ラムゼイがインド料理を習いに来たのも、新しい経営者の店である。私はこの店のタンドゥーリーチキンがどんなものか知るために、そしてバターチキンとチキンティッカー・マサーラーの関係を知る手がかりを見つけるために、二〇一〇年七月にモーティーマハルを訪れた。

　まずはメニューを一見してわかることがあった。それは、バターチキンもチキンティッカー・マサーラーも「バターチキン」という名前で出されているということである。具体的には、看板メニュー（「モーティーマハル・スペシャリティーズ」）の頁の一番上から順に「バターチキン」「バターチキン（骨なし）」と書かれおり、両方の但し書きに「濃厚なトマトグレービーとバタークリーム」で料理したことが説明されていた。この「グレービー」は二品に共通で、単品でも注文できるようになっていた。つまり、二つの料理の違いは見事に骨の有無だけなのである。

面白いことに、メニューの三番目に「チキンティッカー・マサーラー」が載っていた。メニュー上の順番が料理のステータスを表すことから考えると、この三番目のチキンティッカー・マサーラーはあとから加えられたのだろう。但し書きに「ヨーグルトとスパイスで一晩漬け込んだ」とあり、ふつうのチキンティッカー・マサーラーに使われる「トマト」や「バター」、「クリーム」が一切書かれていなかったが、それは次のように考えれば矛盾なく説明できる。当初クンダン・ラールは「バターチキン」と「バターチキン（骨なし）」の二種類を出していたが、その後チキンティッカー・マサーラーという名前の料理が流行っているのを知った。それをメニューに入れようとしたときに、実態としてはチキンティッカー・マサーラーと同じものをすでに「バターチキン（骨なし）」の名前で提供していたので、それとは違う料理法にしなければならなかったのだ。*12

幸運にも私は翌日経営者のヴィノード・チャダー氏にインタビューすることができた。*13 彼はクンダン・ラールから店を買い取り、それ以降オーナーシェフの立場にもある人物である。興味深いことにヴィノード・チャ

モーティーマハルの経営者ヴィノード・チャダー氏と筆者（2010 年、モーティーマハルにて）

ダー氏もクンダン・ラールと同様、パキスタン側から逃れてきたパンジャーブ人の移民で（正確には、一九四七年両親と一族が難民となってデリーに逃れ、その後彼が生まれた）、ホテル経営の専門学校で学び、インド政府から奨学金を受けて海外の有名ホテルのレストランで何年も研修を積んだのち、帰国してデリーの有名レストラン、ゲイロードに就職した。ゲイロードといえば、奇しくもロンドンで最初にタンドゥールを出した店と同じ名前だが、デリーのゲイロードはモーティーマハルにならってタンドゥール料理を出し成功した店として名前があがる有名店である。

独立後のデリーには、モーティーマハルやゲイロードのようなパンジャーブ人移民のはじめたレストランがいくつもあった。第二節でイギリスにおけるインド料理が現在のバングラデシュからの移民によって担われたこと、その歴史が植民地支配の話なくしては語れないことを述べたが、インドにおけるインド料理店の歴史にも植民地支配と分離独立、そして移民の話が欠かせないのである。ヴィノード・チャダー氏が成功してモーティーマハルを買い取ったのは、彼がまだ四〇歳のときであった。彼の人生もクンダン・ラールの人生と同様、独立インドとともに歩んだ出世物語なのである。

このインタビューでは、当初まったく予想していなかった驚くべき事実が発覚した。それは、実はヴィノード・チャダー氏がクンダン・ラールとはまったく面識がなく、タンドゥーリーチキンもバターチキンも、料理のレシピは一切受け継がなかったことである。彼によれば、クンダン・ラールの時代のまま残っているのは唯一、レストランで使用しているメニューカードだけである。彼は、自分はレストラン業をしていたのだからレシピを教わる必要はなかった、どのようにつくるかは知っていた、と言った。しかし、このヴィノード・チャダー氏の店こそクンダン・ラールの後継として扱われてきたのである。本当に「教わる必要のない」程度のレシピなのだろうか。彼にその内容を尋ねたところ、本章にとって決定的となるポイントが四つ浮き彫りになった。

まずはタンドゥーリーチキンのレシピについて、それが「教わる必要はない」と言うには程遠く、非常に手順が多かったことである。ヴィノード・チャダー氏も自ら「手の込んだ工程だよ」と言ったが、そのような「手の込んだ」レシピがクンダン・ラールのものと同じだったとは考えにくい。つまり彼に経営が移った一九九一年以降、モーティーマハルのタンドゥーリーチキンはもはや厳密な意味でクンダン・ラールのタンドゥーリーチキンではなかったのである。

残りの三点はすべてバターチキンのグレービーに関するものである。それは、①生のトマトを「煮て濾す」という手順があること、②バターは自家製ではなく市販されているインド最大手乳業アムール社のバターを使うこと、③グレービーにタマネギを「入れる必要がない」とヴィノード・チャダー氏が言ったことである。これらはすべて、このグレービーの起源がもともとイギリスのトマトクリーム・スープにあったことの名残と考えられる。[*14] 実際モーティーマハルは固定メニューに「トマトクリーム・スープ」を置いている。つまり、バターチキンは当初チキンのみならずグレービーも残り物を再利用した、ダブルの残り物料理だった可能性が高いのである。これは第二節の引用文にあった、チキンティッカー・マサーラーが「不快な料理」や「軽蔑の対象」などと書かれていた理由を説明するものでもあるだろう。ヒンドゥー教の因習的な考え方に則れば、残り物は不浄であり避けるべき食物だからである。そして以上を総合すると、要するにこの料理が新しく創造されたイギリスとインドの折衷料理だということになる。

肝心な発明の点だが、クンダン・ラールが本当にバターチキンの発明者だと確言することは難しい。モーティーマハル以外でも残り物を合わせたまかない料理として同じようなものを食べていた可能性は否定できず、それがすでにどこかで客に提供されていた可能性もある。例えば日本のカツカレーは一九四八年東京銀座の洋食店グリルスイスで考案されたことになっているが、カレーライスとトンカツを合わせて出した店はそれ以前にもどこかにあったかもしれない。これは、そもそも料理にとって発明とは何かという一般的な問題でもある（現在料理のレシピは知的所有権保護の対象ではない）。したがってクンダン・ラールの功績をいまいちど厳密に表現し直すならば、タンドゥーリーチキン同様、彼こそがおそらくは無名だった残り物料理をおいしい料理にした、とあるレシピの考案者、そしてそれにバターチキンという名前を付けた命名者、さらにそれを世界的に有名にした立役者、ということになるだろう。

インタビューの数日後、私はクンダン・ラールの孫モーニーシュの店、モーティーマハル・デラックスの一号店に行き料理を注文して食べた。ここならクンダン・ラールの味がまだ残っているかもしれないと期待したからである。しかしここでも驚いたことに、タンドゥーリーチキンもバターチキンも、数日前にモーティーマハルで食べた料理とはまったく別の味がした。特にバターチキンはグレービーに少なからぬタマネギと、モーティーマハルでは使用しないスパイスが使われていた。

モーニーシュが古風なインド料理にこだわらず、現代っ子らしく外国料理の技術を積極的に取り入れる料理家であることは、彼のレシピ本にオリーブオイルや食紅などの材料名が散見されるところから想像がつく。つまり彼の料理ももはや祖父のレシピではないのだろう。

クンダン・ラールの料理がすでに失われた料理であることを今さら残念に感じるのは、私が外国人だからなのだろう。なぜなら、クンダン・ラールの料理をもはや誰も再現しようとしないことこそが、逆にタンドゥーリーチキンとバターチキンがインドの国民料理になった証と解釈できるからである。アパドゥライは、いわゆるフランス料理のような高級料理はつねにその起源にある地方性から自らを引き離そうとすると述べている〔Appadurai 1988: 4〕。これから考えれば、どんな料理も地方性のみならず考案者の作家性などの個別性を捨象し、汎用性を獲得することによって、普遍的な国民料理として完成するということになる。例えばカレーライスは日本人の国民食といわれるが、その最初のレシピをいったい今誰が問題にするだろうか。[*15] 逆に、現在はどの店も個性あるメニューで差別化にしのぎを削る多様化の段階にある。その意味で、ヴィノード・チャダー氏もモーニーシュも確かにクンダン・ラールの遺産の継承者であり、紛れもないインド国民料理の伝承者なのである。

五　異端の焼肉

最後にもっとも難しい問題、クンダン・ラールがタンドゥーリーチキンを発明したといえるのか、マリネのレシピはともかく、タンドゥールで肉を焼くこと自体は彼の発明なのかという問題について考える。孫モーニーシュによると、そもそもタンドゥールは北インドの村で一般的な共有窯で、ナーンやパラーターなどパン類を焼くのにしか使わない。肉を焼くのは祖父独自の着想だと彼は主張する。ヴィノード・チャダー氏もインタビューの中で、パンジャーブではパン類か、野菜、パニールといったヴェジタリアンの食材しか焼かないと断言し、クンダン・ラールがどうして肉をタンドゥールで焼くことを思いついたのかはわからない、伝統的なパンジャーブ料理では肉は鍋で調理するものなのに、と首をかしげた。[*16]

確かに、クンダン・ラールが最初鉄串を金属のワイヤーで代用したエピソードからは、少なくとも彼の店ではタンドゥールで肉を焼いていなかったことは明らかである。南アジアは菜食のヴェジタリアンと肉も食べるノン・ヴェジタリアンの区別が厳格で、かつ一定数のヴェジタリアンがいる。ヴェジタリアンからすると、いったん肉の調理に使ってしまった調理器具は宗教的には穢れたことになるので、たとえきれいに洗おうともそれで調理した食材はすべて禁忌の対象になる。ナーンやパラーターなどの主食を焼くタンドゥールは、その地域やコミュニティで共有される場合は肉を焼かないのだという説明は一理ある。しかしもし全員がノン・ヴェジタリアンならば、共有のタンドゥールで肉を焼くことに何の不都合も生じないのではないだろうか。これを史料的に裏付けることはできるのだろうか。

一九世紀半ばのラーホールについて書かれた『パンジャーブ生活文化誌』には、タンドゥールでナーンを焼いて売るナーン焼き屋（タヌール・ワーラー）が登場する。彼らは肉料理や豆料理も売ったが、それらは鍋で調理したとある（チシュティー二〇〇二）。タンドゥールで肉を焼いたかどうかまではわからない。焼かなかったであろうと予想されるのは、串焼き屋（カバービー）がナーン焼き屋とは別に言及されているというただ一点においてである。私は『バーブル・ナーマ』や『アーイーニ・アクバリー』、ムガル宮廷の食について書かれた他の文献、はては古代の医学書『スシュルタ・サンヒター』など思いつくままに文献をあたってみたが、管見の限りでは串焼き（カバーブ）を一体どうやって焼いたのか、タンドゥールを使うことがあったのかなかったのか、決め手となる肝心な記述は見つからなかった。しかしながら、やはり基本はバーベキュー台や鉄鍋で焼くのであって、タンドゥールで焼くことは決して一般的ではなかったという印象を強くした。なぜなら、肉や野菜の基本調理法の中にタンドゥールを使う方法に言及したものはなく、また数少ない「カバーブ」のレシピではどれもバーベキュー台か鉄鍋で調理しているからである。

孫モーニーシュのホームページには、生前のクンダン・ラールのインタビューを掲載した新聞記事がアップされている。そこでクンダン・ラールは記者に対して興味深い話をしている。記者がまとめ直した少し長い文章だが、以下に引用する。

それ（モーティーマハル＝筆者）をこのような成功に導いたのは、パキスタンにあってアフガニスタンに近いクンダン・ラールの故郷、ペシャーワルの食べ物に基礎をおいたメニューだった。その地域の料理は伝統的なインド料理よりも薄味で、ある意味では刺激が少なく風味に欠ける料理である。食事には、鶏肉や山羊肉を鉄串に刺しタンドゥール釜に入れて熱い炭の上で焼いたものが出されていた（傍線筆者）。タンドゥールは大きな土製のオーブンで、床下に埋め込まれていた。クンダン・ラールは語る。「インドではタンドゥールがなかったので、私が自分の用途に合わせてつくらせたのが最初なんです」。彼は難民仲間の中にひとりのタンドゥール職人を見つけ、彼にいろいろな設計のタンドゥールをつくらせて試した。そしてついに、レストランの厨房で使用する床上据え置き型のタンドゥールを作り出した。〔*The Christian Science Monitor*, 5 October 1988〕

ここではクンダン・ラールが床上据え置き型タンドゥールをつくった話をしているのだが、加えて重要な情報が語られている。二〇世紀初頭のペシャーワルの人々の間には、串に刺した肉片をタンドゥールに入れて焼いて食べる習慣があった、つまり庶民はそれを食べていたというのである。しかしもちろん、前述したように複数の専門家がタンドゥールで肉を焼かないと確信をもって強調するところを見ると、このようなやり方は決して一般的ではなく、限られた地域やコミュニティの裏技的調理法だったのだろう。そしてそれこそが、おそらくこの話の鍵なのである。

西洋へのインド料理の紹介者として有名なマドゥル・ジャーフリーが、子供のころ彼女が暮らしたデリーの思い出として書いている回想もそれを裏付けるものとして読むことができる。

> これ（モーティーマハルの料理＝筆者）は、アフガニスタンとの国境近くにあって、かつてインドの北西辺境地域だったパンジャーブ地方の料理だった。印パ分離独立のとき、生まれたばかりの西パキスタンからヒンドゥー教徒らの難民が自分たちの財産をもって東の方角へ駆けこんで行ったのである。彼らは、移動中、路上で食事に使うタンドゥールを持参していた。そのように、はるかなる道を移動してきた家族のひとつがモーティーマハルを始め、その素朴な村の料理（傍線筆者）を洗練された料理文化の街に提供したのである。このとき以来、タンドゥーリー料理――たいてい大したことのない味だが――は、ほとんどすべての大きなインド料理屋で出されるようになった。この流行は最初デリーで始まり、その後世界中に広まった。
>
> 〔Jaffrey 2007: 191-2〕

最終的に私がたどり着いたこの話の全貌は次のとおりである。もともとパキスタン側の北パンジャーブ地方では、一部の人々の間にタンドゥールで肉を焼いて食べる習慣があった。この名前のない庶民の料理をペシャーワルでクンダン・ラールが外食として売り出した。分離独立後、彼のインド移住とともにこの料理がデリーに持ち込まれ、それがネルーの目に留まって公式晩餐に採用された結果、インドを代表する料理となって世界に広まった。クンダン・ラールはもともと無名だった料理を非常においしくつくることができた有能な料理人であり、またタンドゥーリーチキンという名前の名付けの親である。さらに彼は、売れ残ったタンドゥーリーチキンとトマトクリーム・スープを合わせた英印折衷の料理をつくり、バターチキンという英語名をつけて売り出した。これが世界へ普及してゆく過程で、イギリスにおいて何かの理由でバターチキン（骨なし）の方だけがチキンティッカー・マサーラーとして売り出され、イギリス人の国民食となっていった。

以上のストーリーは、また次のようにもいい換えられるだろう。ヒンドゥー教的理念では不浄とされる肉をタンドゥール釜で焼くという掟破りの料理が、最初は小さな食堂に登場し、次に大都市のレストラン、大臣の食卓、そして公式晩餐のテーブルへと進出して、最終的にはインドを代表する料理となった。また肉と残り物という下賤視される二つの食文化が合わさって、インドではバターチキン、イギリスではチキンティッカー・マサーラーとなり、大衆的な普及を遂げてそれぞれの国の国民食となった。もとはといえば庶民の異端的食文化の、グローバルな出世物語なのである。*[17]

六　現代「インド料理」のゆくえ

しかし話はまだここで終わらない。マドゥル・ジャーフリーは、モーティーマハルのタンドゥーリーチキンが広まった後、デリーのパンジャーブ系レストランがメニューにムガル料理を付け加えていったと述べている。最後に注目したいのは、このパンジャーブ料理からムガル料理へという連続、または非連続の問題である。

パンジャーブ料理とムガル料理は非常に近い関係にある。パンジャーブ地方はインダス河流域に広がる古代から栄えた肥沃な地域で、中央アジア、西アジア、南アジアの三つが交流する文明の十字路であった。ムガル帝国の時代もその中心地のひとつで、ペシャーワル、ラーホールなど、多くの都市が皇帝たちと深い関係がある。料理においてもパンジャーブ料理とムガル料理が同じものを指す場合がある。しかし、現在特にムガル料理がパンジャーブ料理から区別される場合、それはムガル時代の民衆が食べていた料理ではなく、宮廷で出されていた料理を意味している。その中にはビリヤーニーなどよく見かけるメニューもあるが、レシピ自体の詳しい記録が残っているわけではない。現在のレシピ本ではしばしば、ムガル料理とはナッツ類やドライフルーツ、クリームなど高価な食材をふんだんに使い、時間と手間をかけてつくられる贅沢料理として説明されている。いまレストランで出されるのは、このようないくつかの特徴を押さえながらも料理人たちが創意工夫で作り上げた、想像の宮廷料理である（第一章参照）。

現在タンドゥーリーチキンやバターチキンをムガル起源と考える者は多い。ヴィノード・チャダー氏もモーティーマハルの料理はパンジャーブ料理というよりムガル料理に近く、自分が家庭で食べる伝統的なパンジャーブ料理は全く違うと説明した。彼はその例として、パンジャーブ料理は赤トウガラシをより多用すること、マッカイー・ローティー（モロコシ粉でつくったパン）やラージマー・チャーワル（赤金時豆ご飯）などの独自の料理があること、ヴェジタリアン料理も豊富であることなどを挙げた。裏を返せば、ムガル料理とはマイルドで（ナッツやドライフルーツ、クリームを多用すれば自然とそうなる）、小麦と肉が中心だということになる。

このようなムガル料理の通俗的なイメージを表す興味深い例として、デリーの二つの有名レストランがある。ひとつはカリーム・ホテルで、ジャーマー・マスジドのすぐ近くの裏路地にある食堂として始まり、ムガル宮廷の料理人の末裔を称する家族が経営しているとして話題になった。二〇一〇年時点で、メニューはトマトスープにはじまり、羊肉、山羊、鶏肉を使った肉料理がずらりと並んでおり、ヴェジタリアン用としてはパニール（カッテージチーズ）や豆の料理が付け足し程度にいくつかあるだけであった。面白いことに、タンドゥーリーチキン、チキンティッカー、バターチキンもメニューにある。これらをもって、ムガル宮廷由来の料理としているのである。

もうひとつの例は、ITCマウリヤ・ホテル内にある高級レストラン、ブハラである。「インドの北西辺境地域の伝統的タンドゥール料理」を謳い、アメリカのクリントン大統領が訪れたことでも知られる。メニューのメインは当然肉料理、しかもクリントン大統領用のメニューとして一番押しのセットメニューには肉しかない。そして店の名前にももちろん意味がある。ブハラは現在ウズベキスタンの都市であり、ウズベキスタンはムガル朝初代皇帝バーブルの故地である。つまり暗にタンドゥール、肉、ムガルの三者を結びつけているのである。*18

はたしてこれほど肉料理にムガルのイメージを重ねるのはどこまで妥当なのだろうか。歴代のムガルの皇帝たちは決して肉の愛好家だったわけではない。バーブルは肉よりもはるかにワインに執着した。アクバルが菜食主義を実践したことはよく知られている。帝国絶頂期のジャハーンギールとシャー・ジャハーンでさえ、アクバルの習慣に従い週に何度かの菜食日を設けた。アウラングゼーブにいたっては、肉を全く身辺に寄せつけさえしなかった。ただし、それでも例えばアクバルの時代、全国各地から様々な種類の米、果物や野菜、スパイスなどが取り寄せられ、それを多くの宮廷料理人が皇帝がいつでも食べられるように一〇〇ものメニューに調理して常時ひかえていたという〔Achaya 1998: 160-5〕。彩鮮やかな食材が次々と運び込まれ、料理人たちが忙しく立ち働く生き生きとした厨房の様子が目に浮かぶ。ムガル料理の贅沢さとは肉料理というより、このような豊かな食の多様性や選択肢にこそあったとするのが妥当ではあるまいか。

ムガル料理イコール肉料理だとする過度な強調は、それと対置される、ヒンドゥー教的食文化を菜食として捉える別の流れとの関係で起きているように思われる。つまり今日インドにおいてヒンドゥー右傾化が進むなか、ヒンドゥーは菜食、ムスリムは肉食というイメージが構築されつつあるのではないかということである。これまでインドの菜食主義は一部のバラモンのものかバラモン文化の真似事にすぎないと考えられており、インド全体のシンボルと捉えられてはいなかった。しかし経済開放以降、インドの菜食料理は急速に世界中で知られるようになった。

理由はいくつも考えられる。まず欧米でヒンドゥー上位カーストの移民の数が劇的に増加した。国内外のインド料理レストランは地方色豊かで数多くの菜食メニューを提供するようになった。出版やインターネットでもインドの菜食レシピに関して多くの情報が飛び交うようになった。そしてこの流れを自然食やヨガの流行、健康志向、動物愛護や食糧問題といった、様々なグローバルな状況が後押ししている。菜食・精進・素食はもちろんキリスト教やユダヤ教、仏教など世界中の文化にある。しかしインドの菜食は情報露出量において他を圧倒している。[*19] インドの菜食料理はかつてパンジャーブ料理やムガル料理が占めていたような国民料理の域を越え、持続可能な食を実現するインド発祥のグローバル料理として提唱されていく可能性がある〔Srinivasan 2015〕。もし今後本当にそうなっていった場合、クンダン・ラールによって広まったような肉料理はいったいどのような扱いを受けることになるのだろうか。いつまでもインドの国民料理として歓迎されつづける保証はない。なぜなら、第七章でも触れているとおり、牛肉食をめぐってはすでに深刻な事件が起きているからである。

最後に、冒頭で触れたニューデリーのユナイテッド・コーヒーハウスの話に戻りたい。万国料理屋のようなメニューがあったという点では実はモーティーマハルも同じで、二〇一〇年私が訪れたときには、ここにはまだ春巻きや客家ヌードルなどのインド風中華料理が載っていた。ユナイテッド・コーヒーハウスの創業は一九四二年で分離独立以前にさかのぼるが、二つの店はともに同じ時代を生きてきたレストランといえるだろう。さきにも触れたマドゥール・ジャフリーはインドのレストランがパンジャーブ料理、タンドゥール料理、ムガル料理の後、さらに西欧料理などを次々加えていったことを述べたうえで、それが独立直後の「外交的で祝賀的な雰囲気」や「新たな自由を謳歌する場」を表すものであるとして、そこに積極的な意味を読み取った〔Jaffrey 2007: 192〕。しかしそれから時代は変わり、私が留学していた一九九〇年代前半、社会主義経済時代の名残の方が感じられていた時代には、このようなメニューは中途半端なB級洋食にほかならず、外交的どころか外国に門戸を閉ざした「遅れた」インドの姿としてしか、当時の私は見ることができなかった。

料理やメニューは時代とともに変化する。チキンレバー・トーストのように時代とともに失われたり、また新たに付け加わったりする料理もある一方で、名前が生き延びた料理も実体が変わるとともに、またその時々によって希望の象徴にも否定の対象にもなりうる。タンドゥーリーチキンやバターチキンが国民料理となっていった新生インドの希望にあふれた時代の雰囲気を現在のインドに感じ取ることは難しい。今日タンドゥーリーチキンやバターチキンをムガル料理と呼ぶのは間違いである。しかしたとえそう呼ばれたとしても、いやそう呼ばれるならなおさら、インドの誇るべき国民料理として、いつまでも世界中で愛されつづけることを心から願ってやまない。

註

*1　フランス料理とメキシコ料理は二〇一〇年に、和食は二〇一三年にユネスコ無形文化遺産に登録された。ほかにも食関係ではトルココーヒー、地中海料理、キムチ、ジョージア（グルジア）の古代製法ワインなどが登録されている。

*2　生クリームの類（英語ではクリームと総称されるが、インドでは多様な現地語の名前と分類で区別される様々な段階のミルク加工品）にバターを併用する場合もある。

*3　現在二つの料理それぞれに膨大なレシピのバリエーションがあるが、ややこしくなるのでここでは触れない。また日本ではバターチキンの名前で実質チキンティッカー・マサーラーか、もしくはタンドゥールで焼いてもいないチキンをタマネギのグレービー

で煮込み赤く着色した料理が出されることが多い。別の意味で興味深いがここでは掘り下げない。

*4 例えば〔*The Hindu*, 17 Aug, 2009〕参照。

*5 アシシュ・ナンディはベンガル地方において外食や公共の場に出される料理とはベンガル料理ではなくムガル料理だったことを指摘している〔Nandy 2004: 14〕。またコリンガムは、ベンガル人がイギリスで出した料理は、フィッシュ・アンド・チップスにはじまりアングロ・インディアン料理、ムガル料理など多岐にわたったことを述べている〔Collingham 2005: 215-38〕。しかしいずれの研究でも、ベンガル人のレストランのレパートリーになぜパンジャーブ料理が加わったのかは説明されていない。

*6 一八九五年にアメリカで売り出されたこのトマトスープ缶は、一九六二年ポップアートの旗手アンディ・ウォーホルの有名な作品「キャンベルのスープ缶」にも描かれた。

*7 ムルグはヒンディー語、ウルドゥー語、パンジャーブ語で鶏肉を意味する。北インドにはマッカンとトマト、タマネギ、スパイスでチキンを煮込む昔ながらの料理「ムルグ・マッカニー」があり、それがバターチキンと混同されたと思われる。また、クンダン・ラールがバターチキンと同じグレービーを用いる豆料理「ダール・マッカニー」を出していたことも混乱の一因であろう。

*8 例えば『地球の歩き方 インド』一九九九―二〇〇〇年版、『danchu』二〇〇七年七月号など。

*9 例えばトランス・ヒマラヤ・セレクション賞金賞（一九八五―八六年）、世界観光促進賞金賞（一九八七年）など。

*10 モーニーシュの三部作〔Gurjal 2004; Gurjal 2009; Gurjal 2013〕のそれぞれの序でモーニーシュがクンダン・ラールについて短い文章を載せているほか、評論家ウマー・ヴァースデーヴによるやや詳しい紹介文もある〔Gurjal 2004〕。

*11 例えばシンガポールに拠点を置くグルメ情報誌ミールは「タンドゥーリーチキンとバターチキン発祥の店」として二〇〇八―〇九年に表彰している。

*12 ヴィノード・チャダー氏へのインタビューではメニューはクンダン・ラールの時代から表紙以外変えて

いないということだった。これをそのまま信じてよいかはわからないが、しかしあまり大きく変わっていないだろうというのが私の印象である。理由は、後日訪れたモーティーマハル・デラックスのメニューの構成やラインアップにモーティーマハルと共通した特徴がみられたことである。

*13　インタビューは二〇一〇年七月二六日に行った。筆者の踏み込んだ質問で長時間にわたったのにもかかわらず、最後まで快く誠実に対応くださり、本論での言及についても快諾くださったヴィノード・チャダー氏にこの場を借りて謹んで謝意を表します。

*14　①について、イギリスの伝統的なトマトクリーム・スープの作り方ではトマトの皮や種を濾し取るが、インドの料理技術ではすり潰して全部を料理に入れ込んでしまうのが一般的である。トマトクリーム・スープの古いレシピについては例えば〔Steel 1921〕が参考になる。②について、イギリスのトマトクリーム・スープにバターやクリームは必須である。インドではバターは外来食品なので既成のバターを使うのだろう。③について、イギリスのトマトクリーム・スープではタマネギはオプションに過ぎず、特に滑らかな食感を重視する場合は使わない。しかしインドの肉料理ではこれを使う方が一般的である。

*15　カレーライスの最初のレシピは一八七二年に出版された『西洋料理指南』と『西洋料理通』の二冊に掲載されたものとされる。例えば『西洋料理指南』には食材として「鶏、海老、鯛、牡蠣、赤蛙等ノモノ」を入れると書かれている〔敬学堂主人 一八七二、三一頁〕。

*16　日本のケースで考えると、これは炊飯器で米以外のおかずを調理する問題にあたるだろう。炊飯器自体は基本米を炊くことに特化しており、取扱い説明書にはコメ以外のものを調理しないでくださいと書かれているが、料理上手はいくらでも炊飯器をおかずづくりに応用しており（私の友人も炊飯器で鶏もも肉のコンフィをつくったと自慢していた）、それ専門の料理本も出版されている。

*17　食文化研究のジャック・グディは、グローバリズムにおいては先進国の料理が途上国の料理よりも上位の料理として模倣の対象になることを論じている

〔Goody 1982〕。その議論を当てはめると、タンドゥーリーチキンやバターチキンがインドの看板料理になったのは出世でも上昇でもなく、西洋の肉食がより上位のものとしてインド人に真似られたのであって、食文化のグローバルで西洋中心主義的なヒエラルキーの中に組み込まれただけだという解釈が成り立つ。私は現時点でこの解釈を排除しないが、これを考えるには今後より精緻な考察が必要だと考えている。

＊18　ウズベキスタン南部には実際にタンドゥールで肉を焼く料理があるが、それでも肉用タンドゥールとパン類用タンドゥールは区別されている。またその区別はヴェジタリアンとノンヴェジタリアンの食材を分けるためではなく、純粋に調理上の便宜が理由である（パン類は短時間で焼き上がるが、肉はタンドゥールの蓋を密封して数時間油と水分の蒸気の中に放置される）。

＊19　例えばネット上で菜食用のレシピ本を検索するとほとんどがインド料理関係の本である。それに比べてユダヤ教やキリスト教のヴィーガン、仏教の精進料理、素食料理、マクロビオティクスなどその他のジャンルの菜食では出版物は少なく、また内容を見るとそこにインド料理が掲載されている場合も多い。レシピ本だけでなくホームページやブログなども状況は同じである。

参考文献

敬学堂主人　一八七二『西洋料理指南』下巻、雁金書屋。

N・A・チシュティー（麻田豊監訳・露口哲也訳注）　二〇〇二『パンジャーブ生活文化誌――チシュティーの形見』平凡社。

『地球の歩き方　インド』一九九九―二〇〇〇、ダイヤモンド・ビッグ社。

『danchu』七月号、二〇〇七。

バーブル（間野英二訳注）　二〇一四『バーブル・ナーマ』全三巻、平凡社。

Abul Fazl 'Allami (tr. H. Blochmann) 1983(1873). *The Ain-i-Akbari*, 3vols, Calcutta: Baptist Mission Press.（真下裕之監修『アブル・ファズル著『アーイーニ・アクバリー』訳注』（4）（5）、神戸大学文学部紀要、第四三―四四号）

Achaya, K. T. 1998. *A Historical Dictionary of Indian Food*, New Delhi : Oxford University Press.
Appadurai, Arjun 1988. "How to Make a National Cuisine: Cookbooks in Contemporary India," *Comparative Studies in Society and History*, 30-1.
Banglalink, October 2007. (http://www.banglalink.co.uk 二〇一一年五月閲覧)
Bhishagratna, Kaviraj Kunja Lal, ed. 1907. *An English Translation of the Sushruta Samhita*, 3vols., Calcutta.(大地原誠玄訳・矢野道雄校訂　一九九四『スシュルタ本集』全3巻、谷口書店)
The Christian Science Monitor, 5 October 1988. (http://motimahal.in 二〇一四年二月閲覧)
Collingham, Lizzie 2006. *Curry: A Tale of Cooks and Conquerors*, Vintage Books: London.(リジー・コリンガム　二〇〇六『インドカレー伝』東郷えりか訳、河出書房新社)
Goody, Jack 1982. *Cooking, Cuisine and Class: A Study in Comparative Sociology*, Cambridge: Cambridge University Press.
Gurjal, Monish 2004. *Moti Mahal's Tandoori Trail*, New Delhi: Roli Books (kindle edition).
—— 2009. *The Moti Mahal Cookbook, On the Butter Chicken Trail*, New Delhi: Penguin Books India.
—— 2013. *A Moti Mahal Cookbook, On the Kebab Trail*, New Delhi: Penguin Books India.
The Hindu 17 August 2009. (http://www.thehindu.com 二〇一〇年三月閲覧)
Hobsbaum, Eric and Terence Ranger, eds. 1983. *The Invention of Tradition*, Cambridge: Cambridge University Press.(エリック・ホブズボウム、テレンス・レンジャー　一九九二『創られた伝統』前川啓治・梶原景昭他訳、紀伊國屋書店)
Husain, Salma 2008. *The Empire Table*, New Delhi: Roli Books.
Jaffrey, Madhur 2007. *Climbing the Mango Trees: A Memoir of a Childhood in India*, New York: Vintage Books.
The Ladies and Society of the First Presbyterian Church 1894. *Recipes Tried and True*, Ohio: Press of Kelly Mount.

The Ladies Committee 1939. *A Friend in Need: English-Hindustani Cookery Book*, Madras: F.I.N.S.Women's Workshop.

Nandy, Ashis 2004. "The Changing Popular Culture of Indian Food: Preminary Notes," *South Asia Research*, 24-1.

O'Brien, Charmaine 2003. *Flabours of Delhi: A Food Lover's Guide*, Delhi: Penguin Books.

Ramsi, Sanaz 2012. *Food Prints, An Epicurian Voyage through Pakistan: Overview of Pakistani Cuisine*, Karachi: Oxford University Press.

Srinivasan, Krithika and Sumitha Rao 2015. "'Will Eat Anything That Moves': Meat Cultures in Globalising India," *Economic and Political Weekly*, 50-39.

Steel, F. A. and G. Gardiner 1921. *The Complete Indian Housekeeper and Cook*, 12th edn, London: William Heinemann.

コラム1

中世のサンスクリット料理書

加納和雄

中世インドの人々は、何をどのように食べていたのだろうか。ここでいう「中世」とは、新大陸由来の食材がインド亜大陸に伝わる一六世紀以前を指す。

中世のインドの食文化を知るための手がかりは、それほど多く残されていない。大きく分けると①美術等の遺品、②文字資料、③伝存文化などが考えられる。

そのうちまず①美術遺品は、石像やレリーフ、あるいは壁画や挿絵などの絵画などに描写される、調理や会食の風景などが挙げられる。また、実際に使用されていた調理器具や食器類も、当時の調理技術や食卓風景を知るための一次的な資料となる。

次に②文字資料は、上記の三種の手がかりのなかでも特に頼りになる場合が多い。文字資料には碑文と文献とがあるが、特に文献には、古典・中期インド語で記された資料として、料理書、医学書、法典・律典類、文学作品、百科事典などがある。たとえば、一二世紀後半、後期チャールクヤ朝のソーメーシュヴァラ三世によって著された『マーナソッラーサ（心の喜び）』は宮廷生活を指南する百科事典であるが、ここには肉料理を含む様々な宮廷料理の調理方法が列挙されている。さらに時代を遡ると、インドの伝統医学であるアーユルヴェーダの体系を記した『チャラカサンヒター』には、処方箋としての薬膳料理の効能と調理法とが記される。そしてそのような薬膳の知識に基づいて著された多くの料理書が現存する。そのほとんどは写本の状態で手つかずのまま残されており、いまだ刊行すらされていない。また別種の文献資料としては、仏教僧院の生活規則集、中でも『薬事』と呼ばれる部分は、僧院生活において摂取が許可されていた食事についての情報を含んでいる。また、『マヌ法典』、『ヤージュニャヴァルクヤ法典』、『実利論』といった古典インド語の法典類にも、食文化を知るための貴重な記述が散見される。さらには古典タミル語文学などの中にも当時の料理に関する記述の存在することが報告されている。

古典インド語以外の文献としては、漢人仏教僧の法顕、玄奘、義浄らによるインドの旅行記、あるいは中世イスラーム文化圏からインドを訪ねた旅行者たちの見聞録類などがあり、それらはインド食文化についての豊かな情報を提供してくれる。

以上の①②は物理的な、有形の手がかりといえるが、それに加えて、無形の手がかりである③伝存文化という視座から中世のインド食文化を検討することも可能である。たとえば現代に残されたインド食文化の中には、中世の食文化から継承された調理技術や食材知識などが少なからず伝存しているはずである。理論的には、現存のインドの食文化から、近現代になって新たに変化、創生された部分を同定して、その差分を差し引いたあとに残されたものが、中世の食文化のイメージを留めるものとなると予想される。もちろん現実にはそのような作業を緻密なレベルにおいて再現することは容易ではなく、慎重な吟味を要するが、不可能ではない。たとえば、上記の①遺品資料と②文献資料を総合して、中世のある特定の地域および時代におけるインド食文化を再構成し、さらに近現代に変容、追加された食文化を総合的に突き止めることができるならば、中世料理再現の大きな見通しがつくだろう。

さて以下では、中世のインド食文化を知るための具体的な手がかりとして、サンスクリット語の料理書である『パーカダルパナ（料理の鏡）』を概観しよう。梵文の料理文献は「パーカシャーストラ（料理論典）」と称され、その数は知られているだけでも都合三二点を数える。その多くを薬膳のレシピ本が占めるなか、『パーカダルパナ』は例外的に、宮廷料理の食材・レシピを体系的に論じる稀有な作品である。

本書は、およそ一三世紀から一七世紀くらいまでの間に著作されたものと考えられる。本書をして中世の料理書たらしめているひとつの大きな特徴は、赤トウガラシの未使用という点である。ダンジャーヴール文書館に本書の古い貝葉本が残されているので、作者は、チョーラ朝からヴィジャヤナガル王朝期のタンジャーヴールあるいはその周辺で活躍した人物であった可能性がある。語り手は、伝説上の英雄ナラ王に帰せられるので、作者は実質的には匿名であるが、おそらくは宮廷仕えの料理長と予想される。その文体は、韻文で綴られるが、いわゆるパンディト（学者）の記す梵文ほどは洗練されていない。

本書の導入部には、『ナラ王物語』第一五章冒頭部が転用されている。すなわち国を追われたナラが世を忍んで、学識者バーフカの姿で、リトゥパルナ王に仕え、王から懇請されて、ヤマ神から得た超世間的な料理知識を書物のかたちにした、というのである。

本書は全一一章立てである。ただし末尾の終わり方が唐突であることから、未完、または写本が不完全である可能性も考えられる。章立ての枠組みは、第一章に提示される「一六種の料理分類」に則っている。それは、粥、汁物、ギー(精製バター)、調味料と附随事項、肉野菜料理、甘味、ミルクプリン、汁、飲料、スープ、バターライス、舐め物、飲料、牛乳、酸乳、バターミルクの一六項目を指す。これは次に示す一一章の内容とほぼ対応している。

第一章(章末所掲の章題なし)四九九偈
第二章(章題なし・旬料理解説)四二偈
第三章「甘味の解説」一九偈
第四章「ミルクプリンの種類の解説」三三偈
第五章「清涼飲料の解説」二五偈
第六章「スープ料理」二七偈
第七章「バターライス料理の解説」二六偈
第八章「舐めものの種類」九偈
第九章「香りつきの冷たい水の解説」四九偈
第一〇章「ミルク料理の調理法解説」二二偈
第一一章「酸乳の種類解説」九偈

第一章は最も広範であり、次のような内容からなっている。料理人の特質、給仕者の特質、本書の内容・目次の提示と一六種の料理分類の提示(本コラム末尾)、八種の欠陥米料理(①生煮え、②どろどろ、③不衛生、④煮すぎ、⑤乾燥、⑥焦げ、⑦見栄えの悪さ、⑧時季外れ)、粥、肉汁、肉粥、米料理、タハリー(炒めご飯)、ウズラ肉ご飯、雄鶏肉ご飯、小肉ご飯、食べあわせ、豆の汁もの、バターミルク、バターミルク汁、ギーの作り方、野菜の炒め物、果実類の料理、根菜類の料理、葉菜類の料理、苦い野菜類の苦味抜き調理法、その他の惣菜、調理師の王の特質および本書を学習することの意義といった次第である。

各惣菜のつくり方は、きまって調理手順（レシピ）解説と料理の効能解説とから構成される。レシピは、素材、調味料、調理方法を記すが、分量と時間の記述を欠く。以下に一例として、ナスの炒め物のレシピの和訳を挙げておく（第一章二一九―二二八偈）。

（調理手順）美しく、若々しいナスをもってきて、ナスの上部を鋭い包丁で切って取り除く。そして知者は、その実を二等分にしてから、若いナスの実を水を張った鍋の中に入れる。

別の鍋に水を注ぎ、ターメリックと香辛料（ショウガ粉、黒コショウ、白コショウ）とを入れる。そこにヒーングとカリー・リーフとコリアンダーとを入れる。そしてそこにニンニクとショウガの粉を入れる。熟練者は、これ（水・香辛料・ハーブのだし汁）を混ぜてから、かまどの上で煮る。

切り分けたナスの実を、沸いた水（だし汁）の中に入れる。それらが煮えたら取り出して、きれいな鍋に入れる。

規定どおりに、黒コショウなどのスパイスといっしょにペーストにして、タマリンドの熟した実の酸汁とヨーグルトでペーストを混ぜる。

それら〔ナス〕の外側と内側とをペーストで塗る。料理を知る人は、それを塗ったら、ギーで炒める。

そして〔火から〕おろし、樟脳で香りづける。そしてきれいなビンロウジュ製の皿の「目」のなかにそれらを入れる。

それから〔保温のために〕箱型にして熱した

ギーのなかに入れる。

（効能）このナスの若い実（小ナス）は、美味、強精、食欲増進、三種のドーシャ（風性・火性・粘性からなる身体三要素の不均衡状態）を抑制し、身を肥やすすぐれもの。

この料理は油の使用が比較的多いが、タマリンドの汁とヨーグルトのペーストを使用することによって、あっさりとした風味に仕上げている。レシピには樟脳が使用されるが、現代の日本で入手できる樟脳は猛毒であるため、決して上記のレシピどおりにこれを使ってはならない。レシピに示されるように、中世のインド料理においても香辛料が非常に多様であり、効果的に使用されている点は注目される。そして香辛料は、料理のもつ健康面での効能に深く関与している。『パーカダルパナ』はこのように効能を必ず記すことによって、食事を摂る者の体調に応じて献立を考えることができるように著作されている。料理ごとに効能が記されているのは、料理を単なる美食のためでなく、医療の一環として考えていた、インドに根付く伝統の上に立っていることを明示している。

最後にサンスクリット語料理本を用いて今後解明されるべき課題について触れておきたい。第三章のサウミヤ・グプタ氏の論考に提示された二〇世紀のヒンディー語レシピ本『料理の月光（パーク・チャンドリカー）』の内容目次は、本コラムで扱った『パーカダルパナ』のそれと部分的に一致ないし類似をみせており、そこにはサンスクリット料理本からヒンディー語レシピ本へのつながりが示唆される。それらを丹念に調査することによって、中世と近現代との間のインド食文化の連続と変容とを知る手がかりになると期待される。中世インド食文化を知るための手がかりがきわめて限定されている現状にあって、解読されないままに残されている料理書群の調査は、今後、それを知るための鍵になることはまちがいない。

参考文献
井坂理穂・加納和雄　二〇一六「中世インドの宮廷料理『パーカダルパナ』と『アーイーニ・アクバリー』より」『Vesta』一〇三号。
Achaya, K. T. 1994. *Indian Food: A Historical Companion*, Delhi: Oxford University Press.
Prakash, Om 1961. *Food and Drinks in Ancient India (From Earliest Times to c. 1200 A.D.)*, Delhi: Munshi Ram Manohar Lal.
＊本コラムは山崎香辛料振興財団（課題名「中世インドにおける香辛料の用途・効能の解明およびその現代的応用」）および味の素食の文化センター（課題名「中世南インド料理の再現――サンスクリット語料理書『料理の鏡』を中心に」）の助成を受けた研究をもとにした。

『パーカダルパナ』のレシピに基づいて再現した、肉ご飯、冬瓜の炒めもの、ナスの炒めもの、頭芋の炒めもの（京都のインド料理屋「タルカ」と「山食音」作）

コラム2　「宗教的マイノリティ」意識と食——近現代インドのパールシー　井坂理穂

近年、デリーやムンバイーをはじめとするインドの大都市で、「パールシー料理」を売りにしたレストランがチェーン店として展開し、話題を呼んだ。[*1]「パールシー」とはインドに古くから住むゾロアスター教徒たちのことであり、彼らは二〇一一年時点で人口六万人未満という、インドの「宗教的マイノリティ」である。店のメニューを開くと、「チキン／マトン／野菜とヒラマメでつくった古典的なパールシー料理」という説明がつけられている「ダーンシャーク」や、「パールシー風のフライド・チキン」と表現された「チキン・ファルチャー」など、「パールシー」の言葉がいたるところに用いられている。店の内装や食器は、植民地期にボンベイ（現ムンバイー）に登場した「イラーニー・カフェ」を意識したものとなっており、コロニアルでノスタルジックな雰囲気を醸し出している。[*2]以下ではこの「パールシー料理」について、彼ら自身がどのように捉えているのかを分析しながら、食とアイデンティティとの関連をみていきたい。[*3]

パールシーと呼ばれる人々は、「パールス」（現在のイラン）から、イスラーム支配を逃れて八―一〇世紀ごろにインド西部へ移住してきた人々の子孫であるといわれているが、実際にどのような経緯で移住するようになったのかについてはわからない部分が多い。現在、パールシーの人々が移住の歴史的経緯について語るときには、ある言い伝えがよくもち出される。それによれば、彼らがこの地にやってきたとき、ゾロアスター教徒の祭司が定住の許可を求めて在地のヒンドゥーの王を訪れるのだが、この王は彼にミルクがいっぱいに入った器を見せる。その意味するところは、彼の領土はすでにこのように人々で満ちあふれているので、新たな人々を受け入れることはできないというものであった。すると祭司は砂糖をひとつまみミルクのなかに入れる。すなわち、砂糖がミルクをあふれさせることなく、その中に溶けこんでこれを甘くするように、ゾロアスター教徒たちも人々の間に溶けこみ、この地を豊かにするだろうとのメッセージを伝えたのである。この機転のきいた対応に感銘を受けた王は、彼らの定住を許可した、というわけである。また、一六〇〇年頃に記されたペルシア語の韻文作品「サンジャーンの物語」によれば、彼らはこのとき、定住許可と引き換えに、在地の言葉を用いることや武器をもたないことなどの条件を受け入れたとされている。

　これらの話の真偽はともかくとして、パールシーはその後、インド西部で農業、酒造業、手工業、商業などに携わりながら存続する。さらに一七世紀以降、ヨーロッパ勢力がインドに進出するようになると、その一部はヨーロッパ勢力の通訳や仲介者となって経済的・社会的地位を上昇させた。とりわけイギリス支配のもとで発展しはじめたボンベイには、一八世紀終わりごろから数多くのパールシーが移り住み、エリート層を形成していく。彼らは中国との海上交易、造船業などで大きな活躍をみせ、西洋式の教育を受け、母語のグジャラーティー語に加えて英語にも精通し、官職や専門職に就いたり、繊維工業などの分野にも進出した。また、社会・宗教改革運動、ジャーナリズム、出版活動の世界などでも活躍する。インド国民会議の設立（一八八五年）をはじめとする初期の民族運動においても、パールシー指導者が重要な役割を果たしていた。彼らは女子教育にも熱心であり、男女ともに高い識字率を誇っていた〔井坂二〇〇六〕。

植民地支配者たちと近い関係にあったパールシー・エリートたちは、衣食住や娯楽、スポーツの面でも西洋の要素を積極的に取り入れている。ここでは一九世紀後半の彼らの食生活の様子を、パールシー出身の植民地官僚、ドーサーバーイー・フラームジー・カラーカーの書いた『パールシーの歴史——その風俗、慣習、宗教、現状』（一八八四）に沿ってみてみよう。[*4] カラーカーによれば、パールシーの生活様式は「半ばヨーロッパ的、半ばヒンドゥー的」であった〔Karaka 1884: 123〕。カラーカーは、パールシーがかつては「ヒンドゥー教徒のように」床に座って食事をとり、食べ物を一枚の真鍮の皿の上にすべて並べて出していたことに触れたうえで、彼の時代にはすでに上層の人々はテーブルや椅子、さらに「ヨーロッパ式の晩餐で通常出てくるようなあらゆるもの」を取り入れていたことに言及している〔Karaka 1884: 124〕。

同書によれば、当時の裕福なパールシーは一日に三度食事をとっていた。朝食は七時から七時半の間で、メニューはパンとバター、卵に紅茶である。昼食は一二時から午後一時の間で、ここではご飯、カレー（マトン、野菜、魚）などが出される。午後四時から五時の間に紅茶を飲み、午後八時ごろの晩餐では、魚、肉、卵、野菜、菓子、果物が食される。晩餐にはアルコールを少量たしなむこともあり、大きなパーティの席では各種のワインが飲まれていたという。[*5] さらにカラーカーは、かつては男女が別に食事をとっていたのに対して、近年では男女がともに食事をする慣習が広まったとも記している〔Karaka 1884: 125-8〕。パールシー・エリート家庭の食生活に、いかに西洋の影響が入り込んでいたかがうかがえる。

こうした変化は調理場にも及んでいる。インドに滞在するイギリス人家庭の女主人（メムサーヒブ）は、雇用した料理人らに食材の購入や調理をさせ、自らは指示を出したり、家計や彼らを管理する役割を担っていたが、裕福なパールシー家庭でもこれに倣い、料理人を雇用して調理をさせるようになる。しかもこの料理人には、イギリス人家庭の場合と同様に、どのような肉を扱うこともできるゴア出身のキリスト教徒の料理人たちが好まれていた（第二章を参照）。パールシーの社会改革運動家、B・M・マラバーリー（一八五三―一九一二）によれば、都市部の「あらゆるパールシー居住地」には、ゴア出身の料理人たちのコロニーができていた〔Gdumal 1888: 142〕。この記述には誇張があるにせよ、都市のパールシー家庭において、ゴア出身の料理人に対する需要が高かったことは、そのほかの記述からも確認できる。彼らを通じて、パールシーの家庭ではゴア風のフィッシュ・カレーが広く知られるようになったともいわれている〔Manekshaw 1996: 11〕。

このようなパールシー・エリート家庭では、一九世紀後半から出版されるようになったグジャラーティー語の料理書を読みながら、料理人に指示を出す女性たちの姿もみられた。二〇世紀前半に一家の主婦として食卓を取り仕切っていたあるパールシー女性は、調理場にはめったに足を踏み入れなかったが、料理人たちに指示を出すためにグジャラーティー語の料理書をことごとく購入していた〔King 2007: 14〕。パールシー女性の識字率や教育水準が高かったことも、こうした料理書への需要を促したものと思われる。ただし、このように料理人に依存する女性たちに、批判的な眼差しを向けるパールシー・エリートたちもいた。たとえば、二〇世紀初めにある英語・グジャラーティー語誌に掲載された「今日のパールシー女子」というタイトルの挿絵では、モダンな装いの二人の若い女性が描かれ、絵の下にある二人の会話文を通じて、調理に関心を示さないパールシー女性が風刺されている。

植民地期に出されたパールシー向けの料理書としては、一八七八年にムンバイーで出されたB・N・ヒーラーの『料理書』〔Hira 1878〕がおそらく最初のものであろう。また、一九世紀末にはM・J・N・ワーディーヤーの膨大な量の

自分の家の調理場の場所すら知らないという片方の女性は、悪びれることなく主張する──「私は自分の食べるものがおいしければいいの。食べてみれば、おいしいかどうかわかるでしょ。私が知っているのはそれだけ。他のことはみんな、私の「ボーイ」（使用人のこと──引用者註）が知っているから！」〔Godrej and Mistree 2002: 709〕

レシピ本、『様々な料理』が出版された。ペストのために三〇歳の若さで他界したパールシー女性が書き残したこの料理書は、その後、何度も版を重ね、現代においてもパールシーの代表的レシピ本として語り継がれている〔Vahadiya 1926; Dalal 2002: 532-3; King 2007: 11; Manekshaw 1996: 12〕。

ここで注目したいのは、これらの料理書に含まれた料理の多彩さと、著者たちがまさにこの多彩さをパールシー料理の特徴として捉えていたと思われることである。たとえばヒーラーの『料理書』（副題は「パールシーが料理するあらゆる種類の食べ物、菓子、漬物などのつくりかた」）には、四〇〇種類ものレシピが掲載されており、著者はパールシーの料理は、「ロースト・マトンはイギリス人から、パラーヴ（プラーオのこと――引用者註）はムサルマーンから、カディーはヒンドゥーから」[*6]といった具合に、「すべてのコミュニティの人々」の料理を取り入れていると誇らしげに記している。著者の見解では、「これらすべてを混ぜあわせた結果、パールシーの食べ物はとてもおいしくなって」いるのだった〔Hira 1878: 4〕。ワーディーヤーの『様々な料理』の第四版には西洋料理も含め、多様な起源をもつ二一八〇もの料理が紹介されており、プディングだけでも一〇〇種類以上のレシピが掲載されている〔Vahadiya II 1926: 2-5〕。パールシーには食に関して目立った禁忌がないことも、多様な料理を取り入れることを容易にしていたと考えられる。[*7]

このように異なるコミュニティの料理を取り入れながら、それらを「自分たち」のものとすることをパールシー料理の特徴として主張する傾向は、現在の料理書にも引き継がれている。たとえばB・J・マーネークショウの『パールシーの食べ物と慣習』（一九九六）には、以下のような記述がある。

> パールシーがインドに居住した一三〇〇年の間、彼らは自分たちが触れた様々な要素を吸収し、彼ら独自の料理を発達させた。パールシーのカレーはイラン（ナッツ類）、グジャラートとマハーラーシュトラ（ココナッツとスパイス）の影響を混合させた典型例である。イギリス人との交易上のつながりは彼らに西洋料理を紹介し、彼らはそこから数多くの料理を採用し、すっかり自らのものとした。
>
> 〔Manekshaw 1996: 8〕

これらの記述には、まさにインドにおける彼ら自身の歴史についての認識が反映されている。カラーカーの『パールシーの歴史』をはじめ、植民地期以降、現在にいたるまで、パールシーの語る「自分たち」の歴史のなかでは、イランに起源をもつゾロアスター教徒としての自らの伝統やアイデンティティを保持しつつ、移住先のインドに順応し、その土地の慣習を取り入れ、支配者に忠誠心を尽くしながら生きのびてきたパールシーの姿が描かれてきた。まさにこの姿が、彼らの食文化についての語りにも表れている。植民地期にイギリスの食文化の影響を受けたり、その料理をレパートリーのなかに加えたりしたのは、パールシー・エリートに限らない。しかしながら、「他者」からの影響を取り込むことをこれほどまでに「自分たち」の特徴として強調し、それを積極的な「売り」として提示しつづけたのは、近現代のインド社会で宗教的マイノリティとしての地位を意識しつづけてきたパールシーならではということができるだろう。

＊1　詳細については、〔SodaOpenerWala; Zomato〕を参照。

＊2　「イラーニー・カフェ」とは、植民地期にイランからインドへ新たに移り住んだゾロアスター教徒やムスリムなどの「イラーニー」と呼ばれた人々が発展させたものである〔Conlon 1998: 99-101〕。

＊3　ここでは紙面の関係から、宗教儀礼や祝い事のときの料理については扱わないが、これらの料理やその変化もパールシー・アイデンティティのあり方を反映している。詳細については〔Raghavan, Asia, and Singh 2015: 72-3〕などを参照。

＊4　同書は、一八五八年に『パールシー　その歴史、風俗、慣習、宗教』というタイトルで出版されたカラーカー自身の著書を改訂したものである。

＊5　パールシーのなかには酒造業に携わる者も多かったのだが、のちに独立運動の過程で、M・K・ガーンディー（「マハートマー」・ガーンディー）やインド国民会議派のもとで禁酒運動が展開されるようになると、その影響が彼らの生活にも及ぶことになる。

＊6　「パラーヴ」（プラーオ）は炊き込みご飯を、「カディー」はバターミルクからつくられたスープ状の料理を指す。

＊7　ただし実際にはパールシーの料理書においても、肉料理では主に羊や鶏を用いたもの（牛、豚ではなく）が記されている。その背景には、ヒンドゥー、ムスリムの食の禁忌に対する意識や、食材の入手しやすさなどがあると思われる。パールシーのなかには、彼らの祖先がインドに定住する許可を得た際に、在地の王に対して牛を殺さないことを約束したとの見解を示す人々もいた〔*The Times of India*, 30 August 1902: 7; 1 September 1902: 7〕。

参考文献

井坂理穂　二〇〇六「植民地期インドにおける歴史記述――パールシーの書く「自分たち」の歴史」甚野尚志編『東大駒場連続講義　歴史をどう書くか』講談社。

Conlon, Frank 1998. "Dining Out in Bombay," in Carol A. Breckenridge, ed., *Consuming Modernity: Public Culture in a South Asian World*, Minneapolis: University of Minnesota.

Dalal, Katy 2002. "Parsi Cuisine in the Villages of Gujarat," in Pheroza J. Godrej and Firoza Punthakey Mistree, eds, *A Zoroastrian Tapestry: Art, Religion and Culture*, Ahmedabad: Mapin.

Gidumal, Dayaram 1888. *The Life and Life-work of Behramji M. Malabari*, Bombay: Education Society's Press.

Godrej, Pheroza J. and Firoza Punthakey Mistree 2002. "Parsis of Western India: A Panorama," in Pheroza J. Godrej and Firoza Punthakey Mistree, eds, *A Zoroastrian Tapestry: Art, Religion and Culture*, Ahmedabad: Mapin.

Hira, Barjorji Nasharvanji 1878. *Pakvan Pothi*, Mumbai: Daftar Ashkara Chapakhana.

Holkar, Shalini Devi and Sharada Dwivedi 2002. "Jamva Chalo: The Eating Habits of the Parsis," in Pheroza J. Godrej and Firoza Punthakey Mistree, eds, *A Zoroastrian Tapestry: Art, Religion and Culture*, Ahmedabad: Mapin.

Karaka, Dosabhai Framji 1884. *History of the Parsis Including Their Manners, Customs, Religion, and Present Position*, Vol. I, London: Macmillan.

King, Niloufer Ichaporia 2007. *My Bombay Kitchen: Traditional and Modern Parsi Home Cooking*, Berkeley and Los Angeles: University of California Press.

Manekshaw, Bhicoo J. 1996. *Parsi Food and Customs: The Essential Parsi Cookbook*, New Delhi: Penguin Books.

Raghavan, Anirudh, Syeda Asia, and Vanshika Singh 2015. "Circuits of Authenticity: Parsi Food, Identity, and Globalisation in 21st Century Mumbai," *Economic and Political Weekly,* 50-31.

SodaBottleOpenerWala: Bombay Irani Cafe & Bar（http://www.olivebarandkitchen.com 二〇一八年三月三日閲覧）

The Times of India 30 August 1902; 1 September 1902.

Vahadiya, Meharbai Jamshedji Nasharvanji 1926. *Vividh Vani,* 2 vols, 4th edn, Mumbai: Jame Jamshed.

Zomato（https://www.zomato.com 二〇一八年三月三日閲覧）

II

食をめぐる語り

第五章

一口ごとに、故郷(ホーム)に帰る

イギリスの南アジア系移民マイノリティの紡ぐ食の記憶と帰属の物語

浜井祐三子

一　食と移住と記憶

二〇一四年に日本でも公開されたハリウッド映画『マダム・マロリーと魔法のスパイス（原題 *The Hundred-Foot Journey*）』は南フランスの山間の町で、インドから来た一家がインド料理店を開き、そこで老舗のフランス料理店を経営する女性との間に起きる交流を描いている。そこに「一口ごとに、故郷に帰る（"Every bite takes you home."）」という印象的な台詞が登場する。

この言葉がまず示すのは、食は記憶と強く結びついているということであろう。実際この映画には「食は記憶だ（"Food is memories."）」という台詞も登場する。紅茶に浸したマドレーヌの味と香りによって幼少期の記憶が一気に蘇るというマルセル・プルーストの小説の有名なエピソードを引きあいに出すまでもなく、食と結びつく味覚や臭覚といった感覚の働きと、記憶との間には深い結びつきがあることを私たちは経験的に知っている。

もう一つ、この台詞がこの映画に登場することの意味あいは、この一家が遠く故郷を離れ、「移住者」として全く異質な環境の中で暮らしていることと無関係ではない。まさに、一口、故郷の味を口にするごとに、心に翼が生えて故郷へと戻る、というイメージなのであろう。だがしかし、食と記憶、そして故郷（ホーム）と帰属の結びつきは、果たしてそこまで単純なものなのであろうか。

本章は、パールヴァティー・ラーマン*1の回顧録（メモワール）「そこにある私、私のなかのその場所——ある移住者の食、ホームと帰属の物語」〔Raman 2011〕を題材に、イギリスへ第二次世界大戦後、移住したインド系家族の移住の物語と食にまつわる記憶のあり方、そこに表される帰属をめぐる葛藤について考察するものである。

近年、移民研究の分野では食をテーマとした研究が盛んになっている。それは、移住において、食がしばしば移住の動機や経済的機会と関わるだけでなく、移住後も、出身社会（ホームランド）および移住先社会（新たなホームランド）への態度、移住者間に生じる関係（食文化を通じた交流や対立）など、移住によって生じるアイデンティティの複雑な様相に関わるからだと考えられる。

ラーマンの回顧録においては、移住者（この場合、移民一・五世とも言うべき世代）として南インドからロンドンへと移住した女性とその家族（父と母）の移住の物語と食の記憶を通じて、移住者の複雑なアイデンティティの様相が語られる。また、一九五〇年代のロンドンという、未だインド亜大陸からの移民が少数であった社会における、移住と食の歴史の一端がここに示されている。

二　イギリスへの移民と食文化に関する先行研究

1　移民体験と食

近年、イギリスの移民研究、特に移民史の分野において、食への注目が見られる。[*2] ここでは、代表的な研究をいくつか挙げることで、食と移民（移住）への着目がなぜ重要であるのかをまず考えてみたい。

イギリスへの移民体験と食について総合的に扱った本としては、アン・J・カーシェンの編著による論文集『移民体験における食』〔Kershen 2002〕がまず挙げられる。カーシェンは序論で、食と移民体験の結びつきをいくつかの可能性において示す。まず、食は移住の動機（アイルランドのジャガイモ飢饉に典型的に見られるような飢餓からの逃避、また近年の中国系や南アジア系に見られるようにレストラン・ビジネスでの経済的機会など）となることがある。しかしそれは食と移住の結びつきの一端にすぎない。「食は人なり（We are what we eat.）」の諺どおり、まさに食が「移住者が何者であるか」を決める（語る、知る）上で、文化、宗教、健康などとの結びつきにおいて重要な要素となりうることをカーシェンは指摘する。ここで特に示唆深いことは、カーシェンが「食は人々を階級、人種、エスニシティによって分け隔てるのに用いられることもある。また逆に、食が文化的ないしは民族的差異を消去することもある」〔Kershen 2002: 2〕と述べていることであろう。具体的には、ときに食は他者を攻撃し、排除する「政治的な武器」ともなりうるし〔例えば「異質な」料理の匂いが移民を攻撃する理由になるなど〕、またときに同じ食を口にすることで、文化的・民族的差異を軽減または消去する場合もあるという。

同書の執筆者の一人であり、後にイギリスへの移民と食文化の変容に関して研究書を複数上梓しているのがパニコス・パナイーである。まず、論文集に寄せた論考においては、東ミッドランズ地方の都市レスターへのアジア系移民の流入とそれによるエスニックな食ビジネスが成立する過程が丹念に検証されている〔Panayi 2002〕。また、『イギリスをスパイス・アップ』〔Panayi 2008〕におけるパナイーの関心は、旧植民地からの移民が本格化した二〇世紀後半に限定されず、長い歴史を通じて移民の存在がイギリスの食文化に大きな影響を与えてきたこと、そしてそこに双方向的な文化変容とも言える現象が生じていることにある。つまり、移民の持ち込む食はイギリスの食習慣に影響を与えるが、同時に、移民の食文化の側においても「適応」とも言える現象が引き起こされるのである。

> ほぼ全ての移民が自分の故郷の食品を食べたいと願い、ゆえにそれらを供給してくれる店をつくる。移民過程の初期においてはこのような食品は手に入りにくいが、定住した者、特にその子孫は新しい環境に慣れるにつれ、隣人の食べるものに次第に適応し、しばしばその場所で調理可能な料理を自ら工夫して編み出すのだ。
> 〔Panayi 2008: 9〕

南アジア系移民の流入は、戦後の旧植民地からの移民[*3]としては、一九五〇年代後半〜六〇年代初頭に流入したアフロ・カリブ系移民[*4]より少し遅れて、一九六〇年代〜七〇年代初期にまさに一つのピークを迎えた。インド系など南アジア系移民の数が増えるにつれて、その主たる流入先となった都市（ロンドン、バーミンガム、レスターなど）には「インドの食料品店」が少しずつ増加していくことになるが、初期の移民は故郷での食を再現するための材料を入手するにも困難を抱えていたようだ〔Panayi 2008: 142-3〕。

確かに、この後分析するラーマンの回顧録が示すのは、未だ南アジア料理の食材がロンドンでさえ希少であった一九五〇年代において、移民たちが「故郷の食」を異国の地で再現するために苦心する様子である。

2 食とビジネス

カーシェンの指摘にもあったとおり、食はビジネスというかたちで移民に貴重な経済的機会を提供する。イギリスの場合、パナイーの著作〔Panayi 2008〕においても指摘されているように、一九四五年より前においても、ユダヤ系、ドイツ系、イタリア系、中国系などの移民たちはそれぞれの食習慣を移住先のイギリスに持ち込み、そのことは社会に確実にインパクトを与えてきた。前節でも述べたように、自らの故郷での食習慣を再現するために食料品店を経営する他、当時の主にヨーロッパ系の移民たちはレストランからフィッシュ・アンド・チップス店[*5]まで、イギリスの食産業に労働力や経営者として関わることで、イギリスの食文化、特に外食文化を支える中心的な役割を担ってきたと言っても過言ではない。また、まだ少数ではあったが、同胞相手だけではなく、「土着の（ネイティブ）」イギリス人を相手に故郷（ホームランド）の食、イギリス人にとっては「エキゾチックな食」を提供するレストランも早くから存在した〔Panayi 2008: 65-7〕。最初の「インド料理レストラン」がロンドンに誕生したのは一九世紀の初めであり、その後も二〇世紀の前半には、短命に終わったものが大半であるが、ロンドン、マンチェスター、オックスフォード、ケンブリッジなどに「カレーハウス」が存在したとされる〔Panayi 2008: 92-3〕。

ただし、「エキゾチックな食」を提供するビジネスが勢いを得はじめるのは第二次世界大戦の後、二〇世紀も後半のことであり、それには中国系と南アジア系という移民集団が大きな役割を果たしている。この二つの集団は、戦後のイギリスの食習慣の大きな変化に乗じて「エキゾチックな食」を提供するビジネスに参入し、成功を収めた〔Panayi 2008: 142-5〕。現在、イギリスで、ある程度の規模の町には中国料理と「インド料理」を供するテイクアウェイ店やレストランが存在するのはごく普通の光景である。ロンドンのような都市部においてはアジアや中東などの「インターナショナル」なレストランが人気店のランキングに名を連ねる。この変化の背景には、故郷の味を、しばしばイギリス人の口にも合うかたちで提供した移民たちが疑いなく存在する。

前述のパナイーによるレスターの検証はこの典型的な例といえる。レスターにおいて、南アジア系の食に関わるビジネスが爆発的に拡大するのは一九七〇年代であり、これはこの都市へ東アフリカを経由して南アジア系移民が流入し、市場が拡大したことと直接的に関係している〔Panayi 2002〕。移住者たちが求めた南アジア系の食文化には当然、出身地域[*6]、宗教等によって多様性が存在したものの、同時に使用する材料などにおいて共通点も多く、それが一定規模の市場の形成につながった〔Panayi 2008: 142-5〕。南アジア料理をつくるのに欠かせないスパイスやバースマティー米などを販売する食品会社はその後次第に一般のスーパーマーケットへも市場を拡大し、簡略にカレーをつくるためのペーストやソース、オーブンや電子レンジで簡単に調理できるレディ・ミールの発展も、「インド料理」がイギリスの一般の食卓へと広がる契機となった。

「エキゾチック」で「エスニック」な食が商品化され、それを供する場において、主流社会との交流が（少なくとも表面的には）成立することも、移民と食の関係を考える上では興味深い現象である。ただし、「エキゾチックな食」がホスト社会と移民／エスニック・マイノリティ集団との真の意味での架橋となるかは、より慎重に検討しなくてはいけない問題であろう〔Buettner 2008〕。

本章の後半で分析するラーマンの回顧録においては、初期の南アジアからの移民たちの間に、食を通じて、出身地域の違いを乗り越えた汎南アジア的なアイデンティティが形成されたことが指

現在ではスーパーマーケットの棚にはソースやバースマティ米など南アジア料理の材料が並ぶ。（ロンドン中心部にて）

摘される。また、通常、イギリスにおける南アジア料理の歴史においては言及されることが少ない、南インドの料理を供するレストランが一九五〇年代のロンドンにおいて存在したこと、またその場所がある種の政治的重要性をもち、左派リベラルの交流の場であったことが述べられている。

3　南アジアの食とアイデンティティ

食が移民体験において重要性をもつことは、他の移民集団にも共通して言えることかもしれないが、こと南アジア系に注目した場合、そのエスニックなアイデンティティと食の関わりについて書かれた著作が近年、特に目を惹く。以下に南アジア系ジャーナリストによる著作二冊を紹介したい。

ズィアウッディン・サルダールはその著作『バルティ・ブリテン』の冒頭において、バーミンガム生まれの南アジア料理、「バルティ」の誕生にまつわる謎を解き明かす。もともとはウルドゥー語でバケツを意味する「バールティー」がイギリスに移住した南アジア人（パキスタン系）によって「南アジア料理」を供する器を指す言葉として使われるようになった過程を、サルダールは異国の地で、「アジア系イギリス人」としてのアイデンティティが構築され、また常に再構築されつづける過程と重ねて論じている。この奇妙なエピソードを通じて示唆されるのは、イギリスで食される「南アジア料理」ないしはしばしば単純に「インド料理」とされるものにおける構築性であり、そこに潜む（ポスト）コロニアルなまなざしと、それに抗する南アジア系移民マイノリティの姿である〔Sardar 2008: 11-37〕。

サルダールは労働党のロビン・クック元外相が「多文化社会イギリス礼賛」のスピーチでイギリ

ス生まれのインド料理チキン・ティッカ・マサーラーを「イギリスが外からの影響を吸収し取り入れた好例」として取り上げたことを「なんたる戯言（ナンセンス）」と断じ、こう述べる。

> イギリスがチキン・ティッカ・マサーラーに適応したのではなく、無数のインド料理店がその文化的な持ち駒（レパートリー）に創意工夫を加えることでイギリスの暮らしに隙間（ニッチ）を作り出したのだ。このイギリス生まれの料理は、インド料理店が二四時間店を開け、パブ帰りの酔っ払いどもに、提供するサービスに文句をつけられながらも、ごく普通の労働者のお財布で手が届く値段で料理を提供したことによって人気を得たのである。〔Sardar 2008: 21〕

パキスタン系であり、また東アフリカを経由してイギリスに移住を果たしたいわゆる「東アフリカ系アジア人」であるヤズミン・アリバイ＝ブラウンの『定住者のレシピ――愛、移住と食の物語』は彼女の家族の移住の物語であると同時に、二重移住者である彼女や彼女の家族の複雑なアイデンティティに深く関わる著作となっている。同じ南アジア系であっても、アフリカを経由した彼らには異なる食の記憶が存在し、またそれを語ることが彼らの複雑なアイデンティティを表現する手段となる。

例えば、アリバイ＝ブラウンはこの本で、母親の思い出を以下のように記述する。一九七八年にロンドン市内でバスに乗った母は「『カレー鍋』みたいに臭い」と言われてバスから降りるように車掌に命じられた（そして著者曰く、料理をしたときの服でそのまま外出した母は「本当に臭かったのだ」）。母は車掌に言い返す。「お構いなく、車掌さん。いつか家に来て、私のカレーを食べてくださいな。あなた方、カレーお好きでしょ？」そして家に帰ってこの出来事を家族に語って聞かせるとき、腹立たしげにこう付け加えるのだ。

「でも私たちの食事はベンガル人とかグジャラート人、イングランド人のとは違うのよ。とてもいい匂いがするんだもの。あの人たち、私たちがアフリカ出身のアジア人だってわかってないのよ」

〔Alibhai-Brown 2009: 10-1〕

先祖の地インド、脱植民地化の後に生じた「アフリカ化」によって追われた東アフリカ、新たに落ち着いた（ただしそこでも排除の対象となった）イギリスという三つの土地、全てに関わりをもち、同時にどこにも帰属できないという感覚は彼らに空虚感をもたらしたとアリバイ＝ブラウンは指摘する。この後詳しく見るラーマンの回顧録にも、移民の帰属の問題が食というプリズムを通してまた異なるかたちで表現されている。

4　オーラル・ヒストリーにおける南アジア系の食の語り

前述のアリバイ＝ブラウンの著書が彼女自身の家族の移住を回顧する自伝ないしはライフ・ヒス

トリー的特徴をもっており、そこで食が中心的なテーマとして取り上げられている（この本はレシピ本でもある）ことは偶然ではないだろう。語りとしての食の記憶は、移住者がたどってきた道のりを彩るエピソードとして存在するだけではなく、食について語ることそのものが、アイデンティティについて語ることに直結しているケースも少なくない。

オーラル・ヒストリーの分野においても、食は生活に直結する文化的な要素としてよく取り上げられる。特に、エスニック・マイノリティに対する聞き取りにおいては、多くの場合食に関する質問が含まれる。

移民の食をめぐる語りがオーラル・ヒストリーの分野で重要視されていることを示す一例として、大英図書館の音声アーカイブ・コレクションにおいて、食に関する（主としてオーラル・ヒストリーで構成される）録音が一九八一件にも上ることを挙げておく[*7]（British Library 2017）。中でも「アジアの食」「カリブの食」など移住者の食に関する語りは大きな割合を占めている。

オーラル・ヒストリーを用いて、移民の食の語りとアイデンティティに関わる分析を行った例としては、ジョアンナ・ハーバートの「移民、記憶、メタファー——レスターにおける南アジア系のライフ・ヒストリー」を挙げることができる。ハーバートはレスター在住の南アジア系移民へのインタビュー（既存のものと、彼女が独自に行ったものと双方）を用いて、特にその食への言及に注目する。彼女の分析によれば、移住者による食への言及はしばしばその人物の故郷（ホーム）でのノスタルジックな記憶やアイデンティティ（社会階層、性差、マジョリティとの関係）といった要素と結びつく（Herbert 2006: 133-48）。

隠喩（メタファー）として、食は多面的に利用される。インタビューに答える人のアイデンティティの諸側面、特に性差や階級に関わることを伝えたり、その人たちの感情や思いを伝えたりする。ゆえに、食というトピックは、インタビューに答える人に、明確に述べることが難しいかもしれない複雑な問題や経験を表現する機会を与える手頃な手段なのだ。

〔Herbert 2006: 146-7〕

この記述は、この後紹介するラーマンの回顧録の内容とも、まさに呼応すると思われる。

三 「そこにある私、私のなかのその場所——ある移住者の食、ホームと帰属の物語」

1 著者ラーマンについて

回顧録の内容に入る前に、著者のパールヴァティー・ラーマンについて簡単に触れておく。ラーマンはロンドン大学の東洋アフリカ研究学院（SOAS）で研究・教育に従事する人類学者、歴史学者である。彼女自身が、移民によって生じるディアスポラ、特に南アジア系ディアスポラの政治性と文化との結びつきに関心を寄せる研究者であり、そこには移民の食文化やスポーツといったテーマが含まれていることから、この回顧録を単純な「移民の回顧録」として扱うことは難しいかもしれない。ただし、ラーマン自身はこの文章を学術論文としては書いておらず、あくまでも彼女とその家族の南アジアからイギリスへの移住体験、新たな居住地であるイギリスで彼らが体験した食とアイデンティティの語りとして位置づけているようだ。

ラーマンは回顧録にあるとおり、南インドに生まれ、幼くしてその両親とともに（父は一足早くイギリスに移住を果たしていたが）一九五六年にイギリスに移住した。よって、イギリス社会において、移民一・五世代（幼少時に移民し、イギリスで教育を受けた世代）のインド系マイノリティにあたる。

2 移住の記憶

回顧録は、ラーマンが現在ではすっかり南アジア系の飲食店、食品店、衣料店が建ち並ぶようになったロンドンの街角で、タマリンドを買い求めるところから始まる。この、南アジア系の食がイギリスの日常の一角を占めるようになった現在が、「タマリンドなんてロンドンでは見つからなかった」過去を想起させる〔Raman 2011: 165（以下、この回顧録に関してはページ数のみを示す）〕。

ラーマンの両親は、どちらも南インドの社会では居心地の悪さを感じていた「問題児」であった。タミル・ナードゥに生まれた父は、第二次世界大戦の末期にイギリス軍に従軍した経験をもち、そこでイギリス帝国の各地から参集した兵士たちと出会うことで、自らの「インド性」と向きあい、インドの伝統的社会に馴染みきれない自己を発見する。他方、母は独立後のインドがその文化の宣伝のために世界に派遣したインドの古典舞踊の踊り手であり、その経験を通じ、やはり父と同様、当時の伝統的インド社会に落ち着けない人間になったと述べられている〔166〕。

そんな二人の間に生まれた「私」の初期の記憶は、イギリス移住前の幼少時、両親に代わり育てられたマドラスの母方の祖母の家で、「ヨーグルトとサンバルを混ぜて丸めた小さな米のお握り（ライス・ボール）」を一つでも多く食べなさいと促されていたことから始まる。その甘やかな慈愛と食の記憶は、緑と青のモザイク模様のベランダ、暑さの中で踏みしめたタイルのつま先に感じる冷たさ、睡蓮の池のそばで立っていたクリシュナ像、ジャスミンの花の香りなど五感を通した記憶としてまず語られる〔166-7〕。

戦後、カレッジで出会い、恋愛結婚をした（つまり、双方の実家からみれば反逆児であった）両親は当初から海の向こうの「ここではないどこか」への憧れを抱いていた。父は一九五三年に一足早くイングランドに旅立つ。オックスフォード大学のニューカレッジで英文学を学ぶために入国した父は早々にイギリスの学生生活に順応し、以前にも増してインドでの暮らしを拒絶するようになるが、それでも父が捨てられなかったのがインドの食への執着であった〔167-8〕。

父は南インドの食への渇望を失うことはなく、それは彼がかくも懸命に捨て去ろうとした故郷への本能的なつながりでありつづけた。トウガラシと香辛料は簡単に抜けられない中毒を引き起こす。一旦味覚を支配されたら、一生つきまとうのだ。〔168〕

伝統舞踊の海外巡業の合間にマドラスに戻るたびに居心地の悪さを感じていた母も、父の呼び寄せに応じ、娘を連れてイギリスに移住することを躊躇(ためら)わなかった。一九五六年四月、四歳でイギリスに降り立ったラーマンはその「白黒の染みのつながり、寒くて、湿って、奇妙な匂いで溢れている」街角に立ち、これまで育ったマドラスとのあまりの違いにショックを受ける。母は、イギリスの紅茶を「故郷で飲む濃くて甘くてミルクのたっぷり入った飲み物とは全く別物」であると感じる〔169〕。

2　故郷の食を求めて

南ロンドン郊外、パットニーにある小さなフラットに落ち着いた家族三人は新たな暮らしを始める。しかし、これまで料理はおろか家事の経験は一切なく、台所に入ったことさえほぼなかった母にとって、故郷の料理をつくることはそれ自体が「探求(クエスト)」であった。また、当時のロンドンでは、インド料理の材料を手に入れるためにも「探求」が必要であった〔170〕。

明らかに、母は料理を学ばねばならず、しかも見知らぬ異国で学ばねばならなかった。母はインドの料理本を一冊も持っていなかったし、〔イギリスでは〕配給がやっと最近になって終わったばかりで、この後、戦後のロンドンにおいて、移民としてこれからやってくるインド人たち数世代の胃袋を満たし、「現地の」人々を魅惑することになるインド料理店の動脈はまだ流れはじめたばかりであった。〔170〕

インド料理店や食品店などがまだ萌芽的な段階にあったことはパナイーなどの記述とも一致する。ここでラーマンは「カレーハウス」と呼ばれる飲食店が当時のイングランド全体でも三〇〇店程度であったと述べている。インド料理の材料を扱う店はそれ以上に少なく、故郷から材料を運んでくる小包を心待ちにする日が続いた〔170〕。

イギリス食は母から見ると「味がなく、調理しすぎで、水っぽい、変な臭いの、見慣れない、そして不健康」な食べ物であった。「私」は給食を通じて「肉料理と二種の野菜の付けあわせ」のような典型的なイギリス食を知り、そして嫌うようになるが、同時に、コーンフレーク、ベイクド・ビーンズ、チーズ、マッシュド・ポテトのようないくつかの食べ物に愛着を覚える〔171〕。

しかし、あくまでも家庭で食する食べ物の中心は母のつくる「南インドの食」であった。

私たちの基本食は南インドの食べ物であり、ありふれた言い方になってしまうが、それは私たち自身にとっても他の人たちにとっても、私たちがインド人であることの具現化であった。サンバル、ラッサム、ドーサー、イドリ、母の特別なポテト・カレー、プーリー、オクラのチャトゥニー、ダヒー・ワラー、そして何より、それらがなくてはどんな食事も完成されない、ライス、ヨーグルトとピクルス。これらの食べ物で私たちは支えられていた。手で食べることも非常に重要であった。より味わい深くなり、健康な食事をしたという満足感を高めてくれた。〔172〕

「南インドの食」をつくるためには、当時のロンドンでは、彼らの住む南ロンドンから、ロンドン中心部の北、ユーストン駅裏のドラモンド通り（現在でもインド料理店と食料品店が並ぶ）へと「遠征」し、パキスタン人の若者の経営する店などでスパイスを買い込む必要があった。また、母の料理の「探求」は、商店主や南アジア料理の料理人とのネットワークを広げた。何より、料理は地域の違いを超えて、汎南アジア的なアイデンティティを形成する契機となった〔171-3〕。

> 私たちの料理の実験は他の地域出身のインド人たちとの友人関係を通して広がっていった。それは……コスモポリタン的友好の輪に汎インド性を形成した。彼らは私たちのドーサーを欲し、私たちは彼らのコーフターを欲した。料理を、そして共に食事することを通じて、私たちはディアスポラの中に新たな「情動的空間」を作り出したのだ。地域による境界線はインド人であること（インディアン・ネーションフッド）へと溶解したが、それは私たちにとって本質的に近代的（モダン）な体験であり、私たちがあんなに捨てたがっていた偏狭な地方根性と鮮やかな対極をなしていたのである。〔173〕

ここでラーマンは、汎インド的なアイデンティティの形成とともに、ホ

現在のドラモンド通りにも南アジアの食料品を扱う店が並ぶ。（ロンドン中心部にて）

スト社会との関係において、この後訪れる「スウィングする六〇年代」のロンドン、特に中流階級文化人のサークルにあって、彼らの「インド性」がどのように受け止められたかを述べている。自宅でのパーティーで母の振る舞う「インド料理」を通じて、客たちは「本物の」インドなるものを体験する。だがもちろん、この「本物の」は括弧付きである。それは、彼女たちが「エキゾチックな他者」であることによって、六〇年代ロンドンの一部になる術を身につけたことを意味する。そしてラーマンは、この自宅で開かれたパーティーを、やがて訪れる七〇年代との対比においてノスタルジックに語る。七〇年代には彼女らの存在はもはや「エキゾチック」ではなく、「パキ」[*8]のつくる「きつい食べ物の匂い」が人を隔てるようになっていくのである〔173-4〕。

3　インドへの帰還、そして再びロンドン

戦後ロンドンの「インド料理店」ビジネスについて語られるとき、それは主に「北インド料理」（パキスタン系、バングラデシュ系によって多くが担われたが）を指す。ここでラーマンが一九五〇年代というきわめて早い時期にロンドンで南インド料理が供され、またその場所が政治的な意味をもつ空間として機能していたことを指摘していることは興味深い。ロンドン中心部のストランドにあるインド高等弁務官事務所（インディア・ハウス）の近隣に位置する「インディア・クラブ」がその舞台であった。独立後の初代高等弁務官を務めたV・K・クリシュナ・メノンによって、若きインド人ジャーナリストたちが集い、南インドの料理を味わえる場所として作られたその場所には、左派の政治家たち

も集い、南インド料理を味わいながら「帝国の終焉を熱心に議論する社会主義者の温床」となったという〔174-5〕。

この後の展開は、より個人的な家族の物語となる。一九五八年、アルコール中毒となり、家庭を顧みなくなった父を一人ロンドンに残し、ラーマンと母はインドに帰国することになる。この家族の危機とそれに伴う「ホームランド」への帰還も、いくつかの食にまつわる思い出とともに語られる。ここで興味深いエピソードの一つに、ラーマンがインドでイギリスの食（コーンフレーク、ベークド・ビーンズ）を恋しく感じるというものがある。彼女は母とともに、母の実家に（「それみたことか」という態度とともにではあるが）受け入れられるものの、インドでの暮らしに異質さを感じつづける。だが、それは単純なイギリスへの「郷愁」にはつながらず、結局「故郷（ホーム）と呼ぼうとする場所のどこにも帰属できないという強い感覚」をもたらす〔176-7〕。

> 私は自分がインド人、イングランド人、タミル人のどれかであるという感覚はほとんど持ちあわせていなかった。どれも私にとって異質なのだ。そしてより重要なことは、私自身が他の誰にとっても異質な存在であるということだった。〔177〕

インディア・クラブの現在のダイニング・ルームの様子。経営も代わり当時の面影はほぼないが、壁にはガーンディーと並んで、クリシュナ・メノンの写真が飾られている。（ロンドン中心部にて）

家族の崩壊の物語は結局、父母の離婚へと行き着く。ラーマンは母とロンドンへと戻り、再婚した母、新しい父とともに新たな生活を始める。実は先に出てきた六〇年代以降に関する記述は、この新しい生活によってもたらされた時代のものである。社会の変化や当時の政治的状況なども織り込まれる中で、ラーマンの「政治への目覚め」が語られるのもここにおいてである。その目覚めは、一九六八年というイギリスの移民政策史においても意味のある年に訪れた。その年、東アフリカからのアジア系イギリス市民を入国管理によって実質的に締め出す英連邦移民法が成立し、[*9]保守党の国会議員であったイーノック・パウエルが多民族社会イギリスの暗澹たる未来を預言した「血の川演説」を行ったのだ。[*10]そのような一連の出来事は世の不平等について彼女を目覚めさせ、インド人としての「新たな自覚と熱意」を促す〔178-9〕。

私の再発見された「インド性」は政治的な行為であり……移民法に対して、価値なしと判断されたイギリスのパスポートを持って空港に到着する東アフリカの人々を見たことに対しての反応であった。それはトラファルガー広場のライオン像に掲げられた、イギリスは「白人の国」だという横断幕への反抗でもあった。それがどこだか知らないが「元の国に帰れ」と言われて、それを拒絶する気持ちであった。〔179〕

ここでも食は重要な役割を果たす。一九六八年に実父が亡くなり、そのことをきっかけに母と距離を置くようになったラーマンが、最終的に母と再び接近するのは料理を通してであった。彼女にとって母の料理は「場所に固定されない、感覚の上での帰属の空間」としての我が家(ホーム)/故郷を感じさせるものとなる。その料理がやがて、ラーマンとその新しい家族(夫、娘たち)と母をつなぐ絆になる。また、自分自身も母の教えによってではなく、独学で料理を覚えることで、自らの「インド性」を再認識する。料理を通して、「イギリス人であること」から自ら距離を置き、再発見された「インド性」において、彼女は母と同様、台所で料理をすることに安心感と喜びを見出すようになる(179-80)。

四 回顧録が示唆するもの

1 食と帰属

先に述べたとおり、この文章はあくまでも回顧録として書かれており、ラーマンは自身の「食、ホームと帰属の物語」を分析してはいない。しかし、南アジア系移住者のディアスポラに関心を寄せる研究者である彼女が自身の回顧録のもつ意味あいを意識していることは、そのそこかしこに、食の記憶と「帰属」との関係性を示唆する文章が散りばめられていることによく現れている。

まず、彼女にとって、マドラスからロンドンへ、短いマドラスへの帰還を経て、再びロンドンへという移住の過程において、その場所それぞれでの食の記憶こそが、彼女の帰属の空間のありか（と、その変遷）を示す。幼少時のマドラスでの祖母に養われる甘やかな記憶は、五感を通した鮮やかな、かつノスタルジックな記憶である。五〇年代のロンドンで、それは一旦、鮮やかな色や、かぐわしい匂いを失い、陰鬱たる情景にも見えるが、ロンドンで母が「探求」を通して故郷の料理を再現する過程は、実父との家族としてのかけがえのない思い出でもある。帰還したマドラスでのイギリス食への奇妙な「郷愁」はどこか笑いを誘うが、インド（ホームランド）への慕わしさと、イギリス（新たなホームランド）への愛着との間に引き裂かれるラーマンの姿を示す。そして、イギリスへ戻った彼女を迎えたのは、新しい家族と「スウィングする六〇年代」のロンドンであった。そこでティーンエイジャーとなったラーマンは六八年というイギリス移民政策の転換点を目撃し、排除される南アジア系の移民、社会の不寛容な空気を経験することで、自らの「再発見したインド性」に向きあう。そして最後に、それまで「どこにも帰属できない」と感じていた彼女が母の料理に新たな我が家（ホーム）／故郷を見出し、それが現在の帰属の場所を決定する。

私は数々の場所を渡り歩くことを楽しんだが、どこにも落ち着きはしなかった。しかし突然、それでは満足できなくなったのだ。私はインド人である必要があり、自分が好まない「イギリス人であること」から距離を置く必要があった。食はその手助けをしてくれた。私が新たに手に入れたインド系としてのアイデンティティは痛みを伴って手に入れたものであり、インド料理をつくれるようになることは、私の考える、あるべき自分の姿の重要な部分をかたちにしてくれる。……それ〔料理〕はどこかに私のルーツがあること、そして私が何に忠誠を誓い、何に愛着をもつのかについて単純に決めつけられることへの反抗の思いを表現するのだ。〔179〕

移民一・五世であるラーマンにとって、マドラスとロンドンのどちらも、完全に故郷(ホーム)とはなり得ないながらも、彼女のアイデンティティを形作る重要な記憶のピースを提供する場所である。最終的に彼女が帰属の感覚を見出す母の料理にしても、「伝統的」なインド料理でありながら、祖母から母へと受け継がれたものではなく、母の「探求」によってイギリスで、というより、当時のコスモポリタンなロンドンで創り出されたものであるのも興味深い。ラーマン自身も、母の料理こそ我が家(ホーム)／故郷への帰属感を感じられるものだとしながらも、母に料理を習うわけではなく、独学で料理を習得する。そこから新たな家族の（つまり究極の帰属の）場を自らの手で作り出していくのである。

2　家族の物語

この回顧録が「家族の物語」であることにも注目したい。実父はオックスフォード大学で優秀な成績を収め、BBCにジャーナリストとして職を得るものの、その後職を転々とし、アルコールに溺れ、挙句に妻に去られる（この父はどこか、ハニフ・クレイシの『マイ・ビューティフル・ランドレット』に出てくるパキスタン系の主人公の父を思い出させる）。父が故郷を拒絶しながらも、その食には断ちがたい愛着（「本能的なつながり（a visceral tie)」と述べられるそれは、まさに、内臓（viscera）でのつながりである）をもちつづけるという記述は、帰国した母を訪ねてマドラスにやってきた父が、自由であることを希求しながらも、同様に断ちがたい愛着を母に感じていたという記述とともに読む者の心に残る。

> 何度か、父はパットニーのアパートのことを口にし、そこで母がかつてラッサムをつくろうとして失敗していたことなどをからかいの種にした。そんな、母のつくるラッサムは父の大好物であり、私にとってもそうであった。〔178〕

母も印象に残るエピソードを残す。マドラスへの帰還時、エジプトを経由しての長い船旅にもかかわらず、冷蔵庫を持参するのである。その行為は、気の進まないインドへの里帰りにおいて、母のイギリス暮らしへの未練と故郷の人々への複雑な矜持を象徴する。親族の反対を押し切って結婚し、失敗した母は、家族のもとに戻って肩身の狭い思いで暮らす羽目になるのだが、イギリスでの暮らしや自由に憧れつづけている。

> 私たちがマドラスに戻ったとき、母が料理をつくれるということ、またこれからも料理をしつづけるつもりであるということは母の家族をおおいに面白がらせた。イングランド製冷蔵庫は台所に神々しく鎮座し、私たちの料理に欠くことができない存在で、血のつながった親戚たち

よりもずっと頼りになった。〔176〕

〔イギリスを恋しがる著者を母が連れて行ったマドラスの百貨店で〕ここでは法外な値段の「外国の」電気製品も見ることができた。母によれば、そのどれも私たちのイングランド製冷蔵庫とは比べ物にならない代物であった。〔177〕

この二つのエピソードは、移民一世である両親にとっての、ホームランドであるインドと、新たなホームランドであるイギリスとの複雑な関係性を示すとともに、その子供であり、どこにも確たる帰属の感覚をもてない筆者ラーマンとの対比においても印象深いものだ。

3　二〇世紀半ばのイギリスにおける南アジア食の歴史

これまで見てきたとおり、この回顧録は筆者ラーマンとのその家族の移住者としての帰属とアイデンティティを食の記憶という媒介を通して語る内容となっている。同時に、この回顧録を、二〇世紀半ばのイギリスにおける南アジア食の歴史、ひいては南アジア系移民の歴史資料として見ることは可能であろうか。

ラーマンたち家族が一九五〇年代に経験した、南アジアの食をロンドンにおいて再現するための「探求」は、南アジア系の移民がイギリスに大量に流入するようになる一九六〇年代から七〇年代以前の、初期の移民たちの苦労を如実に物語る。パナイーはその著作において、初期の南アジア系移民たちが創意や妥協によって故郷の食習慣をイギリスでも続けようとしたことを指摘する。例えば、ムスリムの移民の中にはユダヤ人のコーシャーでハラールの代用をした者もいたし、ヒンドゥーやシクの中には菜食を犠牲にする者もいた〔Panayi 2008: 143〕。七〇年代以降は、すでに述べたとおり南アジア系の食ビジネスが発展し、このような「創意や妥協」は必要なくなったという。食文化そのものがその時々の環境に合わせて変化し、適応を遂げるものだと考えると、この初期の移民たちの「故郷」の食の再現の苦労は、現在までのイギリスにおける南アジア食の歴史を考える上で、連続性をもって、より検証の目を向けられるべきトピックスかもしれない。現在でも「インド料理」を供するレストランや南アジア系の食料品を扱う小売店が軒を連ねるドラモンド通りが、当時南アジア系の食材の数少ない供給地であったことなども、この回顧録から知ることができる。

また、筆者がおそらくジャーナリストの実父との関わりを通じて家族の物語の一部に組み込んでいるクリシュナ・メノンとインディア・クラブ、そしてインディア・クラブで南インドの食を囲みながら、左派系の政治家やジャーナリストが政治的な談義を行ったという記述も、イギリスにおける南アジア系の歴史の一端として、興味を惹かれる事実である。

五　移住者の食の記憶は何を語るのか――過去、現在そして未来

ラーマンは食の記憶の語りを意識的に、家族と自分の帰属とアイデンティティを語る方法として選び、またそれに成功しているように思われる。食を通して語られる移民一・五世としての彼女の立ち位置は、移住によって生じる複雑な帰属の位相である。また、それは、南アジアとイギリスという、支配－被支配の歴史をもつ地域の間に生じた移住の歴史のタペストリーを構成する一筋の糸でもある。

ラーマン自身は、食について語ることを以下のようにまとめている。

食は「記憶の枠組み」であり、現在の私たち自身と、移住前の生活を媒介してくれる。食は、多くの点で私たちを分け隔てるが、同時に私たちが受容され、新たな情緒的愛着や帰属するコミュニティを見出す手助けもしてくれる。ホームの食、そして「かつて」の食の記憶は私たちが過去の自身を再訪し、再評価する道筋を与えてくれるし、同時に未来の可能性について想像する場を提供してくれる。〔166〕

つまり、食の記憶に関する語りは、過去を振り返ることに留まらず、現在（の自身）と、その結果

必然的に未来（の自身の可能性）を語ることである。移住者はほぼ否応なしに、自身の過去、現在、未来とより鋭い感覚をもって向きあわねばならない存在であり、だからこそ、私たちは移住者の食の記憶の語りにこれほど惹かれるのかもしれない。

註

＊1　本章に出てくる南アジア系の人物名については、現在イギリスに居住し、活躍する人物であることなどを考慮し、英語圏で発音された場合の響きにより近い表記とした（例えば、南アジア系諸言語では長音で発音されるべきものを短音で表記した場合もある）。事物名も一部同様である。

＊2　イギリスの移民史は近年、活発な研究分野である。社会史・文化史的な研究、特に個人の記憶やアイデンティティに焦点を当て、オーラル・ヒストリー（口述記録）を史料として用いる研究も盛んである。近現代イギリスへの入移民史の概要やその研究動向については、拙訳書（パナイー 二〇一六）が参照しやすい。

＊3　イギリスは第二次世界戦後もしばらくは、かつての帝国の「臣民」であった人々にイギリスに移住する権利を保障する政策を続けた。結果、一九五〇年代から六〇年代にかけて、カリブ海諸島やインド亜大陸からの移民労働者が戦前にはない規模で流入した。一九六二年と六八年に英連邦移民法、七一年に移民法が制定され、この権利はほぼ完全に奪い取られることになったが、イギリス市民となった移住者とその子孫は現在でも人口の七％を占めるアジア系マイノリティ（インド系、パキスタン系、バングラデシュ系など南アジア系が多いが、中国系も含まれる）、同じく三％を占めるブラック系マイノリティ（カリブ系、アフリカ系など）としてイギリスに居住している（二〇一一年センサスによる）。

＊4　西インド諸島系とも言われる。ジャマイカ、トリニダードなどカリブ海の島々から移住した、主としてアフリカ系の人々を指す。

＊5　「イギリス食」の代表格として扱われることの多いフィッシュ・アンド・チップスであるが、そもそもおそらくフランス由来の揚げ芋とユダヤ人の魚を食べる習慣が組みあわさってできた産物であり、またその販売店がイタリア系、キプロス系などの移民によって担われてきたことをパナイーは本書および『フィッシュ・アンド・チップス』〔Panayi 2015〕で指摘している。

＊6　インドでは特にパンジャーブとグジャラート、パキスタンではミールプール、バングラデシュではシレットなどの地域がイギリスへの移民の送り出し元として一般的であった。

＊7　数値は二〇一七年八月にアクセスした時点のもの。

＊8　南アジア系移民全般に向けられる人種主義的な侮辱の表現。

＊9　東アフリカに居住していた南アジア系の人々は、ケニア、ウガンダなどの独立に際し、独立国の市民権よりもイギリスの市民権を維持することを選び、イギリス政府発行のパスポートを有していたため、一九六二年英連邦移民法の制限を受けず自由な入国の権利を一九六八年まで持っていた。しかし、移民の増加に反発する世論に抗しきれず、当時の労働党政府が制定した六八年英連邦移民法によって連合王国のパスポートを持っていても自由に入国できなくなる事態が生じた。

＊10　パウエルは別の演説でも、移民の子孫は「イングランドに生まれることで、イングランド人には決してならない」と述べ、統合されえない移民は「元の国」に送還されるべきであると主張し、移民流入に不満をもつ人々から熱狂的な支持を集めた。

参考文献

パニコス・パナイー（浜井祐三子・溝上宏美訳）二〇一六『近現代イギリス移民の歴史――寛容と排除に揺れた二〇〇年の歩み』人文書院（Panikos Panayi, 2010. *An Immigration History of Britain: Multicultural*

Racism since 1800, Harlow: Pearson.
Alibhai-Brown, Yasmin 2009. *The Settler's Cookbook: Memoirs of Love, Migration and Food*, London: Portobello.
British Library 2017. *Oral History: Food.* (http://sounds.bl.uk/Oral-history/food 二〇一七年八月閲覧)
Buettner, Elizabeth 2008. "'Going for an Indian': South Asian Restaurants and the Limits of Multiculturalism in Britain," *The Journal of Modern History*, 80.
Herbert, Joanna 2006. "Migration, Memory and Metaphor: Life Stories of South Asians in Leicester," in Kathy Burrell and Panikos Panayi, eds., *Histories and Memories: Migrants and Their History in Britain*, London: Tauris.
Kershen, Anne J. 2002. "Introduction: Food in the Migrant Experience," in Anne J. Kershen, ed., *Food in the Migrant Experience*, Aldershot: Ashgate.
Panayi, Panikos. 2002. "The Spicing Up of English Provincial Life: The History of Curry in Leicester", in Anne J. Kershen, ed., *Food in the Migrant Experience*, Aldershot: Ashgate.
—— 2008. *Spicing Up Britain: The Multicultural History of British Food*, London: Reaktion Books.
—— 2015. *Fish and Chips: A History*, London: Reaktion Books.
Raman, Parvathi 2011. "Me in Place, and the Place in Me: A Migrant's Tale of Food, Home and Belonging," *Food, Culture and Society*, 14-2.
Sardar, Ziauddin 2008. *Balti Britain: A Provocative Journey Through Asian Britain*, London: Granta.

第六章

買う・つくる・味わう
現代作家が描く食と女性

小松　久恵

一　食と女性

日常生活において、女性と食との関わり方は多岐にわたる。食べるという行為そのものはもちろん、畑や市場に出かけ、食材をそろえ、献立を考え、材料を洗い、切り、調理し、配膳し、そして給仕する。それぞれの行為においてもまた、いくつもの関わり方が想定される。彼女たちはいつ誰とどのような場所で、そしてどのような心持ちでその行為を行うのか。そこにはどのような力関係や序列が存在するのか。インド社会において、食はカーストや階級と密接に結びついている。食べてよいもの、禁止されているもの、作り手に課される資格、食べてはならない時期など、様々なルール、規範が存在する。これらのルールを守り継承していくのもまた、女性に期待される役割である。当事者として食と関わる女性のあり方には、無数の可能性が想像される。

このような食をめぐる女性の姿は、文学作品においてはどのように表象されるのだろうか。作家は女性たちのどこに注目し、どのような姿で掬い取るのか。特に書き手自身も女性の場合、ごく日常的な、いわばありふれた行為は、いかにして文字となって立ち上がるのか。本章では、現代インド女性作家たちの複数作品に注目し、女性と食との関わりが作中どのように表象されるのか、調理に至るまでの過程、調理、味わう、という三つの段階に分けて考察する。現代インド社会の日常生活において、女性は実際のところ食とどのように関わりそして描かれるのか、多様な作品から考えてみたい。

二　買う

1　「買う」のは誰か

家庭において、日々の食糧を買い揃えるのは誰か。日本では、大半の家庭でごく当然のように妻（あるいは母）の名前が挙がるだろう。状況によっては妻（あるいは母）の指示のもとで、帰宅途中の男性が買い物をする場合もあるかもしれない。しかし多くの家庭で家計を握るのは妻（あるいは母）であり、その中でやりくりをするのが女性に期待される役割となっている。

インド社会においてはどうか。「インド社会では夫が家計を握っている。自分の給料から妻に生活費を渡すのが一般的で、夫は経済の全権を握っている」。現代ヒンディー文学を代表する女性作家、アルパナー・ミシュラ（一九六九―）の言葉である（菊池二〇一二）。ミシュラはその作品で現代インドの多様な社会問題を巧みに掬い取る。成人した二人の子供をもつ母親でもあり、デリー大学の教員としても働くミシュラが多く取り上げるのが、彼女と同年代の女性が抱える問題である。作中、女性たちは職場や家庭で男性の無理解に直面し、苦悩しながら奮闘を続け、傷つき、そしてときに諦観する。実体験や徹底したリサーチに基づく彼女の作品には、等身大の現代インド女性が映し出されると言ってよいだろう。彼女は多くの作品で夫婦のあり方をテーマとし、中でも妻が直面する様々なゆがみを描いている。この章では、家計をめぐる夫婦のあり方が描かれた作品を複数とりあげ、作中で「買う」という行為をめぐる「ゆがみ」がどのように表れているのか考察する。

2　働く女性と家計

ミシュラの作品に描かれる女性の多くは、作者と同じように都市部に暮らす、ミドルクラスの出身で自身も仕事をもつ既婚者である。彼女らは比較的高い教育を受け、安定した収入が得られる職に就いている。妻でもあり母でもあり、そして働く女性でもある彼女たちは、家庭においてどれくらい経済的に自立しているのか。家計に関してどれくらいの発言力をもつのか。ミシュラ作品において、それに答えるのは短編集『駐屯地の宿無し』（二〇〇八）に収められた「自由への執着」「この世界の私たち」である。

「自由への執着」の主人公ミーナーは、一九歳で一一歳年上の医師と結婚した。夫はミーナーを一一歳年下の妻としてではなく、一一歳の何も知らない少女として扱う。家計は夫がすべて――ジャガイモタマネギから日用品に至るまで――管理する。さらにミーナーが身にまとうものまで、夫は異常なほどの熱意をもって選び買い求める。

誰かがジャイプルに行けば、ジャイプル特産のショールを張り切って依頼する。誰かがボーパールやインドールに行けば、好みの（もちろん妻のではなく自分の）色のシルクのサリーを、ハイダラーバードの場合は真珠を注文する。真珠はサイズからデザインまで自分ひとりで決める。選ぶときに妻が何か言うことは許されない。〔Mishra 2008: 16〕

ミーナーは夫の管理に窒息しかけている。そのため自由を求めて外に働き口を見つけるが、そこにも管理は付いてまわる。彼女の給料は夫の口座に振り込まれ、ミーナーが自由に使うことは許されない。しかし夫は自身の行為の正当性を信じて疑わず、「衣食住以外に、なんのために金がいる？そもそも女は金をもつと素行が悪くなる」などと言う。ミーナーは家庭の平穏のため、自らの権利について疑問を抱いても、それを口にすることはできない〔Mishra 2008: 16〕。

ミシュラはインタビューの中でも、働く既婚女性が抱きはじめた疑問について述べている――「高額の所得があり、高い地位に就いた現代女性は、給料を自由に使えないことに疑問を抱き出している。自分の趣味や両親のために何故自由につかえないのか、と」〔菊池二〇一二〕。ミンュラのこの考えは「この世界のわたしたち」にもっともよく反映されている。国営銀行で働く二児の母、バガルワール夫人は作品の冒頭で自問する。「私は誰のために働いているのかしら? 自分のためではないわね。誰かの出費のために、私は働かざるをえない。では私のため、自分のための出費は……?」。彼女の夫は別の州に単身赴任中であり、週末になると帰ってくる。留守の間の家計は夫人に任されているが、毎週夫が家計簿を検査することになっている——ほんのささいな出費でも家計簿に記入するよう夫から命令されている。ジャガイモ、タマネギ、トマト、小麦粉、豆、衣服、リキシャー乗車代、子供の鉛筆、消しゴム、その他……。夫人にとってその検査は「管理」と同じであり、仕事と家事で多忙な中、さらなる負担にうんざりしている。「この忌々しい家計簿……。私が何か無駄遣いをしているとでも? たかがこんなことにも私は信頼されないわけ?」。家計のみならず、夫人の出費もまた夫に管理されている。彼女が仕事に必要な携帯電話を購入すると、夫は過剰に反応し、それを子供たちに聞かせる——「ママは今日、携帯を買った。明日は車を買うぞ。そのうちにこの家だって小さいと感じるくらいに立派になっちゃうぞ」。必要なものを自身の給料で購入するという一見あたりまえの行為が、ここでは許されていない。家庭内における夫婦のパワーバランス、とくに経済面におけるバランスがいびつなものであることがこの短い作品から容易に想像される〔Mishra 2008: 100-12〕。

社会に出て安定した収入を得、高い地位に就いていても、家に帰れば妻は夫による経済支配のもとにある。家計は夫が管理しており、食材などの生活必需品でさえも出費については厳しいチェックを受ける。女性が働くということは経済的な自立に直結していない。外で働き収入があったとしても、その収入が彼女に自立や家庭内での対等な地位をもたらすことはないのである。

3 家庭の主婦と家計

上述のとおりミシュラ作品においては、働く女性であっても夫からの経済管理下に置かれる。では収入のない主婦の場合はどうなるのか。彼女らはさらに直接的な支配下に置かれることとなる。同短編集に収録された「リストにない」では、素朴で従順な性格を見込まれて、ごく一般的な家庭から政府高官のナーラーヤンに嫁いだ妻が描かれる〔Mishra 2008: 90-9〕。結婚四年目の早朝、自宅で夫の浮気現場を目撃した妻は子供たちを連れて家を出ることを考えるが、家を出ても行く先はなく、またそのための交通費さえもたないことを痛感する。経済的に自立する必要を感じた妻は職を求めて面接を受けに行くが、そこでは夫の地位を理由に、裕福な家の奥さんは働く必要がないだろうと言われてしまう。彼女は自身の経済力と子供の将来を考え、家を出ることも離婚することも諦めるしかない。経済力をもたず、また実家からのサポートも得られない妻は、夫の非道に耐えるほかなく、次第に自身の存在意義さえ見失ってしまう。夫の浮気現場を目撃しながらも妻は自虐的な自問自答を繰り返す——「夫を殴ってしまった。だけど私に殴る資格がある？ 夫の身体は私のものだから？だけど一人の人間の肉体や精神を、他人が所有することなんてできる？ ひとの体を所有するなんて、一体どんな偉い人間かしら？　だいたい私はこの家の何？　家庭の女神？　守り神？　清掃人？　使用人？　それとも単なる下等な生き物？」。そこには妻としての権利や自尊心は皆無であり、それまでの結婚生活で彼女がどれほど夫から支配され管理されてきたのか、容易に想像される。

あらゆる面で妻を管理し支配する夫の姿は、ミシュラの三冊目の短編集『鎖に埋もれて』（二〇一二）の「ああ、アハリヤー」*[1]においてもみられる〔Mishra 2012: 110-20〕。ダーサーニーは妻マヌの交友関係を制限する。マヌの友人ルーパーは離婚と再婚を繰り返し、現在は独身生活を満喫している。そのルーパーからの電話で出かけようとするマヌに対して、ダーサーニーはマヌにまで悪い評判が及びかねないと、会うことを許さない。それでもほんの少しだけでも友人に会いに行きたいという妻に向かって、ダーサーニーは怒鳴る――「ああ、行きたいなら行けばいい。夫と子供を捨ててな！　行ってルーパーみたいに生きていけばいい。（中略）女なんだから女らしくしてろ」。その後、悄然とするマヌに向かって、夫は甘い声で機嫌をとろうとする――「一時には戻るから、それまでにはピンクのサリーに着替えておくんだよ。おめかしをすれば、君の機嫌も直るだろうからね」。けれど「ピンク色のサリーに身を包み、美しく機嫌のよい妻」は、夫の希望でしかない。上述の「自由への執着」のドクターと同じように、ダーサーニーは妻が身につけるものを自分の好みどおりに管理する。マヌは思う――ピンクが好きなのは夫であって、私ではない。着替えたくなどない。Tシャツとゆったりしたパンツで過ごしていたい。しかし夫は妻の好みに頓着することはない。妻は夫の好みの色とデザインを身にまとい、それに合わせた装飾品をつけて美しく着飾っているべきなのだ。マヌは自分が夫にとっての愛贋物であることを痛感している。「私はこの家のバービー人形。高価できれいな服を着せられ飾られている。夫の許可がなければこの手を上げたり下ろしたりすることさえもできない」。妻には夫の好みで、妻の意思とは無関係に、衣類や装飾品が買い与えられる。妻は自分が人形のように扱われ支配されていると感じるが、夫はそれを愛情表現だと信じ込んでいる――「マヌ、お前は本当にきれいだ。お前を失いたくないんだよ。だからお前があちこちでかけるのを禁止するんだ」。

女性が自由に行動する経済力をもたない場合、夫からの経済管理はさらに威力を増す。経済力のない女性は、次第に自尊心を失い、諦めることに慣れていくしかない。「女は金を手にすると素行が悪くなる」という考えは、女が力をもつことを認めたくない男の弱さの正当化である。夫は妻が自身の支配が及ばない世界へと足を踏み出すことを恐れ、経済力をつけさせまいとする。そしてさらにその恐れは単純化されて不貞の疑惑へと読み替えられる。経済面から見る限り、現在もなお多くの妻は夫の管理下、支配下にある。野菜を買うというごく単純な行為にさえ、そこには支配被支配という力のせめぎあいが存在するのである。

三　つくる

1　女たちと調理

二節で取り上げた女性たちはみな男性の支配下、管理下におかれた姿で表象された。そこでは権力は常に一方向に向かう。しかしもちろん人間関係において常に男性が女性を支配するわけではない。家族のヒエラルキーにおいても、ときに序列は時間と共に崩れ、再構築され、そして逆転することもある。人気英語作家であり画家でもあるブルブル・シャルマー（一九五二―）は、「女たちは一日中食べ物に関するおしゃべりをしている」というベンガル人コミュニティに生まれ、児童書のイラストレーターを経たのち一九九二年に作家としてデビューした〔*India Today*, 3 November 1997〕。デリーに暮らす彼女は以来、女性と食に関するテーマを中心に執筆を続けている。

シャルマー作品の多くでは、夫婦関係よりもむしろ、女同士――嫁と姑、親族、友人――の関係が物語の軸とされる。また彼女の作品の特徴として、人間関係が男女間の支配被支配という図式に制限されない点を挙げることができるだろう。以下に取り上げる二冊の短編集『茄子の怒り――女性と食の物語』（一九九七）と『食と女と物語』（二〇〇九）には、タイトルが示すとおり女性と食にまつわる話が複数収められているが、作中多くの場合、場を掌握するのは力強い女性たちである。話題作『茄子の怒り――女性と食の物語』の第一話に登場するのは、七五歳のかくしゃくとした語り手のおばである。大家族の台所と貯蔵庫を一手に引き受けるおばには威厳と権力があり、息子たちを含め誰一人彼女に逆らうことができない〔Sharma 1997: 1-8〕。同様に『食と女と物語』では儀礼のための集団調理の場を舞台に、調理中の女たちが物語を披露しあうが、ここでも最年長の大おばが調理の場を仕切る。誰にどの材料を任せるのか。片腕となる「最高司令官」を誰に任命するのか。大おばの統制力は、女たちが材料を切るスピードにまで及ぶ――（参加者のひとりである）マーラーラーニーは素晴らしいスピードで材料を刻んだが、大おばより早くならないように気をつけた。速さで大おばを負かすのは印象が悪いし、女たちに恥知らずだと思われてしまう。この中で一番速く野菜を刻めるのはマーラーラーニーだとみな知っているが、それを見せびらかす必要はない〔Sharma 2009: 4〕。年に一度の儀礼のための調理は親族の女たち八名によって粛々と進められ、そこには男の存在も権力も介在しない。

この節では、シャルマー作品のうち調理する女性が描かれた作品を複数とりあげる。女たちは何のために、誰のために調理をするのか。物理的に男性の支配が及ばないはずのそこには、どのような序列や力が作用しているのか。「つくる」行為の背景にあるものを考察する。

2　力を求めて

「つくる」という行為の背景には何があるのか。シャルマー作品にそれを探るとき、最も単純にして明快に描かれるのが、より大きな力――権力や社会的地位――の追求である。たとえば、『茄子の怒り』に収められた「もてなし合戦」に描かれる、結婚が決まったプリーティーとマヌの両家の競いあいである。両家は結婚式当日までの五日間、相手側よりも高く評価されようと、招待客に対するもてなしをエスカレートさせていく。客たちは消化剤を片手に両家のパーティーを渡り歩いて、ライバル陣営についての賞賛や批判を聞かせながらライバル心をあおる。この「もてなし合戦」は両家の面子をかけて行われ、当事者であるマヌとプリーティーは蚊帳の外に置かれたままである。最後の食事会を成功裏に収めたプリーティーの父は、満足してつぶやく――「客はこの結婚式を一生忘れんだろうな」。しかし客が覚えているのは次の結婚式に招待されるまでの、ほんの短い期間にすぎない。もっとも主役のプリーティーにとっては別だ。彼女は、豪華な結婚式とその食事を一生忘れない。晩年の彼女にとって、亡くなった夫の顔を思い出すことはそうないが、豪華な食事会の芳醇な香りはいまだに鮮明だ〔Sharma 1997: 37-52〕。

同短編集の「板挟み！」の主人公ヴィノードは、妻と母の料理対決を一人で耐えている〔Sharma 1997: 24-35〕。女二人は彼の愛情をめぐって少しでも相手の優位に立とうと、栄養過多な料理を手に彼の帰宅を待ち構える。母親は長年の経験から息子の好みの料理をつくり、妻は経験不足を知識で埋めようと、一日中料理本やテレビ番組から新しいレシピを学ぶ。どちらにも悪意はなく、またヴィノード自身、母親のことも妻のことも大切に思うがゆえにどちらの料理も拒絶することができない。彼はたとえ満腹であっても平等に二人の料理を平らげ、平等に褒め讃えなければならない。毎食、必要以上に豪華で量の多すぎる食事をとる羽目になるヴィノードは、いっそのこと重篤な病気になって入院したいと願うほどであった。しかしある日妻の妊娠が発覚したことで、彼は束の間の平穏を手に入れる。女二人の争いの対象が自身からそれ、生まれてくる子供に移ったことに、ヴィノードは心底安堵するのである。

どちらの作品でも、調理の過程ではなく結果に、さらにいえば第三者による消費と評価に重きが置かれる。調理はより大きなパワーを得るための競争手段となっており、名誉や地位、そして愛情を求めてエスカレートしていく。そのさまは、悪意がないだけにいっそう厄介である。

3　存在意義を求めて

ヴィノードの妻と母親が互いに譲りあうことも協力することもなく料理を競いあったのは、それが自身の存在意義の肯定と直結するからだといえよう。家庭以外に第三者から認められる場をもたない彼女たちにとって、ヴィノードからの賞賛は非常に大きな意味をもつ。家庭においてでさえ確固たる居場所をもてない女性にとっては、第三者からの賞賛、そして存在の肯定はさらに大きな意味をもつことになる。

同短編集の「謙虚なパイ」に描かれる恵まれない境遇のバーラーは、保護者をもたないため一族の複数家庭を渡り歩いて生活するほかなく、自身が厄介者であることを常に意識せざるを得ない。そのため常に控えめでつつましく生活を送り、誰かから自分の存在を認められ必要とされることを渇望する。バーラーのつくるパコーラー（天ぷらのような揚げもの）は絶品であり、誰かからリクエストされると喜んで大量につくる。皆が満腹になるまで台所とリビングを往復し調理とサーブを続けるバーラーであるが、彼女が自らそれを口にすることはない。皆が食べている最中は一人ずつに心配げに「口に合わないんじゃない？」と尋ねずにはいられない。料理の名人であり、繕いものにも長けているが、それが彼女の自己肯定や自負心と結びつくことはない。巧みな料理や家事は、バーラーが一族に必要とされるための処世術であり、生きていくための必要条件である〔Sharma 1997: 9-23〕。

同じく「茄子の怒り」のスシュマーにとってもまた、料理を褒められることは自身の存在意義を確認することである。彼女の夫は七年前に突然別居を宣言し、理由を説明することもないままに家を出ていった。しかし以来、夫は毎週日曜日に欠かさずスシュマーを訪ね、夫婦は昼食を共にしつづけている。もっともその行為に対する説明もなく、そこに感情のやりとりも存在しない。夫は日曜日の一二時半に到着すると新聞を読み、準備ができると食卓につき、黙々と料理を口にして帰っていく。その間、夫婦に会話はない。作中、スシュマーは自分勝手な夫を表立って咎めることはなく、日曜になると夫の好みに合わせた食事の支度をし、夫を迎え、送り出す。そのような日常が描写される中にスシュマーの結婚前の思い出が挟まれるが、そこでのスシュマーは実家で姉妹や母親と共に調理をし、皆からタマネギの切り方を褒め

現在でもこのように床で調理を行う家庭もある。（2017年、デリー、鈴木真弥撮影）

られ頼りにされている。その記憶は未だにスシュマーにとっては大切なものであり、彼女はそれを心のよりどころとしている。調理を通して自身の存在意義を確認しながら、彼女は今日も静かに夫を迎えいれ、手料理を振る舞い、そして送り出す〔Sharma 1997: 53-9〕。

4　喜びを求めて

短編集『食と女と物語』は、テクストの舞台設定自体が女たちの調理の場となっている。毎年、一族の長であった男性の法事ふるまいのために女たちは集まる。最年長者の指示のもと、八名の女たちは三〇名以上のゲストをもてなすための調理を行い、そして物語を共有する。調理の過程で参加者が一人ずつ物語を語ることは恒例となっており――野菜を切る間に五話、お米からごみを取り除くまでに一話、デザートが準備できるまでにたぶん二話――女たちはみなそれを心待ちにしている。共同で行う調理の進行と共に物語は一話ずつ終了し、女たちは物語に笑ったり泣いたりしながら感情を共有していく。調理の場は共同作業を行う場であるだけでなく、女同士の絆をつむぐ場ともなっている。

調理の最中に披露された「サーヴィトリーの物語」の中でも、調理を通して女同士の絆が深まる様子が語られている〔Sharma 2009: 45-55〕。サーヴィトリー、ギーター、マールティーの三人は、英国で暮らす初老の女性たちである。彼女らの夫は亡くなり、子供たちは独立し、慣れない異国での孤独な暮らしは彼女らの主婦としての尊厳を奪っていく。しかしある日、彼女たちは通っている寺院の僧侶から祭りの際のお供えを調理することを依頼される。当日、初めて顔を合わせる女性たちは寡黙に調理を続けるが、ふとしたきっかけで会話が始まり互いに対する共感を深めていく――彼女たちは計量カップでお湯を計りながら、少しずつ故郷への強い想いを鍋に溶かしていった。孤独を香りのよいバースマティー米に投げ込み、忘れてしまった夢と失望を塩と一緒に注意深く振りかけた。数滴の涙でサヤエンドウ、ニンジン、大豆を洗い……それから見事な野菜のみじん切りと、シナモン、カルダモン、クローヴのパウダーに悲しみを混ぜあわせた――。

お供えのすばらしい出来を賞賛されたこと、また多くの信者の中から調理人として選ばれたことは、彼女らにとって非常な名誉であり喜びである。しかしそれ以上に、共に調理をし、互いに打ち明け話をすることによって、同じ境遇にある女性同士が共感し理解しあえた点に大きな喜びがあったといえるだろう。語り手サーヴィトリーは晩年、他の二人の名前を忘れてしまう。しかしそのときに感じた喜びは忘れることができないものとなり、「生涯最高のお供え作り」としてサーヴィトリーの記憶に残っている。

シャルマーはしばしば、儀式の際の女たちの集団調理風景を描く。前掲の短編集『茄子の怒り』に収められた「死ぬほどおいしい料理」では、祖父の供養のための僧侶へのもてなしがテーマとなっている。そこに描かれる女たちの調理風景は、それ自体が儀式のようである。

女たちは家に足を踏み入れるや否や、誰に言われるまでもなく調理準備にとりかかる。スリッパを脱ぎ、手を洗うと台所の床に座る。数分のうちに祖母と一緒に完璧な協力体制のもと働いている。祖母が指示を出す必要さえもない。（中略）夜明けとともに女たちはすでに調理を始めている祖母に加わる。彼女たちは薄明りの中、静かに働きつづける。まるで秘密の儀式をしているかのように。（中略）彼女らはしゃべらない。ただ水を注ぐタイミングになるとうなずきあうだけだ。まるでパントマイムをしているかのように。

〔Sharma 1997: 107-17〕

年長者女性の指示のもと、完璧な調和の中で調理は進んでいく。そこには言葉も必要とされない。一つのゴールに向かい、協力しあいながら行う調理の描写には、美しい調和とそこに参加する女たちの喜びを想像することができる。

シャルマーの作品には、調理中の女たちの多様な描写が登場する。調理を通して彼女たちは様々に自己表現を行うが、どの作品においても彼女らのつくる料理を消費する第三者からの肯定、そして賞賛が非常に重要なものとされている。彼女らにとって調理は自己認識と自己表現の手段であるが、多くの場合それは唯一の手段として描かれ、料理が女性にとって非常に重要な意味をもつことが暗示される。

四　味わう

何かを食べるとき、味わっているのは食べ物だけではない。その場の空気感や共に食べる仲間とのやりとり、さらには当人の精神状態もまた味わいを左右する。以下に挙げる『茄子の怒り』に収められた三編には、食に対する女たちの欲求と執着が三者三様に描かれる。

「運賃」に描写されたセート一家は年に一度、列車で聖地巡礼を行う。家長ゴーパールは、見知らぬ他人との交流が強いられる列車の旅を嫌悪している。彼にとって「四方を壁で守られた家の外は恐ろしい世界」であり、聖地への旅は女たちが彼の保護下から出る年に一度のイベントである。そのため家族の中の唯一の男性として娘、妻、母を統制すべく旅の間中、躍起になっている。指定席に座った後も、通行人の視線から妻や娘を守ろうと過剰に身構えて落ち着かない。さらに衛生上の心配やカーストの禁忌ゆえに、ゴーパールは他人との共食も列車や駅で売られる食事もスナックも回避したい。しかし女たちは積極的に大きな弁当箱から食事を分けあい、乗りあわせた別の家族からも受け取り、チャーエ（チャイ）やお菓子を買い求め、そして食べつづける。ゴーパールの制止をよそに、車内で妻や母親はいつもより大声で笑い、見知らぬ人と大胆に話をし、あらゆる「不潔な」食べ物に手を出す。その様はゴーパールには「貪欲な物乞い女のように」思え、ますます落ち着かない。彼にとって車内での母親や妻の振る舞いは「奇妙」なものでしかないが、女たちにとっては列車の中は解放感にあふれた自由な空間である。母親は小言を言いつづけるゴーパールに言い返す――「列車の中では家にいるときと同じように決まりを守らなくたっていいの」。彼女らは何かに駆り立てられるように食べつづける。彼女たちにとって、車中で口にするものは、単なるスナックではない。そこには年に一度しか味わうことのできない自由が凝縮されているのだ〔Sharma 1997: 60-75〕。

「愛のささやき」の主人公レーシュマーにとって、食べることは罪悪感と一体である。四四歳のレーシュマーは、使用人アマーからみると「カレンダーに描かれている女神にそっくり」の「背が高く豊満」な美しい女性である。しかし本人は出産後、もとに戻らない体型と体重の増加を気に病んでいる。裕福な家庭の主婦であるレーシュマーはジムに通い、一日中カロリー計算に明け暮れ、その一方で過食衝動を抑えることができない――お菓子のことを考えていたら、よだれが出てきた。つやつや輝くグラーブ・ジャームン――一つ一二〇キロカロリー。口にいれたらすぐになくなるのに。レーシュマーは表面が固い、黒いカーラー・ジャームンが好きだ。あれならしばらく外側の固い部分を口の中で楽しめる。それから小さなオレンジ色のラッドゥーたち――一つ二五〇キロカロリー。大好きな食後のデザート。イムラーティー。オレンジ色の喜びの輪――二〇〇キロカロリー。サフランミルクに浮かぶ、夢のようなラス・マラーイー――三〇〇キロカロリー。[*2] 彼女を過食に駆り立てるのは、夫が自分と同じ名前の愛人――しかも若くて少年のようにスリムな女性――のもとに通っているという事実である。加えて子供たちは寄宿学校で学んでおり、レーシュマーは広い家で孤独とストレスを持て余している。

家族でそろってディーワーリーを祝おうと、レーシュマーは自分に言い訳をしながら贈答用のお菓子を買い求める。*3「買いすぎないようにしなくては。でももしお友達が訪ねてきたら？　使用人たちだって、ディーワーリーのお菓子を待っているに違いない。ダイエットはいつだってできるんだから、何もディーワーリーにしなくったって」。ダイエット中の彼女にとって、高カロリーのお菓子は禁忌である。しかし禁忌であるがゆえに、その味はなお甘い――慣れ親しんだ甘い塊、カルダモンとアーモンドの入った濃厚なミルクが口いっぱいにあふれ、つま先まで広がるようだった――。仕事だと偽り愛人との逢瀬にいそいそと出かける夫を見送りながら、レーシュマーは食べずにはいられない。友人や使用人、子供たちに振る舞うために買い込んだはずのお菓子は、ディーワーリーを迎える前になくなる。誰も帰ってこないディーワーリー当日、レーシュマーはストレスを爆発させる。「ディーワーリー、ディーワーリー！　さあ、お祝いしなくっちゃ！」。下着姿で子供のように叫ぶと、レーシュマーは手当たり次第に家中の食べ物に手をつける。「さあ食べましょう、アマー。食べてちょうだい、食べるのよ、食べろ！」。「心配しなくても大丈夫よ、太ったりしないから。ディーワーリーなんですもの、さあ食べましょう。食べなさい」。贈答用のお菓子から冷蔵庫の残り物、さらには砂糖つぼに入った砂糖まで、見つけた食べ物をすべて食べ尽くした一時間後、レーシュマーはアマーの前で静かに涙

シロップにつかったカーラー・ジャームン（デリー）

を流す〔Sharma 1997: 132-51〕。

禁忌であるがゆえに、味わうことへの執着は募る。「繰り返される渇望」に描かれるスミトラーは夫を亡くして一年になる。彼女は姑の指示のもと、儀式の度に数日間の断食を続ける。*4 これまで数回の断食を経験しているが、健康なスミトラーにとって断食の最中の空腹感はいまだに耐えがたい。ある日、スミトラーは夫からチョーレー〔チャナ豆をスパイスで炒め煮したもの〕を与えられる夢を見た。空腹に耐えかねた彼女は、それを夫からのお告げだと解釈する。「そうよ、あの人は昨夜、夢の中で私にそう言おうとしたんだわ。チョーレーを食べろ、って。チョーレーとサモーサーと、たぶん生のタマネギもね。食べなさい、って言っているんだわ。だってあの人が手渡してくれたんだもの。天国のあの人からの贈り物だわ！」。そして姑が昼寝をしている間をみはからい、使用人の少年ラグーをこっそりと遣いに出す。

ラグーの帰りを待つ間、スミトラーの想像は広がっていく——ラグーが帰ってきたらすぐに皿を受け取って、部屋に行こう。ドアに鍵をかけて、ベッドに腰かけよう。いいえ、夫の遺影のそばに座るほうがいいわね、私があのひとの望みをかなえている姿を見せたら、喜ぶでしょうから。ゆっくりゆっくり食べましょう、チョーレーに付いてくる、辛いトウガラシをかじりながら。少しすっ

揚げたてのサモーサー（デリー）

ぱくてスパイシーな豆の粒を味わってから、サクッとしたサモーサーをかじりましょう。中に入っているジャガイモがゆっくり口の中で溶けていく。すぐには飲み込まないの、ほんの一口分ずつ喉をすべりおちるようにして。そうしたら熱々の、おいしい辛さと酸っぱさと塩味がずっと残っているでしょうから――。結局、姑に見つかりそうになったため、チョーレーは廃棄され、スミトラーの「妄想」はあっけなく消えてしまう〔Sharma 1997: 86-95〕。

彼女たちにとって、食べることは手に入らない何か――それは自由であり、愛情であり、あるいは尊敬であるかもしれない――を得ることの代替行為である。それらが得られないために女たちは食に対して執着し、そして欲望を持て余す。では男はどうか。ここでは好対照な一例として、女たちの苦しむ姿と対極にある男の姿を紹介しておきたい。

インド女性作家の短編アンソロジー『彼女の空のかけら』（二〇一一）に収められた「狩り」は、若い世代に人気を誇るヒンディー作家、プラティヤクシャーによるものである。これまでに三冊の短編集を出版している彼女は、短編「狩り」において食卓を男が女に狩りというゲームを仕掛ける場として描く。語り手の若い男性は知人の家に出入りするうちに、二〇代の人妻マハルクに関心を抱くようになり、視線に熱をこめマハルクを追い詰めていく。台所では大きな鍋が湯気をあげ、食器類がぶつかりあい、フライパンでは何かが熱され、タマネギが薄くスライスされ、スパイスが粉に挽かれる。賑やかな生活音にあふれる中、忙しく動き回る人妻の身体の一部一部が主人公の目を通して詳細に描写される――豊かな胸の膨らみ、悩殺的な背中のライン、おなかとウエストの間のエロティックな贅肉……。執拗に見つめる男の視線と、それに気づいた女の動揺と緊張は、香辛料の刺激的な香りと様々な肉料理の芳醇な風味の描写と共に高まっていく。もっとも男はそれを「始めに狩られたのは僕、当初の獲物は僕だった」と正当化し、マハルクの動揺を無邪気を装って楽しんでいる。男にとってこの「人妻との情事」という禁忌は、それを犯す覚悟ももたないままの「単なるゲーム」である。前述の女たちが禁忌に怯えながら求めたのが軽食やお菓子であったのと対照的に、ここではヘヴィーな肉料理が男の欲望を暗示し、代弁するかのように用いられる。マトンカレー、ビリヤーニー、ヒバリのロースト、挽肉カレー、肉の串焼き……〔Agarwal 2011: 198-211〕。女たちが妄想と禁忌に苦しむ一方で、男は禁忌をもてあそぶ。男は視線で女を味わう。男の視線の中で、女は獲物となる。

五　おわりに――女たちの静かな復讐

買う、つくる、味わう。食と女性をめぐるどの行為も、他者との関係性において表象される。特にそれぞれの行為が男性との関係性に左右されていることは否定できない。取り上げたテクストの中で、シャルマー作品の多くは女性同士の関係を主軸とし、男性の存在が及ばない共同調理の場を舞台としている。しかしそのシャルマー作品にあっても、女性は男性の支配下、管理下から完全に自由だとは言えず、彼女らは理不尽な事態や屈辱的な境遇を耐えるか、鈍感になってやり過ごす姿で描写される。作品に現れる女性たちは、支配者たる男性に対して真っ向から反抗したり、怒りをぶつけたりすることはない。

取り上げたテクストの中で、従来の支配被支配の図から明らかに逸脱した姿で描かれた女性は、ただ一人だけである。『茄子の怒り』の一編、丘陵地に囲まれた農村を舞台とする「ヤノコの狂気」に登場するチンターだ。チンターは一六歳でナートと結婚した直後から、夫に従順な妻となることを拒絶する。ナートはそんな妻を支配下に置くことができず、逆に妻の言いなりになり、まるで下僕のようにその要求に従っている。三年前からはナートの親戚にあたる青年モーハンが「第二夫」として同居しており、二人の夫はチンターの関心を得るために競い合って彼女の面倒を見ようとし、土地や希少な食べ物を贈り、機嫌を取りつづける。男二人の優位に立つチンターは、家父長制度に真っ向から対立するものとして描かれているだけでなく、生卵をまるのみしたり、喧嘩する男たちを松明を持って追い回したりするなど、その姿は実に力強く描写される。そんなチンターと同衾する権利を得るために、男たちは山に入って一日中珍しい果物や卵、キノコを探し回る。チンターを支配下におくことができず、自虐的になりつつライバルをけなすことしかできないナートの姿は、生命力にあふれた力強いチンターの描写と好対照ですらある――このまま雨に濡れて、風邪をひいて俺は死ぬんだ。そしたらあいつら二人、幸せに暮らすだろうよ。俺の家で。俺のベッドで。（中略）でもそのうちあの男にうんざりするさ、頭が空っぽだからな。だいたい正式に結婚だってしてないじゃないか。あの男はチンターの親父さんに結納だって払ってないし。

しかしある日モーハンは村を出て行き、愛人に捨てられたチンターは嘆き悲しむ。「行ってしまった、あの人が行ってしまった！　……いつかは私を捨てて出て行くってわかってたけど、だけどこんなに早くなんて……私、死んでしまう」。その言葉のとおり、チンターの生命力あふれた激しい魅力は死に絶えてしまう。チンターはナートが与えるものはなんでも大人しく食べるようになった。けれどそこには喜びも笑顔もなく、欲望も欲求もなくなってしまった。モーハンが出て行くとすぐに、チンターの容姿は「村の他の女たち同様」に年老いて色あせたものにかわってしまう。あれほど生命力にあふれたチンターであったが、彼女の激しさも自我も、愛人に捨てられたことであっけなく崩壊してしまうのである。一見、男性支配から自由なチンターであったが、最終的には男性との関係性に自我が依拠していたことが判明する〔Sharma 1997: 77-85〕。

ここで留意すべきは、これらの作中に現れる男女の関係性のあり方である。従来の支配被支配という構図は、いったいどれほど強固なものなのだろうか。女はいつまでも男の支配下に黙って甘んじているのだろうか。いま一度、短編集のタイトルにもなっている「茄子の怒り」に注目したい。その刺激的なタイトルとは裏腹に、作品の大部分において、妻が夫の身勝手に翻弄され、耐えつづける様子が描かれる。何の説明もなく家を出て行った夫は、なぜか毎週日曜日には昼食を取りにやってくる。妻は黙って夫を迎え、心の内を溶かしこんだような料理をふるまい、夫を見送る。妻は夫に対して何も抗議しない。「怒り」はいったいどこにあるのか。そして物語の最後数行まで読み進めた読者は、送り出された夫が毎回腹痛に悩まされ、夜通し七転八倒するという描写に直面する。実は夫は糖分ならびに香辛料や油分を制限するよう医者から言い渡されている。当然ながら妻もそれを承知しており、そのためデザートはつくらない。しかしそれでいながらギー（精製バター）と香辛料をたっぷり使った料理をふるまいつづけている。ここで初めて読者はタイトル「茄子の怒り」の怒りがどのようなものであったのかに思い至るのだ〔Sharma 1997: 53-9〕。ここには妻の直截的な怒りや反抗は描かれない。しかし妻は無言で抵抗し、そして復讐している。

夫に対する妻の復讐がより明確に描かれたのは、それから一〇年以上後に編まれた『食と女と物語』の「ナンニーの物語」においてであった。ナンニーは利己的で狭量な夫に従順な妻として仕えてきた。しかし夫は姑の悪意からナンニーをかばうこともなく、また、ナンニーが死の床にある実母を見舞うことを一度も許さない。そんな夫に対して、ナンニーはついに愛想を尽かし、少しずつ殺していくことを決意する。彼女は医者からの食事制限を無視し、高コレステロール血症の夫に高カロリーの食事をつくりつづける。妻の義務は夫に料理をつくることであり、夫の好きな料理をつくらなくてはならない。長年彼女を縛りつづけた「よき妻の義務」を掲げて、ナンニーは夫のために腕を振るう――「血管がもろくなるような料理。血が毒されるような料理。血管がつまるような料理。（中略）週に一度、死の料理をつくりましょう。ゆっくりゆっくりあのひとは死んでいくわ。わたしのせいじゃない、神様の思し召しよ」。長年の不摂生がたたりスプーンさえ持てなくなった夫の口元に、ナンニーは優しく栄養過多の食べ物を運ぶ。その一口分がまた一歩、彼を死に追いやることを望みながら。ナンニーは優しく微笑みながら夫を殺していく〔Sharma 2009: 104-13〕。

女たちはときにか弱きものとして存在しつつ、静かに男に抵抗し、そして復讐する。よい妻を装いながら、夫の死を願い、そして優しい手と声で夫を殺す。一見、従来の支配被支配の図式に組み込まれているようで、これらのシャルマー作品において女は実に多面的でしたたかなあり方をみせる。そこでは男女の関係性、力関係が常に一方向のものではないことが明らかである。さらにはミシュラの複数作品が示すように、女性が社会に進出し経済活動に参加しはじめたことにより、支配や管理のあり方はより複雑なものとなり、従来の枠に収まりきらない状況が生まれてきている。ミシュラの言葉に従うのであれば、都市部を中心として男女ともに既存のジェンダーロールから解放されつつあり、変化が表れている。それらの変化は文学作品にどのように反映されていくのか。食材を買い、調理し、そして味わう。単純な動作の中に、多様な世界、多様な関係性が存在し、そしてそれぞれが変化を続ける。男女の関係性が変化すると同じく、女と食との関係は変わりつづけていく。

註

＊1　アハリヤーはインド神話に登場する絶世の美女。高名なガウタマ聖仙の妻であるが、インドラ神との情事で知られる。情交を目撃した夫の呪いを受け、呪いから解放されるまで数千年間苦行を積んだ。現在アハリヤーに対しての解釈は多様である。複数の小説、詩、映画において、彼女は女性の主体的な性のシンボルとして、あるいは男性優位主義の被害者としても描かれる。

*2　インドの甘いお菓子は「ミターイー」と総称され、祭りや結婚式などお祝いの日にかかせない。多くはミルクと砂糖、ナッツ、香辛料でつくられる。グラーブ・ジャームンは粉乳、砂糖、落花生油、バター、カルダモンでつくった菓子。キツネ色になるまで揚げシロップに浸したものであり、シロップを浸したカステラのような食感。カーラー・ジャームンはグラーブ・ジャームンをさらに濃い色になるまで揚げたもの。ラッドゥーは小麦粉、米、穀類、豆などを材料とし、砂糖を加え、ギー（精製バター）とともに炒って団子状にしたもの。イムラーティーはジャレービーとも呼ばれ、小麦粉と水を混合してこねてつくった生地を発酵させ、円環状になるように熱した油に落として揚げ、さらに砂糖のシロップに漬けてつくる菓子。ラス・マラーイーは、砂糖の入った白色、クリーム色、黄色のパニール（カッテージチーズ）をカルダモンで風味付けしたクリームに浸したもの。どのお菓子も味は濃厚でコクがあり、カロリーが非常に高い。

*3　ディーワーリーは別名「光の祭」とも呼ばれるヒンドゥー教の新年の祝いであり、毎年一〇月末から一一月初めにインド暦第七番目の月初めにあたる日に行われる。北インドのヒンドゥー教徒にとっては一年で最も大きな祝い事であり、人々はランプを灯して家を飾りつけ、友人や家族をもてなす。

*4　南アジアにおいて断食は、宗教的行事の際に普段の食事を断って身体に清浄な状態をもたらす宗教行為の一環としてしばしば行われる。特に既婚女性が決まった祭礼の期間中や特定の日に、夫の健康・成功・長寿を願って行うことが多い。ここでは姑が「未亡人としての徳を守るため、そして故人の魂を平穏するため」、嫁に断食を指示している。

参考文献

菊池智子　二〇一一「アルパナ・ミシュラ（Alpana Mishra）・インドの女性問題」（http://bloglivedoor.jp/shraddha/archives/cat_10014639.html?p=2　二〇一六年九月閲覧）

――　二〇一二「現代ヒンディー文学評論家が語る同時代ヒンディー文学」『ヒンディー文学』第六号。

小松久恵　二〇一五「アルパナー・ミシュラ著　この世

界の私たち」『追手門学院大学国際教養学部アジア学科年報』第九号。

Agarwal, Deepa, ed. 2011. *Her Piece of Sky: Contemporary Hindi Stories*, New Delhi: Zubaan.

India Today 3 November 1997.（http://indiatoday.intoday.in/ 二〇一七年九月閲覧）

Mishra, Alpana 2006. *Bhītar kā Vakt*, New Delhi: Bhāratīya Gyānpīth.

—— 2008. *Chāvanī meṃ Beghar*, New Delhi: Bhāratīya Gyānpīṭh.

—— 2012. *Qabr Bhī Quaid Au Zanjīren Bhī*, New Delhi: Rājkamal Prakāśan.

Sharma, Bulbul 1997. *The Anger of Aubergines, Stories of Women and Food*, New Delhi: Kali for Women.

—— 2009. *Eating Women, Telling Tales*, New Delhi: Zubaan.

コラム3　スパイス香るインドの食卓　　小磯千尋

インド料理に欠かせないスパイス（香辛料）は、今や私たち日本人の食卓にも不可欠なものとなった。日本はそのほとんどを輸入に頼っているが、インドは世界有数のスパイス産出国でもあり、主なものは自国産で賄っている。インドで産するスパイスはターメリック（ウコン）、コショウ、カルダモン（ショウズク）、トウガラシ、クローヴ（丁子）、マスタードシード、コリアンダー、シナモン、ナツメグ、サフランなどである。このうち、トウガラシ（チリ）は大航海時代にもたらされたもので、以後インドでも栽培されるようになった。

インド料理の味と香りの要となっているスパイスであるが、実は家庭で日常的に使われるスパイスは五、六種類と予想外に少ない。インドの家庭では肉食をする家でも通常の家庭料理は菜食中心であり、菜食料理は肉料理に比べて使用するスパイスも少ないためである。ただ、魚やエビ、カニなどの魚介類をよく食べるベンガル地方では、スパイスの調合も菜食地域とは異なる。また、北部カシュミール地方は、南インドに比べて赤トウガラシの粉はあまり使わず、フェンネルなどの他地域であまり料理には使われないスパイスを使って山羊肉などを調理する。デリーを中心とした北インドで食べられるムガル料理もカシューナッツなどのナッツ類のペーストやクリーム、ヨーグルトなどを多用した濃厚でマイルドな味が中心となっている。

主食が小麦か米かによって、副菜となる料理も異なってくる。ナーンやチャパーティーを主食とする北の料理は前述のように総じて辛みが少なく濃厚であり、米を主食とする東や南インドではご飯と相性のいいサラサラした料理が好まれ、辛い傾向がある。したがって、自ずと使われるスパイスも異なってくる。辛さの度合いは地域差のほか、社会的階層差によるところもある。暑い地域ほど辛い味を好み、オフィスワーカーよりも肉体労働者のほうが刺激のある辛い料理を必要とする傾向がある。

全インド的に使われているスパイスの代表格はターメリックである。カレーの黄色の素となるターメリックは古代からインドで広く用いられ、「インドのサフラン」とも呼ばれている。ターメリックは熱帯の植物で、インドの中でも暑い南部で主に栽培されている。年間生産量は約三〇万トン以上といわれ、自国消費とともに、海外にも輸出されている。ターメリックはショウガに似た根茎で、葉が枯れてきたら取り除き、鍬で耕すようにして掘り起こして収穫する。その年の出来不出来は雨季の雨量により、雨が多すぎても少なすぎてもよくないという。栽培は比較的小規模で、ほとんどが人力による。収穫したターメリックは一時間ほど茹でてから乾燥させる。これはターメリックの黄色をより鮮やかに出すためで、加熱することによって色素が分散し、均一のきれいな黄色になるという。ターメリックは色あいに応じて、ダークイエロー、レモンイエロー、オレンジイエローなどの名称で流通している。色と香りのために日常的に欠かすことのできないスパイスであるが、その殺菌作用もよく知られており、肌のきめを整え美白効果もあるとして、パックや化粧クリームにも利用されている。また、切り傷や火傷の応急処置にも使われ、家庭の常備薬としても活躍している。

次いで日常的に欠かせないスパイスはクミンシードであろう。種子に独特の芳香があり、インド料理の基本調理法である、油にスパイスの香りをうつすテンパリングに不可欠である。消化促進、解毒作用が知られており、腸内ガスの発生を抑えるとしてよく利用されている。マスタードシードもクミンシードと同じように使われる。これには白、黒、赤があり、料理によって使い分けられる。インドでは辛みと刺激性の強い黒が好まれている。

日本ではあまり一般的ではないが、アサフェティダ（ヒーング、アギ）というスパイスも日常的に不可欠である。これはセリ科の二年草ジャイアントフェンネル（オオウイキョウ）の根茎に傷をつけ、にじみ出たミルク状の液を乾燥させて固めたものを粉にしたものである。硫化物を含有するため、強い異臭があり、「悪魔の糞」という異名もある。ダール（豆スープ）や野菜料理に少量を入れることで味に深みを出してくれるとともに、豆による腸内ガスを減じてくれる。

このほか、爽やかな香りのコリアンダーの種子は、丸のまま、また粉に挽いて汁気の多い料理などに使われる。コリアンダーの生の葉は刻

惣菜をつくる主婦。手前に見えるのがスパイスボックス。（プネー）

んで料理に飾ったり、すり潰してチャトゥニーにする。ビタミンが豊富で、新陳代謝を促進することで知られている。

これらのスパイスに、辛さを調節する赤トウガラシの粉があれば、一般家庭の日常の菜食料理をつくるのには十分である。トウガラシは乾燥させて粉にされるほか、新鮮な緑のまま調理に使われる。

このほか、香りづけのためのガラム・マサーラー（混合スパイス）に不可欠なものが、シナモン（肉桂）、クローヴ、カルダモンである。これは香りが命であるため、使う直前によく乾煎りしてから粉にして使われる。地域や家によって調合は様々である。ここにコリアンダーやクミン、黒コショウなどを混ぜるのも一般的である。

ガラム・マサーラーに不可欠なシナモンとクローヴも家庭では多用はされないが、常備されているスパイスである。シナモンは香りも外観もよく似た桂皮（カシア）で代用されることも多い。クローヴは一〇メートルを超す大木となる植物の花のつぼみを乾燥させたものである。

菓子やミルクティーの香りづけとしても利用されるカルダモンは、インド南部マラバール海岸の山岳地帯で生育する。一センチ半ほどの薄緑色の莢に黒い種子が入っており、これを潰すと独特の芳香が出る。口臭消しや、消化を助ける効果もあるという。インドにおいては、サフランについで高価なスパイスといわれている。

魚、エビ、カニなど魚介類をよく食べるベンガル地方では、普通の雑貨屋にシナモン、クローヴ、カルダモンがホール（そのままのかたち）でビニール袋に入れて売られている。それを乾煎りして使うと、香り高いガラム・マサーラーとなる。魚の臭みが消え、独特の香りを加味してくれる。また魚料理に不可欠なスパイスとしてアニスシードがある。別名スウィートクミンとも呼ばれる。これは他の地域ではあまり利用されない。

世界中で使われている「スパイスの王様」コショウも南インドのケーララを中心に古くから栽培されている。インド沿岸部に行くと、どこの家庭の庭にも高いヤシの木やビンロウジュの木があり、その幹には必ずコショウの蔓が巻きついている。サンスクリット語では、長コショウを「ピパリ」、普通のコショウを「マリッチャ」という。アーユルヴェーダでは、コショウは体の老廃物や脂肪を燃焼させ、血管を浄化する薬ともいわれている。完熟前の実を発酵させてから乾燥した黒コショウ、完熟した実の皮をむいて乾燥させた白コショウ、完熟前の実を塩水に漬けたグリーンペッパーがある。インドではこのグリーンペッパーをピクルスにすることも一般的である。

独特の苦みと芳香のあるフェヌグリークは、油とスパイスで漬ける青マンゴーのピクルスに使われる。また、ジャガイモ料理と相性がいい。一見不揃いな小石のように見えるマメ科のスパイスである。苦味のある葉は惣菜やパラーター(パイ状のチャパーティー)の詰め物として好まれる。母乳の出をよくするともいわれている。

北インドではあまり利用されないが、西から南インドでは日々の料理に必ず使われるハーブにカリー・リーフがある。和名はナンヨウサンショウというミカン科の植物で、濃緑色の小さな葉は油と相性がよく、テンパリングの香づけには不可欠である。北インドではカリー・リーフの代わりにテージ・パッター(ローリエ)が使われる。

そのほか、スパイスのくくりに入れるには無理があるかもしれないが、料理に酸味をつけるタマリンドも欠かせない。タマリンドはマメ科の植物であるが大木となり、うっそうとした陰をつくる。熟す前は緑色の莢で青い梅のようなきつい酸味があるが、熟すと莢の中の果肉が甘酸っぱいジャム状に変化する。料理に独特の酸味と深い味わいをもたらす。スナック類のソースや、ダールの味付けに使われる。

最近ではガラム・マサーラーをはじめ、各種の混合スパイスが手ごろな価格で販売されている。便利にはなったが、かつて、サドルカーンと呼ばれる石板と石のすり棒で、そのつどスパイスやハーブ、ショウガ、ニンニク、タマネギなどをすり潰したスパイスでつくった家庭料理の味には到底かなわない。

これらのスパイスに加え、油も同じくらい味の決め手となる。同じスパイスを使っても、油が異なれば全く違う味になる。大まかにいうと、東インドでは辛味のある菜種油が使われ、中部インドではピーナッツ油や、紅花油などが使われる。南インドではココナッツ油がよく使われる。このように風味の違う油はスパイスと同様に味を決定する重大要素となっている。

最後に、いわゆるカレー粉を発明したのはイギリス人で、一八世紀後半のことであり、このカレー粉が日本に輸入されてカレーが一般的になり、直接インドから入ったものでないことを付け加えておきたい。

コラム4　マハーラーシュトラの家庭料理——プネーのG家の場合　小磯千尋

三〇年以上前、私が初めてインドに降り立った地はマハーラーシュトラの州都ムンバイー（ボンベイ）であった。あの肌にまとわりつくような生暖かい風と漁村のようなにおいが忘れられない。それから一〇年間に及ぶインド遊学の地もマハーラーシュトラで、その縁は今に及んでいる。華やかな都市ムンバイーを州都としながら、マハーラーシュトラの文化は、全般に地味で質実剛健なイメージがある。それは食文化においても例外ではない。

インド料理には、「パンジャーブ料理」「ベンガル料理」「グジャラート料理」「カシュミール料理」など地名で呼ばれる特徴的な料理があるが、残念ながら「マハーラーシュトラ料理」として全インド的に知られる料理はない。プネーには、結婚式などで出される伝統的「マハーラーシュトラ料理」を専門にするレストランが数軒ある。家庭料理の雰囲気を大切にしたレストランで、常に客足が途切れることはない。

そのようなレストランで供されるのは、マハーラーシュトラの結婚式の定番といえるオーソドックスな料理で、必ずワラン・バート（味をつけていないキマメの黄色いスープとご飯）から始まる、菜食のコース料理である。ワラン・バートとは、炊きたての柔らかめの白米にターメリックで色をつけただけのキマメのスープをかけたもので、食べる人がギー（精製バター）とライム、塩で好みの味をつけるシンプルなものだ。スターターのようなかたちで、あまりたくさんは食べない。この何の変哲もないワラン・バートがマハーラーシュトラの多くの人々にとって一番郷愁を呼ぶ味であるのは興味深い。著者自身もプネーに行ってまず食べたくなるのがこれである。

ワラン・バートが食べ終わると、マサーラー・バート（プラーオのようなスパイシーなご飯）がよそわれる。そこにもたっぷりとギーがかけられる。続いて、プーリー（揚げパン）、バークリー（モロコシパン）、チャパーティーなど粉物系を好みでいただく。特別料理としてプランという甘い餡を挟んだチャパーティー（＝プラン・ポーリー）も不可欠だ。惣菜は季節の野菜をピーナッツ油とスパイスで炒め煮したものが主体である。ときにはウサルといって乾燥豆を水に戻してスパイスで味付けしたものが出る場合もある。ステンレスのターリー（大皿）の上の部分には塩、ライム、ピクルス、サラダ、チャトゥニーが彩りよく少量ずつ配膳されている。ダール（豆スープ）や汁気の多い惣菜はワーティーというステンレスのお椀によそわれる。ワーティーにはヨーグルトやスイートも入れられている。左側にはステンレスのコップに入った水も必ずセットされている。

三〇年来の友人で、今もプネー滞在中はお世話になる友人宅G家に焦点を当てて、この地の家庭料理の変遷を概観してみたい。G家はバラモンに属し、一代前の当主は判事、現在の当主は工科大学教授（すでに退官）というエリートの一家である。

私の友人は独身で、彼女の姉の嫁ぎ先に一緒に暮らしている。三〇年前には血縁関係のない人やサーヴァント（家事労働者）を含めて一〇人ほどの大所帯で暮らしていた。台所を切り盛りする友人の姉Uは誰もが認める料理上手である。周りのインド人たちは「彼女の指からは隠し味となる特別なエネルギーが出ている」と評していた。調理はUが担い、調理までの下準備は他の女性たち（Uの義母、実母、妹）が分担していた。当時からチャパーティーをつくる通いのお手伝いさんがおり、食器洗いは同居していたサーヴァントの男性が担い、調理と配膳、その他が一家の主婦であるUの仕事であった。週一回の野菜市場への野菜類の買い出しや、年に二度の穀物、豆類、香辛料、調味料のまとめ買いなどは私の友人が担当していた。

彼らが暮らす家は築二〇〇年以上の古いワーラーと呼ばれる伝統建築であるが、台所は二度にわたる改築を経て非常に機能的で使いやすくなっている。特に、空間的に贅沢な造りになっており、大勢の人が同時に作業できる。貯蔵庫

毎朝通いのお手伝いさんが、粉から1枚1枚チャパーティーを焼く。（プネー）

から調理台への動線にも無駄がない。水道とシンクが台所回りだけで四か所もあり、野菜の下洗いや、使い終わった鍋や食器の洗い場も別にある。コの字型にセットされた食卓は配膳する人の便を考えてのアイディアである。このように使いやすい台所がある家庭は非常に恵まれていたといっていい。三〇年前は古いワーラーを分割して間借りをしている家庭も多く、台所のない家も多かった。ワーラーの廊下や中庭の地べたに石油ストーブを置いて調理する姿もよく見かけた。

プネーの人たちは昼食を一日のメインとしており、朝早くから早めの昼食の準備にかかる。G家では朝はたっぷりのミルク入りのチャーエ（チャイ）とビスケットのみ。熱々のチャパーティーが焼きあがるのに合わせて一〇時から一一時の間に朝食と昼食を合わせたような一日のメインの食事を摂る。昼三時くらいにお茶と果物などを軽く摂り、夕食は七時ごろ。昼食の残り物や、朝焼いたチャパーティーが足りないときはバークリーなどを焼いて軽く済ませる。親戚や交友関係の広いG家には来客が絶えない。長期滞在する客もいれば、ふらっと顔を見せる客も多い。「客は神さまが姿を変えて現れたもの」として歓迎するインド文化においては、ふいの来客でも食事どきに現れた客には食事を出すのは当然である。そんなとき、一家の主婦は満面の笑みで、「ご飯食べていくでしょう？」と食事に誘う。主婦であるUは、客や家族の満足そうな顔を見てから、一日の残り物で夕食を済ませることが多い。何も残っていないときは、ナーチニー（シコクビエ）のミルク粥（ラプシー）を夕食とする。「鉄分豊富で万能食よ」と言いながら。

G家は厳格な菜食家庭だ。先代がニンニクやタマネギの臭いも苦手であったことから、料理にニンニクもタマネギも使わない。毎朝沐浴を済ませてからUは台所に立つ。前夜に姑たちと翌日の献立を相談し、ダールに使う豆やメインの惣菜の野菜を決める。下処理の必要な野菜や豆類は前の夜にみんなで準備する。その他に大切なのは、コーシンビールと呼ばれるサラダやチャトゥニー（直訳すると舐め物、箸休め的な食べ物、チャツネとして日本でもなじみがある）の材料を決めることである。マハーラーシュトラの家庭料理に不可欠といえるものが、このチャトゥニーだと個人的に確信している。豆や胡麻を煎ってすり潰し、スパイスで味をつけたり、惣菜に使うヘチマなどをむいた皮を細かく切って空煎りしたり、あらゆる素材がチャトゥニーに変身する。全インド的につくられるチャトゥニーはココナッツの果肉とコリアンダーの葉、それに青トウガラシをすり潰したものがよく知られている。ふりかけのようなドライタイプのものと、汁気のあるものがある。このレシピはアイディア次第で限りがなく、単調になりがちな食卓を豊かにしてくれる。また作り置きのきかない、新鮮さが命の食べ物である。脇役的存在ながら、これがあるとないとでは食事の満足度がまるで違う。

食卓では、ターリーの上で右手を使って惣菜やダールを混ぜて料理を口に運ぶ。口に料理を含んだあとに、好みでチャトゥニーを一口加えると、口の中の味わいが変化する。

厳格な菜食者のG家の人々は外食をせず、旅に出るときも親戚や知人宅での手作り食以外口にしない。そんなG家の家庭料理も毎年訪れるたびに新しいメニューが加わるようになった。最初の変化は二〇年ほど前だろうか、南インドのスナックである豆と米の粉を一晩置いて少し発酵させた粉でつくるクレープ状のドーサー（タミル語ではドーサイ）や蒸しパンのイドリー（イドリ）の登場だ。ドーナツのようなワラーもお目見えした。プネーでも軽食レストランでは昔から人気のメニューであったが、一般家庭に普及しはじめたのである。セットのサーンバル（サーンバール、豆と野菜の酸味のあるスープ）も定番となっていった。続いて家庭料理に加わったのが中華料理の定番メニューのフライド・ヌードルである。三〇年ほど前、著者が乾麺と中国製醤油でつくったフライド・ヌードルは、醤油の風味への抵抗感からか不評だった。手作りのトマトソースで味をごまかしながら無理に食べてくれたのを思い出す。ところが、今では近所のグロサッリー・ショップ（食料雑貨店）でも乾麺や中国製醤油が手軽に手に入るほど家庭に普及したようだ。ピザハットなどのチェーン店がインドにも展開するようになった一〇年ほど前から、ピザも家庭で手軽にできるレシピとして定着した。ピザの生地は市販のものを利用するが、トマトソースは手作り。トッピングは好みで、チーズをたっぷり使ったピザは食事制限の多いG家の人々にも人気がある。電子レンジやオーブンの普及とも関連があるようだ。

最近では、コルカタなどで人気のロールがフランキーという名前でG家の定番メニューとなっていた。チャパーティーでジャガイモの惣菜などを巻いて、トマトソースをつける目新しいスナックとなっている。そのほか、南インドのスナック類が二品加わっていた。日本のタコ焼きのようなパッドゥと、米粉を麺のように絞り出したものを蒸したプットゥだ。パスタもしっかり定番家庭料理になっていた。

Uは好奇心旺盛な女性で、知り合いの家でご馳走になっておいしいと思った料理は、その場でレシピを教えてもらいすぐ家で試してみる。家族に好評なメニューが定番家庭料理として定着していく。

厳格な菜食の家庭であるから保守的というわけでない。卵を使わないスポンジ・ケーキなどこちらが取り入れたい新レシピも豊富にある。Uのレシピノートは五冊もあり、マラーティー語の料理本のベストセラー、カマラーバーイー・オーグレーの『美味(ルチラー)』(一九七〇)も使いこまれて台所の隅に置かれている。料理にもやはり王道はなく、あくなき探究心と努力の成果が家族を満足させる味となっているのである。

III

変動する社会と食

第七章

もの言う食べ物

テランガーナにおける地域アイデンティティと食政治

山田　桂子

一　食べるサティヤーグラハ[*1]

二〇一一年六月一九日朝、南インド、アーンドラ・プラデーシュ州の州都ハイダラーバードで、人々が鍋釜や食材を抱えていそいそと外へ繰り出す光景がみられた。市内だけではない。周辺各地からも列車やバス、トラックに乗った群衆が次々と到着し、「テランガーナ万歳」と声を掛けあいながら合流した。この日、路上で料理をつくり食べることでテランガーナ州という新しい州の分離設置を訴えようという、その名も「つくって食べる抗議行動」が大々的に実施されたのである。料理を主導するのは女性たち。一方それまでチャイをい

テランガーナ分離運動の中心となったオスマニア大学（2001年）

れたこともなかった男衆も、この日ばかりは負けじと危ない手つきで野菜を切り、鍋をグルグルかき回して必死にアピールにつとめる。一説では二万台以上のコンロに火が点けられ、大小合わせて一五〇〇か所以上の路上で実施された。参加者数は総勢三〇万人から四〇万人にものぼったという〔*Rightwing Rumblings*, 20 June 2011; *Rediff.com*, 19 June 2011〕。

インド独立運動の指導者M・K・ガーンディーは、非暴力のシンボルとして手紡ぎ車チャルカーを採用した。しかし二一世紀のテランガーナではチャルカーは鍋釜に取って代わられた。ガーンディーの時代、死もいとわない断食は抵抗運動のハイライトであった。しかしテランガーナ運動のハイライトは正反対に、生きるために食べる姿を見せつける行為であった。まるでガーンディーの禁欲主義に挑戦するかのような、食欲と豊かさへの正当な権利を主張する抗議スタイルが、経済自由化時代の新しいサティヤーグラハになったのである。

食べるサティヤーグラハと言えば逆説的に聞こえるかもしれない。しかしガーンディーの時代でも、実は末端の活動家に飲食が提供されていたことは多くの記録に出てくる。今でもハンガーストライキを別にすれば、デモや集会に集まる人々への飲食物がその組織者やスポンサーから提供されている。単に提供されているという以上に、飲み食いの保障こそ運動の成功の鍵を握ると言っていいかもしれない。しかし、それはあくまでも舞台裏の話であった。ところが今回、「食」そのものが政治運動の表舞台に躍り出たのである。

本章は二〇〇九年に発生したテランガーナ運動から読みとれる、食とアイデンティティに関わる次の三つの問題を扱っている。第一は政治と食の関係である。具体的には、さきに述べた「つくって食べる抗議行動」が出現するにいたった背景と要因を探る。料理をつくってそれを食べるという日常の平凡な行為は、栄養補給や生命維持のためだけにあるのでない。序章でも述べられているとおり、食は地域や宗教、民族など様々な紐帯で結ばれ、また切断される人間集団のアイデンティティそのものであり、またそのせめぎあいの場でもある。過去の研究においてノルベルト・エリアスは食と文明化の関係を、ジャック・グディは食と階級の関係を論じた〔エリアス 一九七七－七八：Goody 1982〕。本章では政治的機能を果たす食の役割に注目する。第二は「テランガーナ料理」の創造である。近代国家インドにおいてその国民料理が創造されるように〔第四章〕、テランガーナ州の実現もまたテランガーナ料理というあらたな郷土食、つまり地方料理の創造を促した。ここではその料理がどのように模索されたのかについて述べる。そして第三は、「テランガーナ料理」が到達することになった全インドレベルの問題、具体的には内臓食や牛肉食の是非をめぐる事件と論争について取り上げる。

二　政治的メッセージとしての共食

テランガーナはハイダラーバードを中心とする人口約三五〇〇万人、面積およそ日本の三分の一の地域である。アーンドラ・プラデーシュ州の公用語はテルグ語で、一九五六年インドが言語別州再編成を行う直接のきっかけとなった、いわゆる言語州要求運動の舞台としても知られている。このことからテルグ語を母語とする言語民族意識が強いと見られることもあるが、しかし現実には州内の経済格差や貧困問題、差別を主な理由として、「豊かな」沿岸アーンドラに対し「貧しい」内陸のテランガーナの人々が分離を求める声が上がっていた。この動きは特に一九六〇年代から顕著になり、二〇〇九年の段階では州内のすべての政党が選挙公約に掲げるまでになっていたが、実際には何ら具体的な進展がなく、人々の間には失望感が蔓延していた。そのような雰囲気の中、かつてない大規模なアジテーションが発生し、結果的に二〇一四年六月二日、インド第二九番目の州としてテランガーナ州が誕生したのである。

今回の話は二〇〇九年の大規模アジテーション発生のきっかけとなった事件から始まる。まず政治家チャンドラシェーカル・ラオが州実現を訴えて「死に至る断食」を予告し、その断食に向かう途中の路上で逮捕された。彼は決して人気や人望のある政治家ではなく、人々はこの断食もどうせ口先だけに違いないと冷ややかに見ていたが、しかし丸腰の彼ひとりを大勢の警察が取り囲み暴力的に連行する映像がニュースやネットで流れるやいなや、政府の高圧的な対応に人々は猛然と批判の声を上げはじめた。チャンドラシェーカル・ラオは連行された先の獄中で断食を開始した。すると警察は予防拘禁などを理由に罪もない学生ら市民にも暴力を振るったため、人々の不満は爆発し、またたく間に大規模なデモや抗議の自殺が相次ぐ深刻な事態に発展した。問題はその直後である。断食開始からわずか二日後、チャンドラシェーカル・ラオがジュースを飲んだことが報道されたのである。本来断食中に取っていいのは水だけで、ジュースを飲むことは中止を意味する。テランガーナ州の実現を真剣に訴えてきた人々にとって、これは紛れもない「裏切り」であった。

長年繰り返されてきた政治家の見せかけだけのパフォーマンスに、人々の怒りは頂点に達した。その中心にいたのはハイダラーバードの名門オスマニア（ウスマーニーヤ）大学の学生と若者たちである。彼らは政治家や政党を痛烈に批判し、それら一切を排除した独自の「統一行動委員会」を結成した。そして州を実現できるのは政治家と政党に拠らない一般民衆、つまり自分たちしかいないと、自ら州を実現してみせると檄を飛ばした。雲行きを察したチャンドラシェーカル・ラオは急きょ断食を再開したがすでに遅く、人々が勝手に自分たちの手で運動を開始した後だった。こうして始まった一般民衆による数々の抗議行動の中から、公衆の面前で料理をつくって食べるという行為が登場したのである。

この経緯からすれば、断食の失敗が逆にその対極にある「食べる」行為の再発見につながったかのように見えるかもしれない。または、「食べる」行為が貧困問題を告発するものとして意図的に選ばれたようにも見える。しかし事実はそのどちらでもなかった。なぜなら、当初分離支持者たちは通常のストライキやデモ、集会、投石や襲撃、器物損壊など定番の行動を取っており、その中でハンガーストライキは中心的なプログラムだったからである。

インドの代表的な新聞『ザ・ヒンドゥー』紙に最初に「食」に関する記述が登場するのは運動開始から一か月後の一二月三〇日である。ここでは前日にふたつの地域で行われた路上での料理や食事について報道されている。当日の雰囲気や様子が具体的にわかるので、少し長いが次に引用する。

最初はサンガーレッディ県のニュースである（傍線は筆者による。以下同様）。

路上での料理、十字路での青空学級、道路脇でのビーリー（インドの安い葉巻タバコ＝筆者）巻き、そして交差点での民謡踊り。これらがこの県一帯で行われた運動の形である。サンガーレッディ県では活動家たちによって人間の輪が作られ、統一行動委員会のメンバーはそれを応援する集会を開いた。集会の主催者は翌日シッディペータ市とメダク市で逮捕されたが、その後も統一行動委員会の指導者たちはハンスト・リレーを続け、その間女性たちが食事を料理して活動家たちに振舞った。

〔*The Hindu*, 30 December 2009〕

この引用では、「路上での料理」が「運動」のひとつだとはっきり書かれている。同じ日、三〇〇キロメートルほど離れたワランガル市については次のように報道されている。

統一行動委員会がすべての私立大学に授業ボイコットを呼びかけたことから、それに呼応した数千人の学生らがテランガーナ分離を求めて往来に押し寄せ大混乱になった。人々はプラカードを持ち、人間の輪を作り、役所からカーカティーヤ大学までの道路という道路でデモ行進を行った。警察が車両を移動するように説得したが学生らは断固として応じず、ワランガルからカリームナガルの間の道路は三時間にわたって封鎖された。ハンスト・リレーの最中だった法律家集団は、路上の混乱をかき分けて大通りでコミュニティ・ランチを組織した。ニールクッラ村の統一行動委員会執行委員のV・サティヤムによると、三〇〇〇人の村人が三日間にわたって路上で抗議活動をしており、今後も継続するだろうということだ。〔*The Hindu*, 30 December 2009〕

ハンスト・リレー（複数の人間がリレー式にハンストすること）をしているある法律家は、その合間に他の参加者のために「コミュニティ・ランチ」を実施した。このコミュニティ・ランチとは文字どおり人々が一緒に昼飯を分け合って食べることである。インドにおいては共食は特別の意味をもつ。食事は通婚と同様、カーストや宗教などによって細かく規制される対象であり、誰もが誰とでも仲よく食事ができるわけでも、一緒に食事をしてよいと考えられているわけでもないからである。しかしそうであるがゆえに、逆に食を共にすることが血縁やカースト、宗教を越えてひとつのコミュニティなのだというメッセージになったのである。

記者がコミュニティ・ランチにまさに抗議としてのメッセージを読み取っていたことは、次のような報道からもわかる。

テランガーナ分離支持者によって当県で「すべての村へ」プログラムが行われた。開始の合図は小規模工業大臣のD・K・アルナがガドワール市で行ったバイクの大集会だった。プログラムでは、テランガーナの活動家たちが村々で民衆に分離州の必要性を教える予定である。また活動家たちは自らの抗議の意思を表すために、コッタコータ市近くの路上で料理をしコミュニティ・ランチを催した。

〔*The Hindu*, 4 January 2010〕

さらにこの翌日、オスマニア大学で行われた集会に関する記事では、コミュニティ・ランチに限定されず、同じものを皆で食べるという行為自体が抗議行動になっている姿が報道されている。

集会はまるで巨大なカーニバルのようだった。食べ物を入れた包み、サモーサー、ピーナッツなど、スナック類がふんだんに用意された。若者らはそれを口いっぱいに頬張りながら、スローガンのテランガーナ万歳を叫んだ。

〔*The Hindu*, 5 January 2010〕

現実にはコミュニティ・ランチとはいえ料理の鍋が血縁やカースト、宗教ごと別々に用意されていた可能性はある。料理を受け取る者はどの鍋がいいか慎重に見て選んだかもしれない。スナックを受け取る者も、タブーに触れないように中身を確認してから口に入れたのかもしれない。しかしたとえそうだったとしても、これが政治的行為としての食の出現であった。

三　グローバリズムとの関係

料理をつくったり食べたりする行為がひとつの抗議行動となる前提として、前節で見たように、そもそもインドでは本来共食が自由でないために、そのタブーを犯すことが政治的なメッセージ性をもち得たことが挙げられる。しかし、もう少し状況を詳しく分析すると、そのようなインドの特殊条件にはおさまらない、より一般的なグローバリズムの問題が浮かび上がってくる。

冒頭に述べた二〇一一年六月一九日の大規模な「つくって食べる抗議行動」の看板スポンサーは、断食に失敗して民衆から見放された政治家チャンドラシェーカル・ラオと彼が率いる政党テランガーナ民族会議であった。彼が断食から「つくって食べる」抗議行動に転換した理由は、無数の小規模な「つくって食べる」イベントが線路封鎖や道路封鎖、ストライキの際の座り込みで行われ、それが「平和的」な「変わった」抗議行動として人気を博し、大きく注目されたからである。しかしこの抗議行動は最初から特別な注目を浴びていたわけではない。ピクニックのような楽しく面白そうな様子が映像やニュースとして新聞やテレビ、インターネットなどを通じて広まるようになってから、徐々に頻繁に、派手に、そして大規模に開催されるようになっていったのである。

このように事態をエスカレートさせたのは政治家たちであった。政治家と政党は統一委員会から完全に排除される対象だったので、彼らはたとえ参加したとしても指導者然とした振る舞いは難しく裏方に徹することを強いられた。しかし州が本当に実現するかもしれないという予想の中で、州成立後を見越した選挙活動を意識しない政治家などいなかっただろう。あまり有名でない政治家でも食材や鍋釜、燃料の調達、場所取りなどの便宜をはかれば人々への自己宣伝になった。道路や線路で群衆と一緒になって大鍋をかき回せば、その写真が報道されるチャンスがあったのである。

このような政治家の参入以前は、一般の参加者たちが自ら自宅から食材や鍋釜を持ち寄って料理していた。それを可能にしたのは多くの女性の参加である。警察は初動の暴力で批判を浴び慎重になっていたこともあり、実際つくって食べるだけで特に暴れてもいない人々に手荒な真似をすることは職務上難しかっただろう。警察が傍観するだけだとわかると、女性たちはますます大人数になり、かつ中心的な役割を担うようになった。お互い誘い合って路上に繰り出し、あてつけのように輪になって民謡を歌い踊り、また路上で料理をつくって長時間居座るなどして存在感を見せた。女性の主導的な役割が特に顕著だった分野は二つ、祭りと料理であった。

しかしこのような女性たちの参加もはじめから見込まれていたわけではない。彼女たちを公共の場へと誘導したのは、「つくって食べる」イベントの元になった「文化的プログラム」である。これは民謡を歌ったり踊ったりする芸能イベントのことだが、プロの芸能人が出演するプログラムだけでなく、素人の子供たちがステージに上がって太鼓をたたき踊りを披露する一般参加型のイベントも各所で開催された。女性らはプロの芸能人を見るためにも殺到したが、一般参加型のプログラムはより人気があり、普段はデモにも行ったことのない人々が家族や親戚一同で参加した。そしてそのようなイベント会場では、地元野菜や工芸品の販売ブース、手作りスナックの屋台などが設置されるのが常であり、そこには当然女性と子供の姿があったのである。

「文化的プログラム」は、数あるインドの政治運動の中でも特にテランガーナ運動の特徴としてインド中から注目を浴びた。主催者側の事情としては、通常の政治集会やデモよりも大勢の人々を集めることができ、またより長い間続けることができる点で好都合だっただろう。しかしより重要な点は、このような祝祭の画が圧倒的にメディア映えしたことである。従来のストライキでは人気のない街が映し出されるだけであり、デモ行進は平凡すぎて報道される保証はない。しかしメディア映えする行動は大きく報道されたりインターネットで伝播したりして話題になり、最終的には中央政府への圧力になった。実際メディアの協力は切実に必要とされていた。それは政治家や政党に依らないという統一行動委員会の一貫したスタンスのためである。制度的には分離州の最終的決定権は中央政府にある。議会制民主主義の通常の手続きを踏むなら、民衆は要望を議員や政党を介して州議会、連邦議会へと上げていかなければならない。もしこの手続きを迂回するなら、別の方法で中央政府に直接ゆさぶりをかけなくてはならなかった。その希望がメディアに託されたのである。

「文化的プログラム」はまた、昨今インドでしばしば唱えられる「平和的」抗議行動の要請にも合致した。「平和的」とは、デモや集会を実施する際にそれが州の人権委員会の基準にかなっていることをアピールするためにつけられる枕詞のようなものである。インドでは一九九三年の人権保護法の制定に基づいて国家人権委員会が作られ、その後州ごとの設置が進められたが、アーンドラ・プラデーシュ州の人権委員会は二〇〇四年に設置された。この委員会は、基本的に暴力による人権侵害の疑いが通報されれば駆けつけ介入することができ、その権限はしばしば警察よりも優先される。人権や人道、市民といったキーワードは、経済自由化後のグローバル化の中でインドの人々の間に普及したものである。彼らはたとえ小さな暴力でもすすんで州の人権委員会に通報し、また逆に自分たちが小さな暴力疑惑で通報される危険性を常に念頭に入れるようになったのである。

このような「平和的」な「文化的プログラム」もまた、今回はじめて考案されたものではなく、以前から分離州要求運動の中で行われていた芸能イベントに原型がある。この芸能イベントは有名な民謡歌手を招いて行われるもので、歌手は民衆の困窮やテランガーナへの郷土愛を民謡の節にのせて朗々と歌う。その民謡歌手は、ほぼ全員がナクサライトである。ナクサライトとはもともと武装革命を目指す極左活動家やその集団のことで、この名前は一九六七年に有名な武装闘争が起こったナクサルバーリーに由来する。しかし興味深いことに、招待する側はヒンドゥー右派のインド人民党の場合もあった。インド人民党は国政の立場からテランガーナ州の実現を訴えていたが、都市の一部の富裕層の間で影響をもちつつあったものの州政治全体の中では弱小政党だったにすぎない。彼らが芸能イベントを企画したのは民衆的基盤を築くためであろう。なぜなら、すでにナクサライトがそのようなイベントで成功していたからである。

ナクサライトは必ずしも極左的イデオロギーを共有しなくとも、貧困や労働、人権問題を抱える労働者の団体を多数傘下におさめ、協働して分離州の実現を訴える政治集会を開いて「文化的プログラム」を行っていた。もともと分離を支持していたわけではないが、一九九〇年代経済自由化以降、経済特区やダム建設地での立ち退き問題や炭鉱労働者の労働問題が頻発するようになったとき、彼らは貧困や格差、差別といった、従来であれば階級問題として理論化したはずの問題を、地域間格差の問題として捉え直したのである。そして「文化的プログラム」は、イデオロギーも利害も異なる多様な人々を、分離州の実現というシングル・イシューで結集させる役割を果たした。[*2]

以上まとめると、経済自由化以降の深刻化する社会経済問題を背景にしたナクサライトの戦術の変化、人々の間での平和や人権というキーワードの共有、女性や子供の参加とメディアへの呼びかけという手法から来る祝祭型アジテーションの展開、そして将来を見越した政治家の背後からの協力、これらの要因が積み重なって、食が抗議行動の表舞台に登場することになったのである。ただし次にみるように、一体その中身が何なのかが問題であった。[*3]

四 「テランガーナ料理」の創造

路上ではいったいどんな料理がつくられたのか。米に豆、雑穀、野菜料理を合わせるといったシンプルなものから贅沢なビリヤーニー（米と肉の炊き込み料理）まで、様々な料理がつくられたようである。特に意識的に郷土料理を出そうとした形跡はないが、しかし参加者がつくれるものをつくった結果、パッチ・プルスのような、本来レストラン料理には程遠い庶民の家庭料理までもが初めて公衆の面前に露出することになった。パッチ・プルスはタマリンドを溶いた水に青トウガラシやタマネギなど香味野菜の切れ端を少々入れただけの冷汁で、決しておかずではなくまた料理といえるような代物でもなかったが、今では「テランガーナ料理」として広く知られている。これまで人々はテランガーナで食べられているものを俯瞰して眺める機会もなく、まさかそれが「パンジャーブ料理」や「ムガル料理」と並ぶような独自のジャンルだと思ったこともなかっただろう。一九九九年にペンギン社が出版したレシピ本でも、テランガーナ料理（cuisine）ではなくテランガーナ名物（specialities）とされ、しかもアーンドラ料理の下位カテゴリーに位置づけられている〔Latif 1999〕。

しかし「つくって食べる」イベントでは、多くの人々がメディアを通じてテランガーナで何が食べられているのかを目の当たりにし、またそれが逆にテランガーナの人々に自分たちの食文化とは何かを意識させるきっかけになった。その後実際に州分離が決定すると、州の領域を文化によって裏付けるための「テランガーナ料理」の創造が開始された。例えば、ハイダラーバードがテランガーナ州の州都になることが決まると、市内の食堂は看板やメニューから「アーンドラ」の文字を消し、何かテランガーナ料理と呼べるものを加えようとした〔*The Indian Express*, 29 January 2014〕。高級レストランもテランガーナ料理のフェアを開催してビジネスにつなげようとした〔*The Hindu*, 9 June 2015〕。新聞の家庭欄ではテランガーナ料理なるものが紹介されるようになり、テレビでは無名の主婦が出演して田舎の家庭料理をつくってみせた。紹介された料理が他の地域の料理とほとんど同じであったり、逆にあまりに狭い範囲でしか食べられていなかったりするなど、悩ましい混乱が各所で起こった。

ここではテランガーナの食文化を考える際の前提知識として、テランガーナの食文化を構成する主な三要素を見てゆく。第一はデカン的特徴、第二はアーンドラ的特徴、第三はイスラーム的特徴である。まず第一のデカン的特徴として、乾燥したデカン高原の只中にあるテランガーナの伝統的農作物はシコクビエなど雑穀や豆で、かつてはこれらが主食であった。主菜としては野菜、豆、鶏、羊、山羊、他に鶉や鳩、うさぎなど小型動物も食べられる。味付けには香辛料とともにゴマも多く使われる。このような食を便宜上「デカン食」と呼ぶ。第二はアーンドラ的特徴である。アーンドラ料理はいわゆる南インド料理のひとつで、南側に接するタミル・ナードゥ州の料理と非常に近い。米を主食とし、主菜の野菜や鶏はデカン食と共通だが、羊や小型動物は少なく、代わりに魚が非常に好まれる。また味付けにはデカン食ではあまり使わないココナッツも使用する。このようなアーンドラ料理は一九五六年アーンドラ・プラデーシュ州の成立以降テランガーナでも急速に浸透した。

第三のイスラーム的特徴について述べる。テランガーナには一四世紀から二〇世紀半ばまでイスラームの王朝があった。イスラーム起源の料理は直近のハイダラーバード藩王国とその都ハイダラーバードの名前をとって「ハイダラーバーディー」と総称される。藩王国と関係ない料理もあるが、通俗的には北インドのムガル料理が南インドのスパイスや調理法と融合して独自に発展した高級な宮廷料理というブランド・イメージが確立している。料理としてはインドで最初の地理的表示[*4]を獲得したハイダラーバード・ハリーム（豆と肉のごった煮）やビリヤーニーが特に有名である。筆者の経験では、ハイダラーバードではヒンドゥー教徒の菜食主義者ですら大事な客をもてなすときにまず最初にビリヤーニー（ただしこの場合は肉を用いずに野菜のみを用いる）を出すことが多い。つまり、ハイダラーバーディーはムスリムだけが食べるものではなく、かたちを変えて一般に広く浸透しているのである。

しかしこれらデカン食、アーンドラ料理、ハイダラーバーディーの特徴は大雑把なものである。魚スープのチェーパル・プルスは紛れもないアーンドラ料理だが、鶏肉を煮込んだコーディ・クーラをココナッツ風味にするとアーンドラ風、ココナッツを使わずに汁気のない料理にするとテランガーナ風に見えたとしても、誰もがそのどちらもつくるし食べもする。またミルチ・カ・サーラン（青唐のナッツ・ペースト煮込み）やバガーラー・バインガン（ナスのピーナッツ・ソース炒め）のように、ウルドゥー（またはヒンディー、第一章参照）語の名前をもつものはハイダラーバーディーと言われるが、バガーラー・バインガンがいかにアーンドラの看板料理グッティ・ワンカーイ（小ナスのピーナッツ・ソース詰め）と近しいかを考えれば、このような区別は簡単ではなく、あまり意味もない。「アーンドラの母」と呼ばれる青菜ゴーングーラが実はテランガーナではプンティクーラという名前で非常によく食べられていることも分離運動中に広く知られるようになった。

三つの特徴が政治的な意味を帯びるのはそれが社会経済的な背景、すなわちカーストや宗教と絡めたかたちで解釈されたときである。大雑把に言えば、ヒンドゥー教の儀礼的身分階層における上位カーストはアーンドラに多く、バラモンと富農層カンマは圧倒的にアーンドラに、もうひとつの富農層レッディもアーンドラに多く分布する。州都ハイダラーバードやその周辺にもいるこれらの人々も、ほとんどが二〇世紀以降にアーンドラからやってきた移民とその子孫である。それに対しかつて不可触民といわれた指定カーストのダリトや指定トライブ、その他下層に位置づけられてきた人々はテランガーナに集中している。彼らは今回のテランガーナ州分離運動の中心的担い手であり、特にダリトは統一行動委員会の主要メンバーでもあった。また経済的には貧困層であるマイノリティのムスリムはハイダラーバードに圧倒的に集中しており、やはり分離を支持していた。

今日テランガーナ料理の特徴を語る際に、アーンドラ料理よりも辛味、酸味、塩気が強いと説明される場合がある。しかし、一昔前まではテランガーナの人間がアーンドラに行くと現地の料理のあまりの辛さにショックを受けるという話がいわば「定説」であった（ちなみにアーンドラはインドでもっとも辛いトウガラシの産地である）。もしこれが最近言われなくなっているのであれば、近年アーンドラでは経済的向上に伴って薄味傾向が進んだのかもしれない。そうだとすれば、テランガーナ料理の方が辛味、酸味、塩気が強いというのは地域差ではなく経済格差が理由であるとも考えられる。同じことが食肉についてもいえる。テランガーナでは菜食文化は目立たず、目立つのは動物の内臓など特殊部位を食べることだといわれるが、古今東西こうした食材がもっとも安価な庶民の食材であることを考えれば、これもまた地域というより階級的特徴と見てよいのかもしれない。

もうひとつ考慮に入れるべき点として、さきに触れたアーンドラからの移民の問題がある。彼らは生粋のテランガーナ人から見れば州都を根城に経済的利益を不当に奪取するよそ者だが、しかし今やアーンドラに帰るべき故郷をもたず、テランガーナに定住する人々も増えている。このような人々、特に教育程度の高い移民やその子孫の若者の間に、一九九〇年代後半以降ヒンドゥー右派のインド人民党や民族奉仕団が急速に浸透しはじめた。彼らはどちらかというと菜食文化に共感し、かつ分離運動の支持者でもあった。

以上の背景を考え併せると、「テランガーナ料理」なるものが「アーンドラ料理」と差別化をはかりながら、一体どのような料理として規定されていくのか、その収斂の方向性には次の三つの可能性があったと思われる。第一はハイダラーバーディー、第二はデカン食、第三は菜食を中心に据えたデカン食のヒンドゥー右派版である。この中で第一のハイダラーバーディーはすぐに思いつく選択肢だろう。すでにブランド力があり、歴史的にも説明可能である。この方向性は当然模索された。興味深い事件は二〇一一年に勃発した「ビリヤーニー戦争」である。チャンドラシェーカル・ラオの、アーンドラ人はろくなビリヤーニーをつくれないという発言に憤慨した沿岸アーンドラの女性たちが「アーンドラ風」のビリヤーニーをつくって応酬した事件である〔*The Times of India*, 3 February 2011〕。

しかし、チャンドラシェーカル・ラオのようにビリヤーニーをテランガーナのシンボルとみる者がいる一方で、一般的には、ハイダラーバード藩王国では強欲な少数派ムスリムが多数派ヒンドゥーを封建的支配で苦しめたと否定的に理解される。当時、在地の民衆の言語を無視して公用語にはウルドゥー語が押しつけられた。奴隷的労働や封建的搾取からの解放を目指した一九四〇年代の共産主義者の武装闘争は、昔話となってもなお人々の涙と感動を呼んでいる。チャンドラシェーカル・

ラオが藩王ニザームを多文化共存の象徴として称揚した際も、即座にナクサライトがそれを一蹴した。このような事件はいかにハイダラーバーディーがテランガーナのアイデンティティになりえないかを表している。ナクサライトがハイダラーバーディーを食べないというのではない。たとえ食べても、それを自分たちのシンボルとは認めないのである。このことは奇しくもヒンドゥー右派にも共通する。彼らがヒンドゥーの敵と見なすイスラームの料理を、地域アイデンティティの看板に掲げることはまったく論外だからである。

しかし、だからと言って第二の選択肢のデカン食に問題がなかったわけではない。まず雑穀である。アーンドラ・プラデーシュ州のシンボル的女神「アーンドラの母」は手に稲穂を握っていたが、分離運動の最中に新しくデザインされた「テランガーナの母」は同じ手に雑穀の穂を持たされた。表向きには雑穀はテランガーナ料理の看板としてもっとも広く紹介された食材である。具体的にはモロコシ粥や雑穀ローティーがレストランのメニューに入ったり、ホテルや政府系のイベントで出されたりした。ところが一九九〇年代に政府の配給制度がコメを広めて以来、貧困層の間にも米食が浸透し、テランガーナの雑穀農業自体絶滅の危機が叫ばれるようになった。今やその料理法や食べ方をNGOが指導するほど非日常的になってしまっている。

現在雑穀の出番が残されているのはスナックなど軽食の分野だろう。確かに平凡な道端のスナック屋が急に注目を浴びて繁盛店になった例もある。しかしそれでは正餐にならない。テランガーナ料理にビジネスチャンスをみたインド国内の外食業界にとっても、一般に雑穀は「本格的な食事」

の主食とはみなしにくいのが実情であった。ニューデリーのＩＴＣシェラトン・ホテルの料理長は、ＩＴエンジニアら新しいライフスタイルを求める人に「健康食」と銘打って売り出すことは可能だが、しかし雑穀はホテル・レストランのメインにはなりえず、例えば日曜のブランチには出せても本格的な食事のメインとしては出すことはないとコメントした〔*NDTV Cooks*, 11 March 2014〕。つまり、主食はあくまで米を中心にするしかなく、そうするとテランガーナの看板を背負う責務は主たるおかずに託されることになる。次にみるように、これこそが最大の問題であった。

五　肉をめぐる確執

州分離後にレストランや食堂、政府系のイベント等に出された「テランガーナ料理」の中から、比較的繰り返し出される主菜を筆者が拾い出したものが次のとおりである。文中「炒めもの」とあるのは汁気のない料理のことで、「シチュー」とあるのは汁気（グレービー）のある煮込みのことである。

羊肉の炒めもの
羊の脳ミソの炒めもの、またはシチュー
羊の内臓の炒めもの、またはシチュー
羊のカシラ肉の炒めもの、またはシチュー

羊の骨髄入り炒めもの
山羊のスープ、またはシチュー
地鶏の炒めもの、またはシチュー、またはスープ、または青菜との炒めもの

一見して明らかなのは、豊富な肉食とくに羊（山羊肉のこともある）で、部位が指定されていることである。肝臓、腎臓、心臓、血液まで指定して注文できる店もある〔*Outlook Traveller*, 2 April 2014; *Open Magazine*, 21 November 2014〕。このような料理は、メニューのない安食堂では出されていたかもしれないが、少なくともメニューカードのあるようなレストランでは従来出されていなかった。いうまでもなく内臓や脳ミソの料理はインド中で食べられており、それ自体は珍しいものではない。ここでは「炒めもの」「シチュー」「スープ」という部分が、テランガーナならではの調理法と味付けになっていると理解すべきだろう。また、ほとんどのメニューでは鶏肉料理は単に鶏肉ではなく「地鶏」と書かれる。さらに野菜料理は前に触れたパッチ・プルスを含めすべて副菜であり、主たるおかずとしてはほとんど出てこない。おそらく人々は日常生活では肉よりも安い野菜や豆を多く食べると思われるが、レストランではそれをそのまま出したのでは庶民的すぎて商品にならないのだろう。

このような料理を出す店がハイダラーバードの中心部ではなく、比較的不便な郊外に多いのは偶然ではないだろう。ムスリムが集住する下町をのぞけば市内にはアーンドラ移民ら上位カーストのミドル・クラスが多く、菜食文化がある。中心部で真っ先にテランガーナ料理を出して注目されたあ

る食堂は当初メニューに載せていた羊の内臓系の料理のいくつかを後に取り下げた。[*5] 他のレストランやホテルでも内臓系の料理は通常のメニューではなく、期間限定の「フェア」で扱う傾向がある。またたとえ扱ったとしても雑穀や地鶏の方が優先される。このような「フェア」がどこまで成功したかはわからない。ただそれでも、さきに名前を上げた料理は公共の場に出ている分、まだ許容範囲のうちとみなされているのだろう。なぜなら公共の場には出せない料理もあるからである。それは他ならぬ、牛肉である。

　現在牛肉食の問題はヒンドゥー原理主義勢力による牛保護運動やコミュナリズムといった、インド全体を覆う深刻な問題の一角をなしている。ここでは最小限触れるにとどめるが、テランガーナ料理の創造が牛肉食をめぐる問題へ発展していった点は注目すべき点として指摘しなければならない。その発端となった事件は、二〇一二年四月一五日オスマニア大学の寮で開催された「牛肉祭」である。主催者はダリトの学生が中心となる複数の団体で、一九五六年に亡くなった不可触民解放運動の先駆者アンベードカル生誕日の翌日に、総勢一〇〇〇人もの学生や教員らが大学寮に集まりビーフ・ビリヤーニーを食べた。パーティーが終わるころになって、約一〇〇人のヒンドゥー右翼の学生団体が会場にやってきて投石を始め、乱闘のなかで五人が刃物で切りつけられるなどの重傷を負い、数台の車両が燃やされた。最後は警察が駆けつけ催涙剤を撒いて事態を鎮静化させた。主催者側は、牛肉を公共の場で調理し食べることはダリトやマイノリティらの文化的アイデンティティの表明であり、また民主主義にかなった権利であると主張した。彼らの伝統的食習慣をバラモンら上位カーストがヒンドゥー教やインドの文化に反するという口実で止めさせようとするのは「食のファシズム」だと彼らは批判し、将来的には寮食の通常メニューとして牛肉食を入れることも求めた〔*The Indian Herald*, 17 April 2012; *India Today*, 15 August 2012〕。

この事件には前史がある。一九九七年ハイダラーバードの英語・外国語学校の寮の食堂で牛肉が出されることになった。上位カーストの者と料理長が強力に反対したが、学生らは自らの手で料理をし、一か月にわたって牛肉を食べつづけた。次は二〇〇六年、ハイダラーバード大学の学園祭でダリトの学生らが牛肉料理の屋台を出そうとした。大学は許可せずヒンドゥー右翼学生団体も反対したが、多くの協力者を得て屋台は出された。さらに二〇一〇年、ふたたび英語・外国語学校（その後大学に昇格）で牛肉パーティーが計画された。しかし調理の最中に反対派が乱入して鍋を壊したので、料理は食べられず失敗に終わった。

これらの先立つ事件や他のインド各地で発生した牛保護事件に比べ、二〇一二年のオスマニア大学の事件が特に際立っていた点は、牛肉食に積極的な価値を認めそれを擁護する主張があからさまに叫ばれたことである〔"Editorials" 2012〕。つまり、それまで例えば牛肉を食べたかどでムスリムがヒンドゥーに殺害される事件はあったが、その際に誰かが牛肉食こそがムスリムのアイデンティティの表明だとか、伝統的牛肉食を守るために闘おうなどと主張した例はほとんど知られていなかった。ではなぜ二〇一二年のオスマニア大学で、それほど積極的に牛肉食が擁護されたのか。その鍵は、牛肉祭とテランガーナ分離運動の担い手が同じであるところにある。そして騒動を見た多くの人々は、テランガーナで起こっていることが実はインド全体の縮図でもあると理解した。それは次のようなコメントからもわかる。

テランガーナ分離州要求運動の最前線にいたのはダリトやマイノリティの学生である。彼らはたんにテランガーナという地理的領域を求めているのではなく、そこでテランガーナ社会が公正に再現されることを求めている。公正な再現とは何か。公正とは人々が尊重されマイノリティや弱者が差別されないことであり、その再現とはダリトをはじめ他のマイノリティや弱者がみな、テランガーナ州のすべての公共空間において適切な割合で存在を保障されることである。それゆえ、牛肉祭は右翼学生団体に突きつけられた挑戦状なのだ。右翼学生団体もテランガーナ分離運動で活躍したが、しかしダリトの文化的主張には反対している。この全面対決は、公共空間と公共文化の民主化についての論争なのである。〔Anuveshi Research Centre for Women's Studies 2012〕

さきに、テランガーナ料理が収斂する方向性として三つ（ハイダラーバーディー、デカン食、デカン食のヒンドゥー右派版）があると述べた。第一のハイダラーバーディーの可能性はすでにない。現在の状況は、第二のデカン食、そのダリト版と、第三のデカン食ヒンドゥー右派版がせめぎ合っていると考えることができるだろう。

六　食文化の境界線

「つくって食べる」イベントの出現やテランガーナ料理の創造はその副産物として、より一般的に食文化そのものに対する人々の関心を促した。例えば、アーンドラ・プラデーシュ州の中でアーンドラにもテランガーナにも入らないラーヤラシーマ地方の食も新たに「発見」され、ラーヤラシーマ料理レストランがハイダラーバードで短期間に支店を複数展開するまでに成長した。またビリヤーニーのバリエーションが激増した。従来ハイダラーバードのビリヤーニーは生の羊肉を米と合わせて炊き上げるのを基本とし、レストランは羊以外にも鶏、卵、野菜の計四バージョンを揃えるのが普通だった。ところが今や「チキン65」（南インドで人気のある鶏のスパイス揚げ）や「鶏のから揚げ」と合わせるなどジャンクフードのようなものや、雑穀やマンゴーピクルスを入れた奇妙なビリヤーニーも現れた。

マリオット・ホテルのレストランが催した「ゴーダーヴァリーの旅」フェアも、奇をてらった企画のひとつである〔*Escapades*, 3 September 2015〕。沿岸アーンドラからテランガーナを通ってマハーラーシュトラにいたるゴーダーヴァリー河流域の名物料理をとり揃えたのだが、実際に出された個々の料理はすでによく知られたもので、特に新しいものがなかったところに注目すべきである。なぜなら通常ならアーンドラ料理、テランガーナ料理、マハーラーシュトラ料理と別々の地域名で分け隔てられている料理を、「ゴーダーヴァリー河」というキーワードで括り直したとたんに、それが本当にゴーダーヴァリー河流域に共通するなにがしかの特徴をもったひとつのジャンルであるかのように感じられるからである。つまり、食文化の境界線が地理的境界線である限り、それを柔軟に移動させることはできるし、その自由はすでに行使されている。

したがって問題はカーストや宗教で分け隔てする、社会的境界線なのである。テランガーナにおける食文化の再発見はダリトらマイノリティの食文化の再評価に行きついた。しかし、テランガーナ料理がダリト料理と言い換えられるとき、それはもはや単なる一地方料理の名前であることをやめ、インドのダリト全体の食文化を示すものになる。テランガーナが対抗したのはアーンドラだが、ダリトが対抗するのはバラモンや上位カーストらが代弁してきたヒンドゥー教文化そのものなのである。このように、地域食をめぐるアイデンティティ政治は、インド全体の国民文化をめぐるアイデンティティ政治の地平に連続しているのである。

註

＊1　ガーンディーが掲げた反英独立闘争、非暴力的不服従運動の理念で、字義的には「真理の把持」を意味する。

＊2　このような「文化的プログラム」もまた、インドの民衆史をさらにさかのぼることができる。生活の窮状を訴える民謡や政府を批判する芝居など在地の民衆芸能の伝統は古くからあり、二〇世紀のテルグ語地域ではそれらは主に共産主義運動の

中に取り込まれた。

＊3　補足すると、この運動において食だけが突出した扱いを受けたわけではなく、他の民謡や舞踊、祭など「郷土」の「伝統」文化のひとつとして取り上げられたに過ぎない。蛇足になるが、これら地域アイデンティティを構成する文化の項目の中に言語が含まれなかった（テランガーナのテルグ語の「方言」が「真のテルグ語」や「テランガーナ語」と主張されることはなかった）ことは興味深い。筆者は別稿で、歴史的に見ればテランガーナ分離運動は、言語を文化と読みかえることによって、「言語の原則」の否定ではなく逆にその一層の徹底を求める運動と読めることを述べた（山田二〇一三、二〇一四）。分離主義者はより現実的に、郷土語よりも英語教育の充実を訴えているのだが、このような、地域アイデンティティからのテルグ語の撤退もまた、それに代替するものとして食文化への関心が高まった一因と考えられるだろう。

＊4　世界貿易機関（ＷＴＯ）の協定に基づき、産品の地域名称を知的財産として登録し保護する地理的表示制度（Geographical Indication）のこと。

＊5　例えばテランガーナ・ルチュルというレストランはテランガーナ州の創設時の二〇一四年時点では羊や山羊の胃袋や肺などを入れた煮込み料理のバリエーションを五種類出していたが、二〇一五年の時点では三種類に減らしている。

参考文献

ノルベルト・エリアス（上：赤井慧爾・中村元保・吉田正勝訳、下：波田節夫・溝辺敬一・羽田洋・藤平浩之訳）一九七七―七八『文明化の過程　上・下』法政大学出版局。

山田桂子　二〇一三「インド・テランガーナ分離運動の歴史と現状（上）」『茨城大学人文学部紀要　人文コミュニケーション学科論集』第一五号。

――　二〇一四「インド・テランガーナ分離運動の歴史と現状（下）」『茨城大学人文学部紀要　人文コミュニケーション学科論集』第一六号。

Anuveshi Research Centre for Women's Studies 2012. "Editorial," *Broadsheet on Contemporary Politics*, 1-4.

"Editorials," 2012. *Economic and Political Weekly*, 47-17.

Escapades 3 September 2015.（http://arundati.wordpress.com 二〇一五年一一月閲覧）

Goody, Jack 1982. *Cooking, Cusine and Class: A Study in Comparative Sociology*, Cambridge: Cambridge University Press.

The Hindu 30 December 2009, 4 January 2010, 5 January 2010.（http://www.thehindu.com 二〇一六年八月閲覧）

India Today 15 April 2015.（http://indiatoday.intoday.in 二〇一五年一一月閲覧）

Indian Express 29 January 2014.（http://indianexpress.com 二〇一四年四月閲覧）

The Indian Herald 17 April 2012.（http://www.theindianherald.com 二〇一六年八月閲覧）

Latif, Bilkees I. 1999. *The Essential Andhra Cook Book, with Hyderabadi and Telangana Specialities*, New Delhi: Penguin Books.

NDTV Cooks 11 March 2014.（http://cooks.ndtv.com 二〇一四年四月閲覧）

Open Magazine 21 November 2014.（http://www.openthemagazine.com 二〇一五年一〇月閲覧）

Outlook Traveller 2 April 2014.（http://www.outlooktraveller.com 二〇一五年一〇月閲覧）

Rediff.com 19 June 2011.（http://www.rediff.com 二〇一五年一〇月閲覧）

Rightwing Rumblings 20 June 2011.（http://karsewak.blogspot.jp 二〇一六年五月閲覧）

The Times of India 3 February 2011.（http://timesofindia.indiatimes.com 二〇一五年一一月閲覧）

第八章

飲むべきか飲まぬべきか

ベンガルール市でのフィールドワークから

池亀 彩

一 逃亡する快楽の王様

「快楽の王（キング・オブ・グッドタイムス）」と呼ばれたヴィジャイ・マッリヤは、インド最大の酒造会社ユナイテッド・ブリュワリーズ・グループ（ＵＢグループ）の会長だが、この章を書いている時点（二〇一七年一〇月）ではまだ、イギリス・ロンドン郊外の豪邸で息を潜めているようである。自身が経営していた航空会社キングフィッシャー・エアラインズが、一〇億ドルともいわれる巨額の負債を抱え事実上倒産すると、彼は二〇一六年三月密かにインドを離れ、それ以降インド政府の度重なる引き渡し要求にも関わらず、国外での生活を続けている。インドの大手銀行に多額の損失を与えただけでなく、彼にかけられた罪状は脱税容疑、手形詐欺、国際的な資金洗浄など深刻なもので、インドに戻れば懲役刑を免れることはないだろう。ヴァージン・グループ会長リチャード・ブランソンのインド版を気取っていたヴィジャイ・マッリヤの栄枯盛衰は、ある意味でインドにおける新しい飲酒文化の光と影を象徴しているようにもみえる。この章の元となるフィールドワークは主に二〇〇七年に行われたが、今思えばそれは彼のキャリアのピークであり、また中間層の男女が公共の場で飲酒を楽しむことへの抵抗が最も小さくなっていた時期であったのかもしれない。

ヴィジャイ・マッリヤの父ヴィッタル・マッリヤはカルナータカ州西海岸地域のサーラスワタ・バラモンという司祭カーストに属し、インドの超名門校で教育を受けたエリートであった。ＵＢグループは元々スコットランド人が南インドで設立した会社だが、ヴィッタル・マッリヤはこの株式を取得し、インドが独立を果たした一九四七年に社長に就任する。それ以降、インドの様々な州で禁酒政策が施行されるのをものともせず、各地の醸造会社や蒸留所を吸収し、インドのアルコール飲料市場を支配する巨大会社に成長させた。一九八三年に心臓発作のため五八歳で早逝した父の会社を引き継いだのが長男のヴィジャイで、そのとき彼はわずか二八歳であった。

インドのシリコンバレーとも呼ばれ、ＩＴ産業の中心地であるベンガルール市（以前はバンガロールと呼ばれていたが、二〇一四年により現地語であるカンナダ語の発音に近い名称に変更された）の中心地にＵＢグループの本拠地がある。ヴィジャイは父の名前を冠した通りに面した一等地に、高級ホテルや有名ブランドの入ったデパートを含むＵＢシティを二〇〇八年に建設した。複数の高層ビルからなるこの複合商業施設は、ショッピングモールが立ち並ぶベンガルール中心地でも群を抜くハイクラスな場所である。完成したＵＢシティの隣には、父ヴィッタルが創設したマッリヤ病院がある。社会貢献に繋がるようなビジネスを目指した父と、消費文化を謳歌することに後ろめたさを感じない息子。この違いは独立インドにおけるエリート層の世代変化でもある。もちろん、どちらも彼らの懐に金が入ることには違いはないのだが。

二　近代インドにおける飲酒

近代インドにおける飲酒は常に問題含みであった。キリスト教宣教師たちが節酒政策を支持する一方で、ベンガルールのような軍の駐留地においては、軍隊は大量の酒によって兵士たちを懐柔・鼓舞した。低カーストの人々にとっては、飲酒をやめることはより社会的地位を主張するための手段の一つと考えられてきた。彼らは菜食主義や禁酒、寡婦再婚の禁止などの高カーストの間でみられる習慣を真似て、センサス調査の際に他から思われているよりも高いカーストの地位を主張した。こうした行為は「サンスクリット化」と呼ばれるが、飲酒はその中でも最も避けるべき行為の一つであった。さらに「独立の父」Ｍ・Ｋ・ガーンディーはこのサンスクリット化の行為に愛国の精神を追加した。ガーンディーの政治運動の独自性は、個人が自己の生活を律することと、国として独立を獲得しようとする行為とが直結することを主張し、実際に効果的な政治運動へと結びつけたことにあるが、禁酒はまさにガーンディーの政治思想に合致するものであった。アルコールの販売によってイギリス植民地政府は大きな収入源を得ていたため、禁酒を推し進めることは植民地政策に打撃を与える有効な反植民地運動となったのである〔Carroll 1976〕。

一方、イギリス植民地政府の税制度の多くを引き継いだ独立インドにおいては、アルコールにかけられる酒税は州政府にとっては重要な収入源でありつづけた。多くの州において税収の二〇％以上にもなり、また酒の販売により生じる売上税を含めると、税収の四割近くになる州もあるという。一方で、ガーンディー主義者らによって推し進められた禁酒と愛国との結びつきは、飲酒は不道徳な行為であるという考えを補強しつづけている。独立インド国家は反植民地運動の精神を引き継がなくてはならないという圧力もいまだ存在している。したがって、ポストコロニアルのインド国家は、植民地統治国家の財政構造と、反植民地主義運動の道徳的アジェンダという、矛盾した役割を担わなければならなかったのである。

独立後のインドにおいては、いくつかの州でアルコールの販売を全面的に禁止する禁酒政策が導入されたが、グジャラート州以外のほとんどの州は続けることができなかった。一方で、道徳的な立場をとりながら財政的な要求を満たす政策が導入されていく。後に詳述するように、現在、南インドの四州すべては、典型的な労働者階級の酒であるアラックという酒の販売を、健康と家族生活の安泰という名目によって全面的に禁止すると同時に、中間層の飲み物であるインド製外国酒（Indian-made foreign liquor, IMFL）を積極的に後押ししている。これは、国家が、道徳的な権威を行使すると同時に、税収をより効果的に管理し回収しようとする明確な一例であるといえる。

アルコールに関する研究は、生物学、公共衛生学、社会政策学、そして社会心理学が中心であり、それらはアルコール飲料の消費を個人的な病理（依存症）あるいは、暴力や家族へのネグレクトなどを誘発する社会問題としてみなしがちである。一方、人類学的研究、特に機能主義的なアプローチにおいては、飲酒のもつ社会的な統合という役割が強調されがちであった〔Heath 1987: 105; Dielter 2006: 230〕。ここでは、アルコール飲料を摂取することは、社会的に規範的な行為であるばかりか、社会を円滑にまとめていく上で重要な役割を果たすものとして理解されてきた〔Douglas 1987〕。しかしながら、シンガー〔Singer 1986〕が指摘するように、人類学者は、飲酒の政治的そして経済的な側面を明らかに無視してきた。そして社会・文化人類学はごく最近になってようやくアルコールがミクロ、そしてマクロ・レベルでのポリティクスにおいていかに社会の中に配置されるのかを、歴史の影響を受けやすい問題として取り上げはじめたのである。さらに言えば、インドにおける食物の社会的意味を分析する多くの研究〔Dwyer 2004; Osella 2008〕において、アルコールの問題が一切、慎重に、避けられていることも指摘しておきたい。

インドにおけるアルコールに関する研究は少ないのだが、それでも歴史家の貢献は大きなものがある。ルーシー・キャロル〔Carroll 1976〕は、一九世紀の西洋における飲酒自粛運動とガーンディーの禁酒を求めた抗議運動との繋がりを明らかにした。ガーンディーの禁酒運動がしばしばインド独自の「サンスクリット化」あるいは植民地政府に対応するナショナリズムの純粋な産物であると思われてきたそれまでの学説を修正した点で重要な研究である。一方、デーヴィッド・ハーディマン

〔Hardiman 1987〕は、特に部族民などのいわゆるサバルタンのグループがアルコールを避けようとする行為には、キリスト教宣教師やガーンディー主義のナショナリストが推し進める飲酒自粛運動とは無関係の独自の目的があったかもしれないと指摘した。彼らが飲酒をやめることは、私利私欲を貪る酒屋や金貸しの隷属状態から逃れることを意味しており、それはキリスト教でもサンスクリット的ヒンドゥー教でもない、土着の意味あいにおける自己改善を実現するものとして見なされてきたという。このような歴史学からの貢献によって、アルコールの消費とそれに結びつく道徳観が、権力とポリティクスとにいかに密接に関係しているかが明らかにされた。

さて、アルコールの摂取を社会政治学的な観点からみていくと、道徳的、経済的、そして政治的な緊張関係がもっとも如実に現れるのはインドの都市においてであろう。ここでは、飲む公衆が階級によってどのように分断されているのか、そしてそれが空間においてどのように現れているのかを最も鮮明にみることができる。大都市では、ショッピングモール、高級ホテル、そしてナイトクラブなどが、貧しい住民たちにとっては事実上立ち入り禁止エリアになっている。この章ではこの現象を特にベンガルール市において検討する。ベンガルールはインドのシリコンバレーとも呼ばれ、IT産業の中心地であり、アジアの中でも最も成長の速い都市の一つである。ベンガルール市はカルナータカ州の州都であるが、それまで北インドでのみ支持を伸ばしていたヒンドゥー・ナショナリストのインド人民党が南インドで初めて政権を獲得した州でもある。

三 「飲む酒の種類でその人が分かる」――インドにおけるアルコールの社会階層

インドの人々が消費するアルコールの種類とその消費パターンには独特のものがある。例えばビールは、世界のほとんどの地域において最も人気のあるアルコール飲料であるが、インドでは、二〇〇〇年初頭の全消費量における割合で、消費量としては一六％、純粋なアルコール量としては二・四％を占めるのみである。一人当たりの消費量に至っては年間〇・五五リットルに過ぎない。ちなみに世界平均は一人当たり二三リットルである〔NIMHANS 2003: 22〕。インドにおけるビールの不人気の原因は、他のアルコール飲料と比較して重い税金率にある。税率がアルコール濃度ではなく飲料全体の量で決められるため、アルコール度の高い飲料の方がお買い得ということになり、そちらを人々は選びがちである。また近年では日本でも広く飲まれるようになったワインだが、インドにおいても大規模に生産する努力がなされている。しかし都市部の裕福な中間層を除いて、インド製ワインはインドでは消費されず、ほとんどは中東諸国への輸出に回されている。

インドで販売されているアルコール飲料の中で最も出回っているものは、ＩＭＦＬと呼ばれるインド製外国酒である。この奇妙な名前のアルコール飲料は、人工的に付けられた色、味、香料などによって、ウィスキー、ラム、ブランデー、ウォッカなどの名前で販売される。様々なラベルにかかわらず、大部分のインド製外国酒は、製糖の過程でできる糖蜜を蒸留したアルコールを調整して造られたもので、それ以外の何物でもない。カルナータカ州南部は、カーヴェーリー川からの潤沢な水によって維持されるサトウキビ栽培地域であることから、アルコール産業にとって理想的な土地で、インドの中でも大規模なアルコール製造の主要地である。他の主要な生産州はマハーラーシュトラ、タミル・ナードゥ、そしてウッタル・プラデーシュである〔NIMHANS 2003: 21〕。パンジャーブ、ハリヤーナー、アーンドラ・プラデーシュ、タミル・ナードゥ、そしてカルナータカは、工業的醸造ビールの主要な生産地であり、これは軍の駐屯地とのつながりによるものでもある。

インド製外国酒は都市の中間層に好まれる飲料であるのに対し、農村部の人々や都市の労働者階層が好むのは、アラック（あるいはカントリー・リッカーとも呼ばれる）である。レバノンやイランなどで飲まれるアラック（arak）がぶどうを発酵させて蒸留した酒であるのに対し、インドや東南アジアでは米の醸造酒や、ヤシの花穂を刈り取りそこから滲み出る液を発酵させたヤシ酒を蒸留したものが総称してアラックと呼ばれる。インドではかつて、アラックはオウギヤシやココヤシなどのヤシの樹液を発酵させたトディをさらに蒸留して造られていた〔NIMHANS 2003: 7〕。こうした酒は元々は家庭ごとに造られるものであったが、現在では糖蜜を使って、工業的な規模で生産されている。

政府によって統一的に管理される蒸留のシステムは、イギリス統治政府によって一九世紀に作られた。一八六九年のアーブカーリー委員会（アーブカーリーとは酒類や麻薬などの製造・販売に対してかけられる税金）は、村の蒸留所よりも安い値段でより多くの蒸留酒を造るシステムを提案し、酒税による収益を増加させようとした〔IMHANS 2003: 12-3〕。政府によって管理されるこの蒸留のシステムは、当初は、軍の駐屯地での消費に応えるためのものであったが、徐々にインド全土でも市場を独占していくようになった。このシステムの下では、純粋な蒸留酒はライセンス制（許可制度）によってサトウキビから蒸留された。初めは、この製造過程全体が政府の所有する蒸留所によって行われたが、それほど利益を生まなかった。そこで、後に蒸留を二つの過程に分けるやり方が開発された。まず民間のライセンスをもった業者が第一次蒸留を行いアラックを生産する、そして第二次蒸留の蒸留所がアラックをさらに精製し、それを異なるフレーバーの飲料へと作り変える。精製度の低いアラックは貧しい消費者の需要を満たし、より収入のある消費者は第二次蒸留の生産品を飲むという分断が生まれ、主要なアルコールの製造者は政府によって管理されるようになったのである。多くの村人や山岳民たちは、マフアー（マフアーの花を発酵させ、ビールとして飲むか、あるいは蒸留して飲む）や、ヤシ酒のトディ、そしてニーラー（どちらもヤシの液体から造られるが発酵度の低いものがニーラー）などのアルコール飲料を彼ら自身で造りつづけたが、政府のライセンス制度や税制度の外側にいることになるため、しばしば政府によって妨害された。ライセンスなしの製造や販売を制限するために、後に政府はインド製外国酒とアラックの流通・販売が政府によって直接管理されるシステムを導入した。このシステムの下では、他からは買わないことを条件に、許可された小売業者のみが仕入れすることができる。このように、どんな種類のアルコール飲料をどこで消費するかということが、階級、カースト、ジェンダー、そして職業という、社会における消費者の様々な位置と密接につながっていったのである。

四　ベンガルールで飲むこと

1　都市の飲酒空間

二〇〇六年の大晦日、ベンガルール市当局は、その前年まで自発的に行われていたストリート・パーティーを規制するために、繁華街の中心であるMGロードでの飲食店の営業を停止し、車両の車の侵入も禁止した。通りに出て飲んだり騒いだりを楽しんでいた中間層の若者たちは、この強権的なやり方に文句を言うのではなく、市当局の力の及ばないベンガルール市の外側にあるディスコでのオールナイト・パーティーへとさっさと場所を移していたようだ。大晦日当日、市の中心地は人気がなく静かだったが、若者たちはどこかで楽しい時間を過ごしていたに違いない。

翌年二〇〇七年七月には当時州政府与党であったヒンドゥー至上主義を掲げるインド人民党によって、サトウキビから蒸留されたアルコール飲料のアラックの製造と販売が禁止された。これは州内の宗教リーダーたちが選挙戦で支持することとの条件として禁酒政策の導入をインド人民党に約束させたことに由来する。だがアラック禁止令から一年も経たないうちに、悲劇が起こった。二〇〇八年五月、カルナータカとタミル・ナードゥの州境で、非合法の密造酒を飲み一八〇人以上が亡くなったのである。少なくともそのうちの八〇人はベンガルールのスラム地域に住む人たちで、三〇人が市のすぐ外側の農村地域の住民であった。当時野党であったインド国民会議派は、合法であったアラックの製造と販売を禁止したことがこの事件を引き起こしたのだとして、この法令を導入したインド人民党政権を強く批判した。新しく選出されたばかりの州首相Y・S・イェドゥルラッパは、二〇〇七年七月に導入されたこの禁止令の立役者であった。密造酒による事故はインドで頻繁に起こるが、それは特に飲酒を規制する法律の導入直後に起こることが多く、この事件も例外ではない[*1]。

二〇〇〇年代半ばのベンガルールは、収入を増やした中間層が消費文化として飲酒を公共の空間で楽しみ出す時期であると共に、政府による飲酒政策が徐々に厳しくなっていく時期でもあった。ここでは、都市において、様々な飲酒空間が重層的に存在していることをフィールドワークを通じて明らかにしたい。

2　インド製外国酒の空間

二〇〇七年と二〇〇九年に、共同研究者であるクリスピン・ベイツと私はベンガルールの中心地区で飲酒している人々にインタビューを行った。我々は、カルナータカ州のインド製外国酒製造業者にインタビューを行い、彼らの蒸留所を訪れた。またベンガルールにおける主要なビール会社の販売社員にもインタビューを行った。我々は十数軒のクラブを訪れたが、それらのほとんどは、食事のできるレストラン・エリア、踊ることのできるディスコ・エリアや、ラウンジと呼ばれるソファなどを配したリラックスできるエリアを有していた。このタイプの飲み屋はベンガルールの中心部ではとても人気があり、ショッピングモールの中にあることが多い。ニューデリーやカルカッタではこのように飲酒のできる場が五つ星ホテルの中にあるのとは異なる点である。我々は、コールセンターやIT産業のオフィス、BPO（ビジネス・プロセス・アウトソーシング、企業業務外部委託）の会社などがある郊外地域のクラブも訪問した。我々が訪問したクラブの客は、二〇代から三〇代の中間層の会社員が特に多かった。彼らのすべてが、いわゆる「大企業（コーポレート）に勤めているタイプ」（この表現はベンガルールでしばしば用いられる）ではないが、少なくとも五〇〇ルピーという入場料（大抵はカクテルが一杯付いてくる）を払うことができる程度には余裕のある人々であった。当時、農業労働者の日当が二百ルピー前後であったから、もちろんこれは貧しい階層には考えられないほど高額である。我々は、少し安価な飲み屋も訪れた。ここでは、大学の男子学生たちが、巨大なピッチャーに入ったビールを分け、アメリカのロック音楽を皆で歌っていた。あるいは、インド北東部からの若い移民たちが、昼間の労働で疲れた体を休めるために集まっていた。

ある日曜日、我々は、MGロードに面したラウンジ・バーで三〇代半ばの男性のグループと会った。一人はヒマーチャル・プラデーシュ州のシムラー出身で、有名な不動産会社のベンガルール支店で働いていた。彼は、ここ四日間、連続して同じバーに来ているという。そして、どういう場所に行き、どんな飲み物を飲むのかを説明してくれた。

ベンガルールの「ハプニング・デー」は水曜日と土曜日だよ。皆、週の半ば（水曜日）と週末（土曜日）にパーティーをしたいんだ。日曜日は休む日だね。我々は市内で夜一一時まで飲む。その後は、飲みつづけるために市外に出る。よく行く場所は新しい国際空港の近くに一つと、もう一つはマイソール・ベンガルール・ロードにある。行くまでに二〇分はかかるね。面倒くさいけど、朝まで楽しめるからね。僕が普段飲むのは、ブランデーとウォッカ（とビールを飲みながら言う）。ビールは人付きあいのためだね。（ビールでは）ハイになれないから。ハイになるためには、ブランデーかウォッカを飲む。ワインは飲まないな。たくさん飲んでもハイになれないからね。

彼は週六日働いており、週半ばのブレイクなしではこれを乗り切れないという。彼によれば、これはとても一般的なパターンで、実際クラブは週の他の曜日は比較的空いているようだった。

不動産業の男性の好きなクラブは、ゼロ・Gとヒント、そしてスピンだという。スピンでは週末には一〇代の女の子たちがうろついているということであった（しかし、これは単なる虚勢であったようである。週末にスピンに行ってみたが、そのような女の子たちはいなかった）。彼の友人は、ラージャスターン出身のインド陸軍の大尉で、ベンガルールの基地を数日訪れていた。彼らは大学の同級生でそれ以来連絡を

ベンガルールの典型的なラウンジ・バー。ソファーが置かれたラウンジとダンスフロアーが併設されている。

取り合っているのだという。

ベンガルールで働いている昔の友達を訪ねているだけです。明日、デリーに戻ります。軍のキャンティーン（食堂）では、アルコールは非常に安いですよ。州にもよるけど、スコッチのボトルが六〇ルピーぐらいしかしない。外では二〇〇ルピーにはなるでしょう。ええ、僕は友人（不動産業の男性）より稼ぎは少ないです。でも安定性と僕が得ている手当を考えれば悪くないです。

バーやクラブなどで我々が話をした人たちは、友人同士のグループ、ごく稀に同僚たちであった。彼らは、大学時代の友人、同居人、友達の友達などであった。多くの人が、親族のネットワークや自身の仕事とは関係ないところで親密な人間関係を維持しているのは驚きであった。彼らの多くは、異なる州出身者ですらあった。

ベンガルールでは、パブやクラブのイメージは一般的によいものではない。ベンガルールのあるカルナータカ州の公用語であるカンナダ語で出版される地元新聞やタブロイド紙などは、パブで行われている不品行を頻繁に報道している。大衆向けの言説では、パブはギャングや政治家たちがコール・ガールを呼んで「セックス・パーティー」を行う場所とされていて、パブのイメージは売春宿と同じ程度かそれ以上に悪い。我々が、多くのＢＰＯやＩＴ産業のオフィスのある中間層の住宅街インディラー・ナガラで人気のクラブ、ザ・ビーチを訪れようとした際、そこまで連れて行ってくれるオートリクシャー（三輪自動車のタクシー）を見つけるのに大変苦労した。ようやく見つけたリクシャーの運転手も行くのを非常に渋った。我々が相当に料金を釣り上げても、彼は「マダム、あそこはよくない場所です。あなたたちが行くべきところじゃない」と言う。この不承不承の運転手と、我々はなんとかインディラー・ナガラに着き、近所の人にクラブの場所を聞こうとした。するといかにも中間層の男性がリクシャーの運転手にカンナダ語でこういうのが聞こえた。「あんな場所がこのエリアにあるなんて、本当に恥ずかしいことだよ」。運転手は戻ってきて、「ほら、言ったでしょ」と言う。しかしながら、おそらく住宅街の中にあるという立地のせいか、そのクラブは非常にフレンドリーでリラックスし、身だしなみもしっかりした人ばかりであった。レストラン・エリアで夕食を楽しむ家族連れの姿も見られたほどである。何人かの客と喋ってみると、多くは近くのオフィスで働く人々であった。ここは、一つのアパートに同居すること（ベンガルールの家賃は高騰しており、ベッドルームがいくつかあるアパートをシェアすることが増えている）などを通じて知りあったインド各地から来た若者たちが連れ立って来る場所でもあるということがわかった。ほとんど学生のようなノリの彼らに唯一共通することは、皆、仕事を見つけるために出身地から遠く離れたベンガルールに来ているということである。音楽が大音量でかかっていたが、踊るスペース以上に客の数が多く、客たちは踊る代わりに快活でエネルギッシュな会話でさらに騒音を加えていた。

我々が訪れた中で一番規模の大きなナイトクラブは、市内中心部レジデンシー・ロードのオフィスビルの最上階にあった。他の大型店と同様に、そこでも食事を出していた（あまり上等な食事ではなかったが）。このクラブにはいくつかのバーがあり、そのうちの一つは屋外の半分水の入ったプール脇にあった。何人かの男友達を同伴した北東インド出身らしい若い女性のグループは、自分たちだけで固まっていた。ベンガルールの多くのクラブはカップルのみというポリシーを掲げており、そのためクラブの入り口の外で男性のグループと女性のグループで誰が誰とカップルのふりをするかと割り振る興味深いやり取りをすることになる。このクラブではそのようなポリシーはなかった。このクラブには我々が訪れた中で唯一、見てわかるほど酔っ払っている客がおり、また外国人が少なからずいた。飲み過ぎの好例は、アメリカ人の若者のグループが面白がって互いをプールに突き飛ばしていたことである。ここではダンスは全く行われておらず、インド人の若い客たちは長くは滞在していなかった。もしかしたら女性をナンパする場所として機能していたのではないかと思われる唯一の場所であった。

それと比べると、MGロードに近い主要なショッピングモールの最上階にあるクラブでは、カップル限定という入場規制があり、客層はもう少し年齢層が上で、ダンスフロアーがクラブの中心となっていた。MGロードに面した薄暗いショッピングモールにあるこのクラブは、他の一般の店が閉まるとすぐに開店する。バーと小さなラウンジ・エリアがあり、食事をすることもできたが、クラブ好きは本格的なダンスフロアーに集中していた。若い客たちは、ゲストDJが流す、ハウス、トランスなどのダンス音楽を真剣に聴くためにここにやってきていた。アルコールの消費はそれほど多くみられなかった。

おそらく、我々が訪れた中で最もおとなしい場所はフーガであろう。このクラブはエリート私立学校が多くあるアショーク・ナガラにある。ここは、当時できたばかりの、広々とした近代的なナイトクラブで、真っ白で清潔な内装が施され、食事の質も高い。しかしながら、クラブはガラガラで、中間層の一〇代とみられる女の子のグループが複数いた。彼女たちは明らかにナイトクラブ体験をしようと出てきたようで、父親同伴で来ていた。ノン・アルコールのドリンクが主に飲まれているようだった。

いくつかのクラブで気づいたことだが、客の間で最も人気がある飲料は三三〇ミリリットルの瓶入りキングフィッシャー・ビールで、彼らはそれを瓶から直接飲んでいた。冒頭に紹介したヴィジャイ・マッリヤの経営するUBグループの販売するこのビールは、クラブに来る中間層の若者たちに人気であった。このビールの成功を元に、ヴィジャイ・マッリヤは航空機会社の経営に乗り出し、自らのエアラインにこのビールのブランド名を冠したのだった。

小瓶入りビールに人気があることは、UBグループの営業社員も認めていた。そのため、様々なタイプのキングフィッシャー・ビールを売り出したほどである。瓶から直接飲むことは、確かに格好よく見える。だがそれ以上に、バーにいた客が我々に説明してくれたように、これはアルコール飲料に法外な値段がつけられているクラブの中では一番安い飲み物でもある。そしてこぼすことなく持ち歩け、さらに長い時間飲みつづけていられるのだ。一晩で一人一瓶しか消費されないこともしばしばある。グループの場合は、その中の一人か二人がバーに行き、全員の分を買う。グラスと違って、ビール瓶は空になっているかどうかが分かりにくい。だからバー・カウンターに戻って二杯目を頼まなくともよいし、(より気まずい状況では女性が)男性にもう一杯買ってくれと頼むという恥ずかしさを避けることもできる。言い換えれば、ビールの消費は、基本的に社会的行為なのである。カクテルがメニューにあるようなクラブでは、この一杯目の値段が比較的高額な入場料に含まれている。客たちが勇んでバーに来て二杯目、三杯目のカクテルを注文していたのは我々が訪れた中では一つしかなく、オフィスビルの一三階にあるラウンジ・クラブであった。ここは純粋に飲むことを楽しむ場所であった。

市の中心地に位置するバーやナイトクラブを訪れるのは、中間層の中でも裕福な層で、BPOやITなどで働く専門職の二〇代・三〇代の人たちである。対照的に中間層の下層の若者たちは、こうした場所を頻繁に訪れることはなく、より安価で、より「受け入れてくれる」と感じられる地元のバーやレストラン、ダーバーと呼ばれるトラックの運転手たちが利用する簡易食堂で飲むことを好む〔Nisbett 2007: 944〕。さらに貧しい層には別の飲み場所がある。これには、道端にある酒屋やアラックを売る屋台、貧困地域にある不健全な違法の飲み屋などだが、これらは中間層が全く立ち入らない場所である。したがって、何を飲むか、どこで飲むかは、社会的身分に密接に関わることなのである。

3　アラックの空間

アラックは、サトウキビの糖蜜を蒸留した純度の低いアルコール飲料で、アラックをさらに二次蒸留してできるインド製外国酒に比べるとはるかに安価である。ベンガルール市内には一一一六軒のアラック店があると言われているが[*2]、それらの店を見つけるのは容易でない。とはいえ一度見つけてしまうと、実はアラックの店は至るところにあることがわかってくる。市の中心部にある典型的なアラックの店は、窓の付いたむき出しのコンクリートの箱である。そこにはパケット・サーラーイと呼ばれる約一五センチ四方のプラスティックの袋に入ったアラックが山のように積まれ、無愛想な店主が客の来るのを待っている。こうした店は、賑やかな商店街の裏道にあることが多い。我々が訪れた店は、ムスリムやキリスト教徒の職人たちが多く住む中・低所得者の住宅街にあった。その店に行くには、表通りから狭く嫌な臭いのする泥まみれの小道へと入らなければならず、その小道はゴミ捨て場として使われてもいた。店には長いコンクリートのカウンターがあった。訪れたのは夕方の遅い時間だったので、長い仕事に疲れたのか、あるいは飲んだばかりのアルコールで酔ったのか、道端には男たちが座り込んでいた。それはどう見ても感じのいい環境ではなかった。もう一つの店は、も

ボトル入りのアラックとビニール袋に入ったアラック

う少し明るい通りの角にあったが、やはり同じように素っ気ない風情であった。こうした店は社会的な空間ではない。飲料を買い、大急ぎで飲み、そして立ち去る（立ち去るエネルギーが残っていればの話だが）という場所なのである。

我々は、アラックの店を数多く訪問し、そこで人々と話したいと思っていたが、知人たちに止められてしまった。アラック販売禁止のわずか一か月前という緊張感の高まっていた時期であったこと、そして我々が外国人女性（池亀）と白人男性（ベイッ）であることは調査をさらに難しくするであろうということがその理由だった。幸いなことに、すでにアラックの消費者への独自の「フィールドワーク」を行っていたベンガルールのインド製外国酒の蒸留業者と話すことができた。我々が彼らの事務所を訪れたのは二〇〇七年五月で、蒸留会社の人々はアラック販売禁止のニュースに非常に興奮していた。彼らは、これによって州内のインド製外国酒業者に多くの利益がもたらされるだろうと踏んでいた（それは実際のところ現実となった）。彼らは商売を低所得者層に広げるための準備を熱心に行っており、会社の若い男性社員をアラック店に送り、そこにテーブルを設置してアラック店の客たちを招き、どんなタイプのインド製外国酒が好まれるか質問した。

この蒸留所のオーナーの身内でもある男性は、この「フィールドワーク」に参加しており、そこで彼が発見したことを我々に熱心に説明してくれた。

（アラックの店の客である）彼らは、仕事のために体力を必要とする、主に建設労働者か、下水道掃除をする者などです。彼らは朝仕事に行く前から飲みはじめ、一日に五、六回飲みます。彼らは店にはごく短い時間しか滞在しません。ただ『六〇（ミリリットル）くれ』と言って、一気にそれを飲み干してしまいます。僕がある男性に彼の好きなインド製外国酒を聞いたときの彼の答えはとても興味深いものでした。彼は、夏の間はラムを飲むのが好きだと言ったのです。これは我々が通常考えることとは全く逆の答えでした。我々のラムの販売量は夏の間は減ります。それはラムはホットな飲み物で、体を熱くすると考えられているからです。でも彼がラムを好きなのは、彼の体が熱くなり、疲れがすべて飛んでいくように感じられるからだと言ったのです。他にも興味深い事例がありました。彼らは色が付いていないためにジンを好みません。透明な飲料だと、酒屋の店主が水を足していたとしても気がつきにくいからだというのです。彼らが店中にいるとき、ナッツや、スナックやピクルス（スパイスで漬け込んだマンゴーなどの漬物）を買う余裕がなければ、（無料で置かれている）塩を舐めて、そして出て行くのです。

この男性は、アラックを飲む客たちの些細な行動も非常に注意深く観察していて、一人の飲み客が、塩を舐めている間、若い女性がセクシーなポーズをとったポスターをちらりと見たことを見逃さなかった。彼は彼らの会社の飲料を宣伝するためには「我々もセクシーなポスターが必要」と結論づけた。多くのアルコール蒸留業者は、市場のこの層からの需要に応えるためにインド製外国酒を非常に小さなペットボトルに入れて売る必要があることも認識していた。飲料が密封された容器に入っていない限り、アラックを飲む客たちは信用しないだろう（そのためプラスティックの袋入りのアラックに人気があるのだ）。同時に彼らは、その場で飲める限りの飲料を買うだろうからである。

この「フィールドワーク」を企画したのはかつてアラックを卸す仕事をしていた別の社員であった。彼は、アラックの製造業者（第一次蒸留所）は、アラックの販売禁止後もそれほど収入を減らさないだろうと言った。それは彼らのほとんどがすでにインド製外国酒を製造しているからであるという。一方でインド製外国酒製造業者（第二次蒸留所）もまた、彼らの販売を低所得層にも拡大するので、利益を伸ばすだろうという。彼はまた次のようにも述べた。

ライセンス（許可証）を得て運営しているアラック販売店の九九％は打撃を受けるでしょう。現行では、ライセンスの更新料は年四〇万から五〇万ルピーです。しかし、もしこれがインド製外国酒販売店であれば、彼らはその二倍近く、八〇万から九〇万ルピーの更新料を払わなければなりません。そして新規でインド製外国酒の販売ライセンスを得るためにはさらに一五〇万ルピー必要なのです。彼らのほとんどはそれを支払う力はありません。さらにいえば、インド製外国酒の販売店の数とエリアは非常に厳しく制限されています。政府は、アラック販売店には賠償金は一切支払わないと明言しました。彼ら（アラック店主）のほとんどは仕事を変えなければならないでしょう。

ライセンスを得たアラック販売業にどれほどの人々が関わっているのか、その推定数には様々なものがある。アラックの販売禁止に先立って、ヤシ酒を造るカーストの団体やアラック販売の労働者組合などの様々な団体が大規模なデモを州内のいくつかの場所で組織した。彼らは、販売禁止によって五〇万人の人々が路頭に迷い、一〇〇万人以上の人々の暮らしに打撃を与えるだろうと主張した〔*The Hindu*, 19 January 2007〕。ある記事では、政府の役人の話として、以前は約一二万人がこの仕事についており、ほぼ全員が違法のアルコール飲料の商売に転じたと報じた〔Jayaramaiah 2008〕。カルナータカ州政府は、このアラックの販売業に雇われていた人々を様々な公共事業に再雇用すると後に公約したが、どの程度効果的に政府がこうした政策を実施に移し、どの程度アラック産業で働いていた人々に再雇用の道を与え、彼らが地下に潜ることを妨げたのかは、わかっていない〔*The Times of India*, 1 July 2007〕。

4　密造酒の空間

密造酒の消費は、ベンガルールの中間層の住宅地、例えば市北西部のマッレーシュワラムの商店街でも行われる。ここにはアラックの店はないが、純粋なインド製外国酒はまだ高価すぎる。このあたりでアルコールを販売する店では、店の表側にビールと少ない種類のインド製外国酒のボトルを飾ってあるが、客はその場でコップに入れて飲むことはできない。店の奥では、「ジョニー・ウォーカー」や「スミノフ」といった輸入されたブランドのラベルを貼ったボトルが並べてある。これはすべて異なる名前で売られてはいるが、中身はアラックで、おそらく密造酒も混ぜられていると思われる。味は医薬アルコールと大して違わなかった。ここで客たちは典型的には、酒を一杯だけ飲んで出ていくか、あるいは空のボトルを持参して、それに（おそらく非常に安価の）酒を入れてもらうかであった。

公然の秘密だが、第一次蒸留業者はインド製外国酒業者（彼らは第二次蒸留をし、味や香りを足してボトルに詰める）に売る量を政府に申請し、インド製外国酒業者はそれを超える量を売ることは禁じられているものの、第一次蒸留業者の多くはこの量を超えるアルコールを蒸留している。こうした酒は一般に「セカンド」（税金を逃れた酒）と呼ばれ、この量は、一九九九－二〇〇〇年度には正規に売られたインド製外国酒のほぼ二・五倍になるという。[*3]「セカンド」は質的にはアラックと変わりがないが、税金がかかっていないため、州政府が規定するアラックやインド製外国酒の値段よりもかなり安い値段で販売されている。完全に違法の生産と「セカンド」の生産とは、分別するのが難しい。両方を合わせた「許可を受けていない消費」は、アルコール消費全体の四〇％以上になると考えられている〔NIMHANS 2003: 2〕。

違法のアルコールは様々な空間において造られ、消費される。過去何十年もの間、ヤシ酒造りは南部四州のほとんどの場所で禁止されている。しかし、オウギヤシやココヤシを生産する農民たちは、ヤシ酒は伝統的な食品で、栄養価が高く、貧しい農民にとっては必要だと主張する。[*4]ヤシ酒製造者はしばしばアラック店主のライバルであり、彼らは通常、同じカースト出身ではあるが、市場において低所得層の消費者の取りあいをしているのである。

カルナータカ州で行われたインド国立精神医療・神経科学研究所によるサンプル調査[*5]では、飲酒をすると答えた女性の三四・一%は「家で」飲むことを好み、二二・〇%は「道端か、人気のないところ」と答え、続いて「パブかバー、あるいはアラック店」(二〇・七%)であった。飲酒をする男性の中では、三五・九%が「パブかバー、あるいはアラック店」、一九・七%は「酒屋の店先」、一九・四%が「道端か、人気のないところ」、そして五・三%のみが「家で」と答えた。これは飲酒の空間が高度にジェンダー化されていることを示している。我々は以前よりも多くの中間層の女性たちがベンガルールのパブやクラブで飲酒することを観察したが、大多数はいまだに私的な空間で飲んでいる。私的な空間で飲むことを女性が好むことは、インド人女性が維持すべきとされる伝統的な道徳観と、もし公共の場で飲んだ場合に遭遇するかもしれない危険の両方を反映しているようである。私的な空間で飲むことは女性たちを別の意味では(例えばアルコール依存症を見えにくくするなど)弱い立場に置くが、それでも彼女たちが男性中心のバーやアラックの店などに行くことは想像もつかないことである。同時に、フーチと呼ばれる密造酒の販売者のほとんどは女性で、彼女たちは町や村を日中訪れて酒を売るため、女性にとっては、違法のフーチを購入して家で飲むことの方がはるかに容易で気楽なのである。

密造酒フーチの消費は貧困と強く結びついている〔Manor 1993〕。アラックの生産費は安いが、アラックにかけられる酒税があるため、違法のフーチよりも高くなってしまう。カルナータカ政府が期待するように、アラック禁止後に、こうした社会の中でも脆弱な階層がより高額なインド製外国酒の消費へと移行することを想像することは難しい。彼らにはそうした余裕がないのだ。

5 広告の空間

インドではアルコール飲料の宣伝規制が非常に厳しい。アルコール飲料のボトルが掲載された広告は、バーや、酒屋、そしてパブの内壁と外壁以外にはどんな場所でも許されない。宣伝されているものがアルコール飲料であることを示唆することも許されない。唯一許されているのはブランド名を宣伝することなので、インドのアルコール飲料の広告はしばしば非常に抽象的である。我々がインタビューを行った蒸留業者は、彼らの様々な商品の名前を宣伝することで、彼らの市場におけるプレゼンスを増そうと努力しているという。彼らはカンナダ語映画の映画監督を、彼らのウィスキーを映画のある場面で使ってくれるように説得したことがあった。この業者は映画のスポンサーでもあったため、監督はそうすることに同意した。しかし、「プロダクト・プレイスメント」と呼ばれるドラマや映画などにさりげなく商品を紛れ込ませるこの手法は、州政府の映画検閲委員会によってすぐに指摘され、ウィスキーのボトルが目立つように置かれたシーンはカットするように命じられた。この映画は、サスペンス・スリラーで、二〇〇九年に五九歳の若さで亡くなったカンナダ映画のスター、ヴィシュヌワルダン主演であったが、他の何百というカンナダ語映画と同様、映画館で数週間上映された後は忘れられてしまった。高速道路沿いに建てられた巨大な映画の看板広告には、彼らが売り出していたウィスキーの小さなロゴを見ることができたが、おそらくそれは小さすぎてほとんどの人々は気がつかなかっただろう。

小さな地方蒸留業者が彼らのブランド・イメージを売ることに苦労している反面、インド最大のアルコール製造業者であるヴィジャイ・マッリヤが率いるＵＢグループは、容易に彼らのアルコール飲料のイメージで公共空間を埋め尽くすことができる。ＵＢグループは、当時国内最大の民営航空会社を有し、それは最も成功した彼らのビール・ブランド「キングフィッシャー」の名前を冠している。会長のヴィジャイ・マッリヤは、ベンガルールを拠点とするインド・プレミア・リーグのクリケットチームを所有し、このチームの名前ロイヤル・チャレンジャーは、彼らのウイスキーとラガー・ビールのブランド名であるロイヤル・チャレンジを思い起こさせる。

ヴィジャイ・マッリヤは二〇〇〇年代、有名人やモデルを集めて豪勢なパーティーを開き、それが新聞などで盛んに報じられていた。キングフィッシャー・エアラインは、競争が激しくなりはじめていた民間の航空会社の中でも高級路線として売り出しており、彼自身がデザインしたという赤いミニスカートを着た客室乗務員たちの姿は、保守的なインドでは衝撃的ともいえるものであった。キングフィッシャー・エアラインに乗ると、まず

インド製外国酒のメーカーがスポンサーになった映画のポスター。飲酒店の内部では酒の広告を貼ることが許されている。

画面にヴィジャイ・マッリヤが映し出され、彼自身が挨拶し、魅力的な客室乗務員一人一人を「私が自ら選んだ」と説明する。さらにマッリヤは、相当の資金をつぎ込んでインド初のF1レーシング・チームまで始めた。二〇〇四年には国際的なオークションに出品された一八世紀末のマイソールの支配者であったティプ・スルターンの刀剣を買い戻し、二〇〇九年にはマハートマー・ガーンディーの有名な眼鏡を含む所持品を買い戻すなどの時折の愛国的な行動も、彼のイメージが常にメディアに流れることに寄与している。

彼の政治的野心もおそらくは、アルコール製造者に有利なように政治状況に影響を与え、操作しようという目的だけでなく、メディアに登場する機会が増えることで商品が売れることを狙ったものであろう。二〇一〇年六月、彼はインド連邦議会上院の議員に無所属の議員として二回目の当選を果たした。噂では、彼はインドの政党であるジャナター・ダル政教分離派からの支持を得るために三億ルピーとも五億ルピーともいわれる金を支払ったという（のちにインド人民党は彼を支持することを決めた）。最初の任期中、彼は一度も連邦議会に出席していないにもかかわらずである。

アルコールの宣伝においては、新しい都市のライフスタイルのイメージを掻き立てることが中心であり、特にその消費主義的な傾向が強調される。パーティー、ミニスカート、海辺のビーチ、サングラス、白いジャケット、そしてキングフィッシャーとヴィジャイ・マッリヤ両方のキャッチコピーであった「快楽の王様（king of having a good time）」のようなフレーズはすべて、リラックスした、しかし高度に定型化された社会空間を創造することに貢献している。地域言語による広告ですら同様の傾向がある。二〇〇七年当時流行っていたカンナダ語の宣伝では、「テンション・ヤーケ、サーカシュトゥ・スタイル（なぜ緊張しているの。スタイル十分でしょ）」というコピーとともに、カンナダ語映画のスターが二人、白いスーツにサングラスをかけてリラックスした様子で歩いている。ギャング・カルチャーのイメージを匂わせた二人の成功した男たちというイメージは、カンナダ語のみを喋る比較的所得の低い中間層が飲酒に対してもつイメージを示唆する。それは、彼ら自身がその一部でありたいと思うものであると同時に、倫理的にはそれを忌み嫌うのである。

五　道徳観と利益

ガーンディー主義のナショナリストたちがもっていた、完全な禁酒法を国全体に導入しようとする熱情は、一九六〇年代半ばには徐々に薄れていき、また遅々とした経済成長のなかで、アルコール消費を制限する政策は政府予算を逼迫させ、多くの州政府はこうした政策を緩和させはじめる〔Reddy and Patnaik 1993: 1060-61〕。一九六四年にマイソール州（現在のカルナータカ州）は部分的禁酒政策を放棄した最初の州となり、他の多くの州もそれに続いた。

研究者の中には、禁酒政策の緩和は、政治的エリートの間で犯罪組織の影響が強まっていったためではないかとシニカルに指摘する者もいる〔Reddy and Patnaik 1993: 1062〕。しかしながら、禁酒政策の大義名分は、カルナータカのヒンドゥー右翼の自警団によっても支持されている。「パブ攻撃」という名で全国的に有名になったのは、二〇〇九年一月に、ベンガルール市の西約四〇〇キロにあるマンガロール（現マンガルール）市の「アムネジア」というパブで起こった、主に女性飲酒者をターゲットとした暴力事件である。これは、ヒンドゥー極右の自警団シュリー・ラーマ・セーネ（ラーマの聖なる軍隊）によって起こされたが、彼らは事件が映像に映るように事前に地元のジャーナリストたちに連絡していた。シュリー・ラーマ・セーネの会長で、ヒンドゥー至上主義の団体である民族奉仕団（RSS）の元メンバー、そしてバジュラング・ダルのマンガロールでのリーダーでもあったプラモード・ムタ―リクは『インディアン・エクスプレス』紙のインタビューで次のように話している。

我々はパブ文化を野放しにはしておかない。女の子たちは半裸で、酔っ払った男の子たちと踊っていた。我々は、彼らが皆、違法のドラッグの中毒者だという連絡を受けた。セーネはこの国の女性たちを尊敬する。我々は、悪の勢力の魔の手から女の子たちを守るためにパブを襲ったのだ。

〔*The Indian Express*, 27 January 2009〕

シュリー・ラーマ・セーネのもう一人の設立メンバーであるプラヴィーン・ヴァルケーは、ミソジニスティック（女性嫌悪症的）な用語で、彼の怒りを表現した。

こういう女の子たちはインド全土からやってきて、酒を飲み、タバコを吸い、夜中に歩き回ってマンガロールの伝統的な女の子たちをダメにしている。なぜ女の子がパブに行かなければならないのか？　彼女たちは将来の夫に酒でも出そうとでもいうのか？　彼女たちはチャパーティーのつくり方を学んでいるべきじゃないのか？　バーやパブは男性だけのものである。我々は、マンガロールのすべての女性が夜七時までに確実に家に帰ることを実現したい。

〔*The Indian Express*, 3 February 2009〕

同じ時期、ベンガルールで袖なしのクルター（北部インドの伝統的な丈の長い上着）を着ていた女性たちが攻撃された。またヴァレンタイン・デーに反対するデモが組織されるとの話もあり、その数年後には実際に起こった。マンガロールの事件は、インド人民党がカルナータカ州で政権を握って以降の、州政治における保守的で反動的な傾向をはっきりと示すものである。これは、ヒンドゥー至上主義諸団体サング・パリワールの戦闘的な青年部隊であり、国家道徳の守護者を自認するバジュラング・ダルへの支持増加を見ても分かることである。*6 当然のことながら、インド人民党政権であった州政府はこうした暴力事件とバジュラング・ダルとのつながりを否定し、シュリー・ラーマ・セーネのリーダーをこの事件との関連によって起訴することも拒絶した。この事件は都市部の繁栄からの恩恵を受けられず、そして繁栄と結びついた顕示的消費に対して反発を覚えるカルナータカ州の主に若い男性たちがもつ不満を日の目にさらしたと言える。残念ながら、シュリー・ラーマ・セーネの道徳的空間は週刊誌『テヘルカー』の暴露記事によって完全に信用を失ってしまった。シュリー・ラーマ・セーネは、犠牲者が誰か、また誰の得になるかにかかわらず、相応の金さえもらえば暴力的なデモを組織する用意があることが、潜伏調査によって明らかにされたのである〔Sanjana 2010〕。

アラックの販売禁止は、南インドの農村部における女性運動によっても女性保護的な立場から強く要求されてきた。特にアーンドラ・プラデーシュ州では、低カーストの女性、特に村落に住むダリトの女性たちが、共産党系の政党や地方政党であるテルグ・デーサム党などからの協力を得て、自分たちを組織化し、飲酒反対キャンペーンを行ってきた。*7 教育を受けることで発言権を強めつつある低カースト出身の女性たちは、夫らの飲酒の習慣のせいで、家庭内暴力の被害者となり、酒を買うためにできた重い借金に苦しんできたと主張する。彼女たちは、アラックを「社会悪」と考え、何千ものアラック販売所の強制的な閉鎖を求めるキャンペーンを行った〔Reddy and Patnaik 1993; Sarveswara Rao and Parthasarathy 1997〕。当時テルグ・デーサム党のリーダーであった故N・T・ラーマ・ラオは、こうした女性たちの主張を強く支持し、州内で禁酒法を導入することを約束した。これが彼の圧倒的な人気につながったと広く信じられている〔Vyasulu 1988: 877〕。

アラックの禁止あるいは禁酒政策を導入しようとする呼びかけは、インドでは常に人気がある。それは飲酒を自制することが、世間体や浄性、愛国心、そして自己改善へつながるものだと思われているからである。アーンドラ・プラデーシュ州では、貧困層を代弁すると主張する左寄りの政治家たちが、女性たちによるアルコール反対キャンペーンを支持した。カルナータカでは、様々な女性団体が要求するアラック禁止は、州内の宗教リーダーである強力なリンガーヤト・カーストのマタ（僧院）の長や、インド人民党の政治家など保守系によって強く支持されてきている。

アラックの販売禁止前、二〇〇六－二〇〇七年度の州政府の税収入において、アラックからの税収は約二〇〇億ルピー近くに上っていた。これは商業税に次ぐ第二の大きさで、全酒税（三四一億一千万ルピー）の六〇％を占めていた〔*The Times of India*, 1 July 2007〕。それゆえ、二〇〇七年七月のアラックの販売禁止は、一八〇億から一九〇億ルピーの損失につながるとされていた〔*The Financial Express*, 1 January 2007〕。アラック禁止に先立って、副州首相兼財務大臣であったB・S・イェディユラッパ（彼は二〇〇八年五月には州首相となる）は、アルコール産業への様々な改革を導入した。カルナータカ州飲料法人（Karnataka State Beverage Corporation Ltd）は、インド製外国酒を直接販売者に供給しはじめ、これまでこの供給サービスを行い五％の手数料を取っていた民間の卸売業者のライセンスを更新しなかった〔*The Financial Express*, 15 January 2007〕。単純に民間の卸売業者を排除しただけで、一五億ルピーの増収が見込めると州政府は期待していた。

二〇一〇年五月、アラックの販売禁止から約三年後、カルナータカ州物品税部局は、二〇〇九－二〇一〇年度に、インド製外国酒の販売を通じて七五〇億ルピーの税収を得たと発表した〔*The Hindu*, 15 May 2010〕。これはかつてアラックとインド製外国酒の両方から得ていた税収の二倍以上の額である。苦しむ女性や家族を救おうとする道徳的なキャンペーンは、州政府に莫大な税収増加をもたらしたのである。そしてこれは同時に、アルコール飲料の販売と消費に対して、国家がさらに統制力を強めたということでもある。

六　管理される飲酒空間

インドでどんな酒をどこで飲むかは、飲む人の属する社会階級を反映する。そしてその階級格差はますます広がっているようにみえる。都心のクラブやバーなどでビールやカクテルを飲む中間層と、薄暗い裏通りや仕事の現場へ行く道すがらアラックを飲む労働者階級とは、すれ違うことすらないかもしれない。都市の空間において、両者が属する場所はあまりにも隔絶している。

インド製外国酒を飲み、社会において広く許容されるエリートたちと、アルコール依存症で暴力的だと見なされがちなアラックを飲む労働者階級とは両極にあると言える。この両極端なイメージは、政府の政策においても世論においても明らかである。しかし、この両極の間で新しい飲酒の文化が生まれてきている。政府の新しい規制によってアラックの販売と流通が制限されたことは、労働者階級の消費者をインド製外国酒市場へと向かわせている。これによって、二つの極はますます重なり合ってきている。すでに市内の住宅街では、中間層と労働者階級の両方を顧客にもつ酒屋が増えてきている。一方で若い中間層のエリートたちは、家で多量のアルコールを消費することに加えて、飲酒制限が夜一一時に設定されている市内を避け、明け方まで飲みつづけられるように都市の外側の新しい社会空間へと通う。肉体労働者たちが厳しい仕事を乗り切るために飲むように、ＩＴ

／ＢＰＯ産業で働く人々にとってもストレスの多い労働環境から逃れる手段として飲酒が重要度を増しているとも言えるかもしれない。こうした複雑な事情があるとはいえ、一つはっきりしている傾向は、非常に貧しい消費者に開かれている空間がますます小さくなっていることである。彼らの飲酒は、酒屋を閉じさせようとキャンペーンする低カーストの女性活動家たちによって妨げられている一方、アルコールを糾弾することで公衆の支持を得ようとする政治家たちによってもまた厳しく拘束されている（一方こうした政治家は中間層の飲酒習慣に関しては注意深く口を閉ざしている）。こうしたレトリックの裏側には、中間層は責任感があり成熟しているから「彼ら自身の飲酒をうまく統御できる」が、それ以下の層がどうアルコールを得るのかは指導され管理されなければならないという考えがある。

だが共通点の要素もある。公共の場でアルコール飲料を飲むことが少なくとも中間層の若い世代においては広く受け入れられつつあるとはいえ、飲酒は不道徳なことだという世間の認識はそれほど変わっていない。だからこそアルコール消費には、常に対抗文化的な要素があるのだ。対抗文化としてのアルコールは、自らが宣伝塔となったヴィジャイ・マッリヤのように、繁栄と富につながる上昇志向の強い新しい理想像を呼び起こす。そこにはマッチョで、不良のイメージもあるだろう。アルコールは、社会規範から離れたライフスタイルとも結びつけられる。家族、ジェンダー、カーストのつながりの外にある友情や人付きあい、そして、上昇志向のある教育を受けた中間層の間でのある種の平等感と仲間意識の肯定である。

とはいえ、都市の低所得者や農村部の農業労働者たちは、必ずしもこうした新しい飲酒文化の恩恵を受けていない。ヒンドゥー・ナショナリストのような宗教保守層は政府と手を結びながら、低所得者層の飲酒者たちへのさらなる道徳的な圧力を強めている。州政府は、販売経路を一元的に管理し、税収の高いアルコール飲料の製造のみを合法化し、そこから外れる全てのアルコールを違法とした。こうした政策は都市空間にも反映されるであろう。これは、パルタ・チャタジーが議論した「都市のブルジョア化」に呼応していると言える〔Chatterjee 2003〕。インド独立後も、インドの近代都市はそれまでの植民地都市の性格を維持していた。大都市は基本的に軍の駐屯地や行政地であり、都市の経済はそこへの物品・サービスを提供することで成り立っていた。こうしたインド近代都市は、近年になって新しい中間層と新しいホワイトカラーの産業と職業の興隆を導き出した。この新しい社会階級は彼らが住む環境を変容させるだけの資本をもっている。道端の屋台、路上生活者、そして都市の内側の低所得者層の住宅地は軒並み押しやられ、高架道路、ショッピングモール、オフィスビル、そしてホテルなどに置き換えられている。まさにこの場において、新しいかたちの若々しい中間層の飲酒文化が発展しているのである。

しかし拡大する中間層が生み出したこの文化から、労働する階層の人々は排除されている。彼らはまた、出身の村でも、今は違法とされてしまった自家製のアルコールを消費する機会を奪われているに違いない。この過程において、この層の人々もまた、ブルジョア化する大都市にとって、より都合よく効率的で規律化された労働者へと変容させられているのかもしれない。中間層の飲酒習慣も彼らの雇い主の都合のいいような公的な規制を受けはじめるかどうか、そして社会のすべての層が、都市の中の飲酒する社会空間を管理しようとする動きをどの程度うまく乗り越えていくのか、それはこれから明らかになることだろう。

＊本章は、Aya Ikegame and Crispin Bates, 'Time gentlemen': Bangalore and its drinking cultures', in Crispin Bates and Minoru Mio (eds.), *Cities in South Asia* (Abingdon: Routledge, 2015), pp.326-42 をもとに、著者、編者、及び出版社の承諾をえたうえで翻訳し、二〇一七年の状況をふまえ大幅に改訂したものである。

註

＊1　二〇〇九年七月には非合法の密造酒を飲んだ一二〇人がグジャラート州アフマダーバード市で死亡した〔*The Hindu*, 13 July 2007〕。ベンガルールで起きた大規模な密造酒の事故は一九八一年に起きたもので、このときには三〇〇人以上が死亡している〔Manor 1993〕。

＊2　カルナータカ州全体では一五二一五軒のアラック販売店があった〔*The Times of India*, 1 July 2007〕。

＊3　カルナータカ州の税金監査部隊は一九九九-二〇〇〇年度には、二八〇〇万リットルのインド製外国酒が正式に販売され、六七九〇万リットルのインド製外国酒が「セカンド」として売られたと見積もっている〔NIMHANS 2003: 2〕。

＊4　例えば、二〇一〇年五月、タミル・ナードゥ州コインバトールで約六千人の農民が、ヤシ酒禁止令に反対し抗議行動を行い、数千人が逮捕された〔*The Hindu*, 27 May 2010〕。

＊5　サンプルのサイズは、カルナータカ州の五二〇

○家族二万一二七六人である。この調査は、二〇一二年にカルナータカ州の四つの県：ベンガルール、ダルワーダ、ビダール、ウッタラ・カンナダで行われた〔NIMHANS 2003: 46, 48〕。

＊6　イギリスの国営放送ＢＢＣは、マンガロールにおけるバジュラング・ダル自警団による様々な行動を報道した。それによれば、彼らは公道やビーチを監視し、彼らが淫らだと見なす行為（たとえばカップルが手をつないでいること）、そして絶えることのない「ラブ・ジハード」（イスラームに改宗させるためにムスリムの青年がヒンドゥーの若い女性を誘惑するとされる行為）を防ごうとしているという。「マンガロールの愛とモラル」、BBC World Service, 二〇一〇年三月二八日放送。

＊7　アーンドラ・プラデーシュ州はその後一九九三年一〇月にアラックの販売禁止を決めた。詳細については、〔Abraham 1995〕を参照。

参考文献

Abraham, Joseph 1995. "Impact of Prohibition on State Excise: Study of Four Southern States," *Economic and Political Weekly*, 30-48.

Carroll, Lucy 1976. "The Temperance Movement in India: Politics and Social Reform," *Modern Asian Studies*, 10-3.

Chatterjee, Partha 2003. "Are Indian Cities Becoming Bourgeois at Last?" in Indira Chandrasekhar and Peter C. Seel, eds., *Body City: Siting Contemporary Culture in India*, New Delhi: Tulika.

Dietler, Michael 2006. "Alcohol: Anthropological/Archaeological Perspectives," *Annual Reviews of Anthropology*, 35.

Douglas, Mary, ed. 1987. *Constructive Drinking: Perspectives on Drink from Anthropology*, Cambridge: University of Cambridge Press.

Dwyer, Rachel 2004. "Editorial: The Cultural Meaning of Food in South Asia," *South Asia Research*, 24-1.

The Financial Express 15 January 2007. (http://www.financialexpress.com 二〇〇七年一月閲覧)

Hardiman, David 1987. *The Coming of the Devi: Adivasi Assertion in Western India*, New Delhi: Oxford University

Press.

Heath, D. B. 1987. "Anthropology and Alcohol Studies: Current Issues," *Annual Review of Anthropology* 16.

The Hindu 19 January 2007, 13 July 2007, 15 May 2010, 27 May 2010.（http://www.thehindu.com 二〇一〇年五月閲覧）

The Indian Express 27 January 2009, 3 February 2009.（http://www.indianexpress.com 二〇〇九年二月閲覧）

Manor, James 1993. *Power, Poverty and Poison: Disaster and Response in an Indian City*, New Delhi: Sage.

NIMHANS (National Institute of Mental Health and Neurosciences, Bangalore) 2003. *Report for the WHO Collaborative Project on Unrecorded Consumption of Alcohol*, Karnataka, India（http://www.nimhans.kar.nic.in/deaddiction/Publications.html 二〇一〇年一〇月閲覧）

Nisbett, Nicholas 2007. "Friendship, Consumption, Morality: Practising Identity, Negotiating Hierarchy in Middle-class Bangalore," *Journal of the Royal Anthropological Institute* (N.S.), 13-4.

Osella, Caroline 2008. "Introduction: South Asia Special Issue on Food," *South Asia: Journal of South Asian Studies*, 31-1.

Pandey, Gyanendra, ed. 2009. *Subaltern Citizens and Their Histories*, London and New York: Routledge.

Rao, Sarveswara B. and G. Parthasarathy, eds. 1997. *Anti-Arrack Movement of Women in Andhra Pradesh and Prohibition Policy*, New Delhi: Har-Anand.

Reddy, D. Narasimha and Arun Patnaik 1993. "Anti-Arrack Agitation of Women in Andhra Pradesh," *Economic and Political Weekly*, 28-21.

Singer, Merrill 1986. "Towards a Political-Economy of Alcoholism: The Missing Link in the Anthropology of Drinking," *Social Science & Medicine*, 23-2.

The Times of India 1 July 2007（http//www.timesofindia.indiatimes.com 二〇〇七年七月閲覧）

Vyasulu, Vinod 1998. "On Prohibition: Dangers of a Blanket Solution," *Economic and Political Weekly*, 33-16.

第九章

ハラール食品とは何か

イスラーム法とグローバル化

小杉 泰

一 インド料理の広がり

グローバル化の進展にともない、これまで以上に世界各地の料理や食文化が相互に流通するようになっている。日本では、近代に入ってから和・洋・中の様々な料理が日常生活の中に広がったが、近年はそれに加えて、世界各地の料理が「エスニック料理」「エスニック・フード」として普及している。

エスニック料理の中で、「老舗」と言えるのはインド料理であろう。それと比べてニューカマーである中東やイスラーム圏の料理の中でも、トルコ料理は十分に定着しているようであるし、近年はペルシア料理、アラブ料理も進出してきている。日本と近い東南アジアの料理は、タイやインドネシア、マレーシアなど、すでにおなじみの味になりつつある。さらに、エスニック・フードの中で最近大きな注目を集めているのは「ハラール食品」である。

「ハラール（halāl）」というアラビア語起源の言葉は、イスラーム法に照らして「合法」「適正」を意味するもので、厳密に言うとエスニックなカテゴリーではないが、トルコ料理やインドネシア料理など、イスラーム圏の食べ物と深く結びついている。インド料理とも、実は関わりが深い。本章では、ハラール食品が日本や世界でどのように広がり、それがグローバル化の中でいかなる意義をもっているのかをみていきたい。

なお、本書の読者にはすでにおわかりいただいているように、「インド」が指す領域は現在のインド共和国を超えて、もっと広域である。今日のインド、パキスタン、バングラデシュ、ネパールなどを含む広大な地域が、歴史的・文化的なインドにあたる。

筆者がいわゆる「カレー料理」の多様性を実体験したのは、かれこれ四〇年前のパキスタンであった。当時の日本の「カレーライス」をカレーだと思っていた若い筆者は、カラーチーで毎日三食現地の料理を食べ、この香辛料の効いた料理群を大好きになると同時に、日本で「カレー」という一つの料理と勘違いされているものが、非常に多様なレシピ群を包摂する料理の大きなカテゴリーであることを知った。その一方で、パキスタンの食事がそのような南アジア的な料理であること、学校の世界史で習ったインダス文明の地モヘンジョダロ、かつての仏教文化の中心地ガンダーラもパキスタンにあり、パキスタンもまた歴史的・文明的なインドの中にあることを知ることになった。後年、インド（共和国）を訪れ、日本でいう「本場のカレー」を堪能したときにも、パキスタンでの食の体験と合わせて、インドとパキスタンが実は連続的な時空間をなしていることを痛感し、現代の国境や国名によって生じる誤解をあらためて認識したのであった。

二つのインド（歴史的な実体と今日の国名）の間に差異があり、それがしばしば誤解を呼ぶことは、実は日本および世界各地における「インド料理店」にも反映されている。インド料理店の経営者がインド（共和国）人だと思い込むのは早計で、経営者はパキスタン人やインド・ムスリムであることがよくあるし、近年はネパール人が経営するインド料理店も非常に増えている。

本章で取り上げる「ハラール」にしても、日本では最近の話題と思われているが、在日のパキスタン人やインド・ムスリムが経営するインド料理店ではずっと以前から実践されてきた。日本人にとって特に話題となってこなかっただけとも言える。広域のインドでは、ヒンドゥー人口とイスラーム人口が特に多く、それぞれの宗教が食に大きな影響を与えている。世界に広がった「インド料理」は、この二つの宗教の影響を受けた食文化である。インド料理店では基本的に豚肉を使った料理がなく、ヴェジタリアン対応の料理が必ず含まれていることを見ても、二つの宗教文化が共存している様子がわかる。豚肉を不浄／不潔とすることは、ヒンドゥー教とイスラームに共通している。

二　宗教と食文化の結びつき

広域のインドに限らず、アジアやアフリカの国々を訪れると、宗教文化が濃厚に生きていることにしばしば驚きを覚える。宗教復興がさかんとなったのは一九七〇年代後半以降であるが、それ以前の「近代化」に押されていた時代でも、宗教文化は各地でしっかりと実践されていた。

近代化が進むと世俗化が進み、宗教が次第に衰退するという仮説が、二〇世紀半ば過ぎまで非常に優勢であった。宗教は私的・個人的な信仰の領域に限られるようになり、その社会的・政治的役割は小さくなると、自明のように思われていた。世俗化を近代化の必然的な随伴現象とみなすこの考え方を「世俗化論（secularization theory）」と呼ぶが、当時はこれが研究者にとっても実社会にとっても正しいように思われていた。

それが覆ったのは、一九七〇年代以降の宗教復興の影響が大きい。しかし、それ以前でも、やがて宗教復興を可能ならしめるような宗教文化の強さを目撃する場面はいくらもあった。食文化や服装と個々人のアイデンティティとの結びつきも、その一つである。

近代化が世俗化を伴うという信念は、近代の西欧における歴史的体験に根ざしている。そこでは、世俗化の結果として宗教の社会性や共同性が薄まり、宗教は主として個々人の内面に関わるものとなった。近代化が西洋的なモデルを追求することであれば、アジアにおける近代化も世俗化につながらざるをえない。確かに、日本の近代化は「西洋化と近代化は異なる」ことを証明し、科学・技術の高度化や産業化、経済発展と文化の固有性は両立しうる（すなわち近代化が進んでも文化的な西洋化は限定的でありうる）ということが明らかとなった。ところが、宗教に関する限り、戦後の日本は世俗化が大幅に進み、近代化＝西洋化（世俗化）に近い状態が生じた。人びとの実際の暮らしの中から宗教が重みを失いつづけたため、アジアでの実態と大きな乖離が生じたのである。

世俗化論が優勢であった時代から、宗教復興を経て宗教のレジリアンスが明白となった時代への変遷は、かつて世俗化論の旗手であった宗教社会学者ピーター・バーガーの言葉によく示されている。世俗化論を提唱していたころのバーガーは、一九六〇年代末に「二一世紀初めには、宗教は世界のあちこちの小さな領域に残存するに過ぎないであろう」と断言することができた。しかし、その後の世界的な宗教復興は彼の眺望を激変させることになった。

新世紀が近づいた二〇世紀末には、バーガーは「世俗化が進行すると考えたこと自体が幻想であった」と認めるに至るのである——現在の世界は圧倒的に宗教的であり、脱世俗化があてはまらない（＝世俗化が進んだ）例外は、西欧および西洋的な高等教育（特に人文・社会科学の領域）を受けた世界的な知識人層の二つだけである、と彼は認める〔Berger 1999: 9-11〕。

このような宗教の強さは、多くのアジアの国で衣食住のルールの多くが宗教と深く結びついてきたことに由来する。宗教と結びついた生活がアイデンティティ形成の基礎にあり、宗教が生活を規制してバウンダリーを作り出すことによって、アイデンティティの境界を定める機能ももっているのである。

たとえば、衣食住の「衣」は目に見えるかたちで宗教を示している。ムスリム男性は帽子をかぶることを好み、色とりどりの帽子が各地にあるが、いずれもツバがない。礼拝において額を床に付けて神に祈る姿勢があり、ツバがそのジャマをするからである。ムスリム女性が肌を見せない服装をすることはよく知られている。実はムスリム男性も、女性ほどではないが肌を見せない規定があり、短パンなどははかない。

「食」については、戒律に従った調理が必要となり、他の宗教に属する人が調理したものは内容を吟味しない限り食べることができない。このことは、異なる宗教の人々が互いに気軽に「いっしょにご飯を食べましょう」と簡単には言えないことを物語っている。「住」についても、イスラームであれば男女分離の原則によって、家族でない男性は男性用客間から内側には入らないような家屋の構造になっている。近代的な家屋ではそこまで厳密ではなくなっているが、男女がいっしょに食事をしないことは多い。このように、衣食住をめぐる戒律によって生活スタイルが生まれ、それが互いの間のバウンダリーをつくって、宗教と結びついたアイデンティティが形成される。

次節からは、イスラームにおける食事規定を詳しくみていくことにしたい。

三　「ハラール食」とは何か

1　法学者が権威をもつイスラーム法

「ハラール」という言葉は、アラビア語で「合法」「適正」を意味する。イスラーム圏では広く、アラビア語起源のイスラーム用語が用いられており、この語もその例にもれない。ただし、東南アジアのマレー語圏（マレーシア、インドネシア、ブルネイ）では延ばし音を重視せず「ハラル」と発音されることが多い。日本でも「ハラール」と「ハラル」の両方の使用が見られるが、「ハラル」は東南アジアと通商している企業などが用いており、東南アジアの影響であることがわかる。日本のイスラーム研究では通常、アラビア語起源の語が諸言語に伝わって音韻が変化しているときは統一のためにアラビア語表記で書く*1ので、ここでは「ハラール」と記する。

ハラールの語は、イスラーム法の基本用語の一つである。したがって、ハラール食やハラール食品を理解するためには、まず、イスラーム法の考え方や仕組みを理解する必要がある。私たちにとって、法律と言えば国家が定める制定法である。何が法律に書いてあるかは、日本であれば六法全書を見ればわかる。ところが、イスラーム法は宗教的な聖典に基づいて法学者が解釈を行い、法規定を決める法体系である。したがって、六法全書に相当する「イスラーム法全書」は存在せず、法規定が条文のかたちで網羅されていることもない。聖典クルアーンは最も重要な法源となっているが、法規定に関する章句はごく一部で、どの章句が法源となるかも法学者の解釈の対象である。明確な成文憲法をもつ日本と比べて考えると、イスラーム法は不文憲法に依拠する法体系に近い。

このような法体系は、法学者の学説が法を決めるという意味で「学説法」と定義される。国家を代表する議会ではなく、法曹家が決定権をもつという意味で「法曹法」ともされる〔真田 一九八五〕。イスラーム法学者たちは法の理論や実践を論じ、教授するだけではなく、長い間イスラーム圏で裁判官を務めてきたため、その解釈は裁判における判決としても姿を現す。そこに着目すると、イスラーム法は「判例法」の側面ももっている。

日本でも最近、憲法解釈について権威をもつのは憲法学者なのか政府なのかという論議がなされたことがあるが、イスラーム法の場合は法学者が「法の擁護者」であり、彼らに解釈権がある。統治者や行政府はイスラーム法を実施する責任を有し、解釈する権限をもたないとされる。では、政府に法を定める権限がないかと言えば、そうではない。というのも、イスラーム法は基本的な法規定の部分を指すのであり、細目については地域や時代の事情で定めてよいとされるからである。

たとえば、イスラーム法では豚肉を食することを禁止している。当然ながら、と畜の際に豚肉が混入することも防がなければいけない。そのため現在のインドネシアでは、ハラール肉を生産すると場の半径五キロ以内に豚のと場があってはならないと国全体で定めている。インドネシアには中国系の国民もおり、彼らは非イスラームとして豚肉を食する自由を有しているため、ムスリムの国民のために豚肉の混入を防ぐためには完全な分離が必要なのである。ところがアラビア半島の諸国では、圧倒的にムスリムが多く、養豚もなされていないので、このような規定は存在しない。イスラーム法の観点から言えば、そのような法律はイスラーム法を実施するための細則であって、イスラーム法そのものではない。「豚肉を食してはいけない」というのはイスラーム法の規定であるが、それを担保するための施策は行政上の規則であり、厳密な意味でのイスラームでいう「法」にはあたらないのである。イスラーム法はアラビア語で「シャリーア」であるが、その下位にある政府の作る法律は「カーヌーン」（サウディアラビアなどではニザーム）と呼ばれる。この部分は、日本で言えば、政令、省令、府令などと比べることができる。政令や省令は法律の実施のための行政機関による規則で、場合によっては規制の対象となる人びとに法律そのものより大きな影響を及ぼすが、法律そのものではない。イスラーム法と政府が定める法律の関係は、これと似ている。

イスラーム諸王朝でも、君主が法学者に諮問し、政策や法令に関してイスラーム法に合致しているか、あるいはイスラーム法に反するような問題を含んでいないか訊ねることは、君主がイスラームの教えを重視することを示すものとして推奨されていた。

近現代に入って、イスラーム諸国でも近代的な国民国家が作られ、法律を議会で定めるようになると、イスラーム法と制定法の関係は緊張をはらむようになった。この場合の選択肢は、おおまかに言って三つある。つまり、イスラーム法をやめて西洋法を導入するか、イスラーム法を取り入れた法律を作るか、イスラーム法を国家に関係のないものとして放置する（国民の自由にまかせる）かの三つである。

第一の選択肢は、対外的な外交や刑法の分野で、一九世紀以降広く取り入れられた。現在では、ほとんどのイスラーム諸国で西洋的な刑法が導入されている。この分野では、イスラーム法学者は発言権を大幅に失った。

第二の選択肢は、すなわち近代的な制定法にイスラーム法を取り込むことで、民法、特に家族法の分野で行われた。結婚、離婚、遺産相続などについてのイスラーム法規定は、たいていの国で現在、制定法に取り込まれるか、慣習法として法体系に組み込まれている。その一部の内容は、女性の権利に配慮する修正を加えるなどの現代化も少しはしているが、多くの場合に伝統的なイスラーム的な家族像を継承した法律となっている。つまり形の上では制定法であるが、内容はイスラーム法の延長上にあるため、この分野では法学者の発言権がそれなりに強い。

第三の選択肢は、近代国家において国家の領域とされていない分野である。たとえば、礼拝、断食、巡礼などの信仰行為は、国家が介入するものではなく、国民の自由にまかされている。信徒たちは宗教的な教えについては法学者に従うため、この領域は法学者の解釈が続いてきた。また、本章の主題である食に関する規定は、近代国家は関与しない分野である。ここでは完全に信徒の自由、言いかえると法学者の指導権が生きつづけてきた。

2 なぜ、ムスリムはイスラーム法を守るのか

ここで、新しい疑問が一つ生じる。国家が関与しないのに、なぜ、ムスリムたちはイスラーム法を

守るのであろうか。前近代ではイスラーム王朝が支配し、イスラーム法を実施していた。イスラーム法には政教分離はなく、私的な生活から社会・経済・政治、さらには外交などについてもガイドラインと法規定が定められているから、イスラーム王朝時代の国家はそれらすべてについて、国民＝信徒に法の遵守を求めるものであった。[*2] それが近代になって、西欧流に宗教は個人の自由となってもなお、国民が宗教の教えを守るのは、なぜであろうか。

それを理解する鍵は、国家に関わる部分（国庫・税収、治安、対外戦争など）を除けば、イスラーム法はもともと社会の法であり、社会が自らを律する法体系である、という点にある。そこに着目するならば、前近代でもイスラーム法によって社会が自律していたことがわかる。たとえば、モスク（マスジド）があって、そこで金曜礼拝が行われる情景を考えてみよう。首都の中央モスクは、前近代でも現在でも、政府の管理下にあることが多い。しかし、全国に無数にあるモスクの多くはそれぞれのコミュニティで設立・運営・管理されている。イスラーム王朝は治安を維持し、モスクが平穏に運営されるようにする責任はあったが、信徒を金曜礼拝に追い立てていたわけではない。現代でもこの点は同じである。社会の中で、人びとは自由に互いに誘いあって金曜日に礼拝に行く。

それが弱まって礼拝参加者が減る時期もありうるし、逆に強まって礼拝者が増える時期もあるであろう。いずれにしても政府の強制によるものではない。社会のあり方がイスラーム法を守る方向を向いていれば、コミュニティの成員たちもそちらを向くし、西洋近代的な思潮が流れ込み、宗教は個々人の勝手という雰囲気が社会に広がれば、コミュニティの価値観も揺らぐということである。

実際に、中東や東南アジアを見ても、自由主義が広がり、宗教的な価値観が力を失っていった時代はあった。一九世紀後半から二〇世紀前半は、まさに近代化に世俗化が随伴する時代だったと言える。極端な例が、ケマル・アタテュルク（一八八一－一九三八年、一九二三年から初代大統領）の指導下で脱イスラーム化が強力に推進されたトルコ共和国、ソ連支配下（一九二二－九一年）で共産主義が広がり、イスラームが禁圧された中央アジア諸国などであろう。しかし、世俗主義を国是としていたトルコですら、一九五〇年代に一党独裁が終わり多党制の民主化が行われると、イスラーム復興が生じた。政府の世俗主義に対して、国民が宗教的価値を押し戻したことになる。旧ソ連圏でも、一九八〇年代からイスラーム復興が徐々に始まり、ソ連崩壊後は民族文化の再評価という面も合わせて、イスラーム復興が起きた。現在のトルコでもハラール食品は広範に広がっているし、中央アジアでも最近は、ウズベキスタンなどで世界的なハラール推進に連動する動きがみられる。

もう少しこの問題を掘り下げてみよう。私たちは「ムスリムはなぜ、政府が強制しなくても、食に関する戒律を守るのか」という疑問をもつ。この問いのかたちには、外から見る側の無意識の前提も反映されている。つまり、「食に関する戒律」は主として禁止事項であるという認識である。すぐに思いつくのは豚肉や飲酒の禁止であろう。食以外の分野でも、たとえばイスラーム銀行は「クルアーン（コーラン）で禁止されている利子を取らない」と主張している。ここでも、利子の「禁止」が主要な論点となっている。

「イスラームの戒律は禁止事項が多い」という認識は、単なる私たちの思い込みではない。ムスリムたちに話を聞けば、「豚肉やアルコール飲料は禁止されている」「正しいと畜方法で処理されていない肉は、食べることができない（あるいは、食べたくない）」といった話題が出てくる。服装についても「女性がむやみに肌を見せてはいけない」、男女関係については「未婚の男女がやたらに一緒にいてはいけない」という具合に、「禁止」の戒律が次々と言及される。ムスリム自身が「禁止」をしきりと話題にするから、当人たちのそのような言説を聞いた私たちが「イスラームの戒律を守るとは、禁止事項を避けることなのだ」という印象をもつのも、ごく自然のことであろう。

しかし、よく考えると、これは大きな物語の半分でしかない。当人たちは確かに禁止事項を気にしているが、なんのために気にしているのかは、その話をいくら聞いてもわからない。当人たち、つまり当該社会の成員は、どのような社会であれ、その社会が自明視していることはほとんど語らない。暗黙裏に承認され、実践されている価値観の体系ではなく、当人たちが問題だと思うことについて語るのである。

そこで、イスラーム的な価値観の全体をみる必要がある。その価値体系の根底にあるものの見方を示すために、筆者が新たにつくった言葉が「ハラール人生哲学」である。

3　ハラール人生哲学

この造語について、少し背景から説明したい。これがわかれば、ハラール食品がどのような話題なのかも合点がいくはずである。

まず前提として、どのような宗教でも、社会的に共有された世界観・人間観・人生観をもっている。宗教の世界観は、神的存在論、創造論、宇宙論（コスモロジー）、現世論・来世論（場合によっては前世論も）などを内包することも多い。人間観・人生観には、神（あるいは神々）・人間関係、運命論（輪廻論も含めて）、自由意思論なども含まれる。それらを総称してここでは人生哲学と呼ぶ。

イスラーム世界に広範に見られる人生哲学とは、「ハラールな人生を送ることで、この世の生を享受し、来世でも幸せになりたい」という原理によって貫かれている。少なくとも、四〇年以上にわたって世界の各地（イスラーム圏・非イスラーム圏の両方）のムスリムたちと交流し、たくさんのイスラーム文献とつきあってきた筆者の当面の結論は、このようなものである。では、「ハラールな人生で幸せになりたい」とは、どういうことであろうか。

イスラームの聖典であるクルアーンには、社会と人生の運営に関するムスリムたちへの指針が詰まっている。ムスリムたちはその指針に従うが、一つ一つの指針に従うというよりも、それを自明のものとして受け入れているという印象が強い。おそらく、クルアーンを聖典として受容した人びとは繰り返し章句を朗誦し、何世紀もかけて自分たちの社会のイスラーム化を進め、ついにはその内容が自明視されるようになる。法学者やイマームたちが章句を朗誦し、信徒に朗誦させ、その意義や意味を説く、という営為を繰り返し、ついにはその教えが身体化したのが、私たちが出会うイスラーム社会なのであろう。そのような知的指導者たちは、近代化の奔流の中でもその営為をやめず、朗誦と現代的な社会に適合するよう章句の解釈を続けてきた。彼らの努力のためもあって、二

○世紀後半にイスラーム復興が顕在化したと考えられる。
イスラームは、宗教としては非常に現世肯定的とされる。欲望が苦しみの根源であるからそれを捨てるのがよいという仏教のような考えもなく、人類はその祖（アダムとイブ）の時代から「原罪」を背負っているというキリスト教のような罪意識もない。

現世を肯定する第一歩として、自己肯定がみられる。イスラームとは「絶対帰依」の意味であり、ムスリム（イスラーム教徒）とは「帰依者」を指し、神の教えにすべてを委ねるのがその生き方であるという説明がよくされる。これは一面では正しいが、イスラームの場合、「帰依」や「教えに身を委ねる」ことに自己否定の意味は全くない。

「イスラームの五行」と呼ばれる、誰もがしなければならない義務行為の第一はシャハーダ（信仰告白）である。すなわち、「私は『アッラーのほかに神なし』と証言します」「そして、『ムハンマドはアッラーの使徒なり』と証言します」と公言することである。ムスリムはいつでもこの言葉を言うし、非ムスリムがこれを言えば入信（または改宗）したことになる。これは実質的に、「アッラーを自らの神とします」「ムハンマドが使徒としてもたらした聖典と彼の指導に従います」という宣言であるから、「絶対帰依」によって「神のしもべ」となる宣言でもある。自由を尊ぶ人びとは、この「しもべ」という観念に疑問を呈する。

ところが、この「私は～証言します」という言葉は、まず始めに「私」をしっかりと示している。アラビア語は動詞を文の冒頭にもってくるため、冒頭の一語「アシュハド」が「私は～証言します」

の意となるが、アラビア語の動詞の活用形は人称を含むので、冒頭の「ア」がただちに「私」を意味する。つまり、絶対帰依の冒頭は「私」の確言によって始まる。神を認める「私」からすべてが始まる以上、「絶対帰依」が自分を捨てることのように思うのは間違いであろう。

長い間イスラーム圏を観察してきた筆者にとって、そこに住む人びとの楽天性は大きな謎であった。イスラーム圏は広く、地域や文化によってこのような楽天性にも差があるが、明確な指標として自殺率を見ると、おしなべてイスラーム圏は非常に低い。[*3] たとえば不運が続く人びととしてパレスチナ人を見ると、イスラエル建国で祖国を奪われて窮乏の暮らしを七〇年も続けているのに、どの家庭も子だくさん（平均八名。近年はやや低下傾向が見られる）で、自殺もほとんどない。これは不思議に思える。

イスラームの第一原理が「私は」という言葉から始まることを、楽天性の基盤としての自己肯定と考えると、その謎に一つの答えが見える。その自己肯定は、絶対神の存在にも裏付けされている。イスラームの神観・人間観では、世界のすべては神のなせる創造の結果とされる。ということは、「私」がここにいるのは、神の意思と創造の結果以外のなにものでもないのである。イスラームで言う「帰依」は、絶対神を認めることによって、究極的な自己肯定を得る仕組みになっている。

自らを肯定する者に対して、聖典クルアーンは「啓示された神の言葉」としてこう言う——「神はしもべたち（人間）に優しく、自らのお望みのままに糧をお与えになる」（協議章一九節）。そして、その糧に関する命令は——「おお、信仰する者たちよ、われ〔神〕が汝らに糧として与えたよきものを食べ、神に感謝しなさい」（雌牛章一七二節）、「神が汝らにハラールでよきものとして与えた糧を食べなさい。そして、汝らが信じている神を畏れなさい」（食卓章八八節）。

ムスリムは神が糧をふんだんにくださることを望み、糧が来ると喜んで食べ、消費する。この章句から明らかなように、どれほど糧が手に入ろうとも神への対価は不要で、ただ神に感謝し、神を畏れればよいことになっている。

このように、イスラーム法では「神から恵みとして与えられたよき糧を自由に食べる」ことが原則とされる。欲望の肯定、食欲の是認である。しかし、何を食べても何をしてもよいのであれば、宗教が神の信仰を説く意味はなくなる。すべてが自由であれば、現世はいわば楽園となってしまうであろう。そこから、例外的な禁止事項を設け、神を畏れて命令を守るかどうかの試錬が与えられる。禁止されているものは、ハラールの反対語にあたる「ハラーム（harām）」である。

4　豚肉禁止のロジック

聖典はムスリムに次のように命令する――「汝らに（食が）禁じられているのは死肉、血、豚肉、アッラー以外（の神）に捧げられたものである」（雌牛章一七三節）。

死肉とは、と畜せずに自然死した動物の肉である。いつ死んだかわからない肉を食することは古代でも現代でも、健康にとって危険と考えられる。また、今死んだばかりとしても、死肉である限り禁じられている。たとえば、アラビア半島の乾燥地帯で（インドとパキスタンの間のタール沙漠でもよいが）、ラクダに自動車が衝突し、ラクダが大けがをしたとする。そのような場合には、持ち主は急いでラクダをと畜して、肉が無駄にならないよう努める。事故死してしまうと「死肉」になって、食べられないからである。

血を食することについても、他地域で血を用いた食品をつくるところはあるものの、古代オリエントではすでに相応の健康への危険性があることが知られていたので、イスラームだけの特別の禁止事項とは言えないかもしれない。そして、次に豚肉が来て、最後が「アッラー以外〔の神〕に捧げたもの」である。他の神に捧げられた肉を食することの禁止は、多神崇拝の否定に基づく神学的な理由が背景にある。信仰的に不健康と理解することもできるが、肉体に害があるという理由ではない。

こうしてみるとこれらの中で、豚肉だけは禁止の理由が判然としない。イスラーム圏には古今、なぜ豚肉がいけないかという議論が存在する。一つは、豚が雑食で不潔なものも食べるため、豚肉は不潔であるという説である。それと並んで、死肉や血と同様に身体に害があるという説も有力で、現代では、医学的研究で豚肉の弊害が証明されたとする議論も盛んにされている。ただ、それらのムスリムの議論は豚肉が禁じられていることを前提とした上でその理由を探求するものなので、豚肉を食している文化圏から見て説得性が十分とは言いきれない。また、聖典には、豚肉が不潔であるのが理由とは明言されていないし、害があるとも明示されていない。

この問題について様々な文献調査と現地での聞き取りから考えると、「なぜ、豚肉は禁じられているのか?」という理由ではなく、ハラール人生哲学という大きな観点から禁止の目的を考え、さらに禁止がもたらす結果を考えるほうがわかりやすい。

「ハラール人生哲学」では、ムスリムは自己を肯定し、ハラールな神の糧を得て、イスラームの教えを守って現世での暮らしを享受することを願う。聖典が述べるその目的は「神に感謝しなさい」「神を畏れなさい」ということである。しかし、何でも食べてよいのであれば、感謝の念も薄れるし、例外としての禁止事項がなければ違反しないように気をつける必要もなくなる。そう考えると禁止事項は必須である。ところが、死肉や血は一般の食用肉ではないため、禁止にはそれほど大きな意義がない。それに対して、豚は、人類史の早い段階から各地で飼育されてきた。

豚肉の禁止があるために、ムスリムは自分たちの食べるものについて非常に気を使うようになっている。ほんのわずかでも豚肉やその由来品が混入している食品は食べられないからである。混入の疑いがあるだけでも、彼らは忌避する。今日のハラール食品の隆盛も、彼らが豚肉を意識し、それが一切含まれていない食事を望むために生じてきた。豚肉の禁止が日常生活の中で、一般信徒のイスラーム法意識を涵養してきたことは疑いを入れないであろう。

結果論から考える場合にもう一つ重要なことは、「豚肉を食べない」ということが共食のバウンダリーを生み出し、ムスリムのアイデンティティ形成に強い影響を与えている点である。非ムスリムからみれば、ムスリムとは「豚肉を食べず、飲酒しない」人と言ってもよい。ムスリム自身はそのような単純な自己規定をしないにしても、この二点が非ムスリムとの間の障壁を生み、生活上のアイデンティティ形成に大きな役割を果たしている。

ちなみに付言すると、死肉や豚肉については、さらに例外規定もある——「ただし、故意の違反や過剰ではなく必要に迫られた者については、罪はない」(雌牛章一七三節)。たとえば、飛行機が不時着して、ポークソーセージしか食べるものが見つからなかったとする。その場合は豚肉が入っていても食べてよいとされる。「故意の違反ではなく、必要に迫られている」からである。生命の保持というより高次の教えがあるため、餓死の危険があるならば、豚肉でも食べることを義務とする考え方もある(豚肉が嫌だと言って餓死することは、教えに反する)。ただし、その場合でも「生命維持の必要性の限度内」の許容なので、過剰に食べてはいけない。

5 飲酒禁止のロジック

飲酒の禁止についてもみておこう。飲酒の場合は、ムハンマド時代に段階的に禁じられたことがはっきりしており、豚肉よりも理由は明確である。マディーナにイスラーム共同体が誕生し(西暦六二二年)、イスラーム社会の基本原理が明確になる過程で、日々の礼拝が確立された。その時期に、飲酒した信徒が礼拝の中でクルアーンの朗誦を間違えたため、礼拝が近い刻限の飲酒が禁止された。次に、弟子たちの間での晩餐の際に争いが生じ、飲酒は全面的に禁止されることになった。そこから、飲酒は理性を失わせ、礼拝をきちんとできなくなったり、いさかいを生んだりする弊害をもつために禁じられた、というのが定説となっている〔Khashan 2016〕。

ただ、「豚肉と酒」と並べるのは、実は不正確かもしれない。豚肉は食品が禁じられているが、酒の場合には飲酒という行為が禁じられており、食品そのものに関する規定ではない。実際に、禁止の章句はこう述べている――「信仰する者たちよ、酒、賭け矢、偶像、占い矢は、シャイターン〔悪魔〕の所業の汚濁であるゆえに、それを避けなさい」（食卓章九〇節）。

実際のところ、酒が飲食物として不潔であるという説も、法学者の解釈として広く流布している。それは「汚濁（ラジュス）」という言葉が章句の中にあり、それが不潔の意味にも解釈できるからである。そうではないという学説は、他の三点（賭け矢、偶像、占い矢）がモノとしての不潔には相当しないため、四つとも精神的な意味での汚れであって、不潔物の意味ではないとしている。

飲酒が酩酊・理性の喪失という精神的な汚れをもたらすのみならず、酒そのものが不潔物だとすると、アルコール飲料が含まれた食品は一切いけないということになる。これが伝統的に多数派見解であり、今日のハラール認証では、酩酊作用があるアルコール分（エチルアルコール、エタノール）は、例外として認められる極微量以外は全面的に排除するのが一般的となっている。

四　現代のハラール食品市場拡大とその意義

1　食品産業の現代化と複雑化、食料貿易のグローバル化

ハラール食品産業の隆盛を、イスラーム法の規定を食に当てはめる動きであるともみることがで

きるが、実はそれは一面に過ぎない。ムスリムたちにとって毎日食べるものはハラールでなければならないから、食品についてイスラーム法の規定を守ることは七世紀にイスラームが始まって以来ずっと続いていることである。つまり、イスラーム圏では、食品産業は歴史を通じてずっとハラール食品産業だったのである。ただし、信徒たちが口にするものがハラールでなければならないことはあまりに自明であり、政府がそれを保証することも自明であるため、あえて「ハラール」と冠することもなかった（南アジアの事例については、コラム4参照）。

したがって、二〇世紀以降に「ハラール食品」、さらに最近では「ハラール化粧品」、「ハラール・グッズ」などが出てきたのは、単にイスラーム法の規定のためではない。そこには、食品や商品のグローバル化という問題がある。

当たり前のことであるが、前近代の食品は容易に保存がきかず、遠方に運ぶことも限界があった。いわば地産地消が原則で、そのような場合には、消費者にとって食品がハラールであることも簡単に確かめられることであった。町外れのと場でムスリムによって処理された牛肉が町中のムスリムの食肉店で売られているとき、その肉がハラールなのは誰でも知っていることで、その点を問う消費者はいない。牛や羊のミルクから製造したチーズが町のスークで売られているときに「原料はハラールですか」と問う客はいない。

ところが、食品産業が現代化し、様々な添加物による保存が可能となり、自然の食品を模倣しているが内実は全く異なる食品もかなり自由に作られるようになった。具体的なイメージとして一例を挙げれば、次のようなことになる――イスラーム圏に限らず、アジア諸国では、屋台や店先で果物を搾ってジュースを供してくれる店がある。目の前でオレンジを搾ったジュースについて、その原料を訊ねる必要は全くない。ところが、日本の自動販売機からオレンジ・ジュースを買うと、オレンジの粒々らしきものも入っているにもかかわらず、実はオレンジはほとんど使われていないことがある。この落差が、ハラール問題を生むのである。オレンジ・ジュースと称していながらオレンジではない（あるいは、オレンジは数パーセントしか含まれていない）この食品の原料は、はたしてハラールなのであろうか？　本物のオレンジであれば間違いなくハラールだが、この人工物に禁止されたハラームなものが混入していることはないのであろうか？

それでも、食品産業の近代化と複雑化が国内の産業にとどまるときは、問題はまだそれほど深刻ではない。食品産業の近代化とともに、食品貿易の拡大がおこった。非イスラーム圏で製造されたものがイスラーム圏にも輸入されるようになったのである。衣料品などは食品のような保存料を必要とせず、国際貿易が古くから行われていたが、食品を長期間保存し、遠距離の輸送が可能になったのは新しい事態である。たとえば、缶詰は一九世紀に発明されたが、一般の市販品として普及するようになったのは二〇世紀になってからであった。

近代的な食品が国際的に流通する中で、製品が戒律に抵触して深刻な問題として顕在化したのが、二〇〇一年のインドネシア「味の素事件」であった。調味料の味の素はインドネシアでも人気があり、現地生産されて広く家庭で用いられていたが、触媒に豚由来の酵素を使っていたことが判明し、大事件に発展したのである〔小林二〇〇八〕。六人の役員が逮捕され、製品が回収を命じられ、会社のイメージダウンも計り知れないものがあった。現在も日本では、ハラール問題に関する「他山の石」としてしばしば話題にされる。食べ物をおいしくするものとして食卓に載っていた味の素に豚由来の原料が使われていたことを知ったとき、ムスリムたちはきわめて大きな衝撃を受けた。

2　日本でのハラール認証の広がり

二〇世紀後半になると、「無利子金融」に代表されるイスラーム経済の成長があり、そのような経済の一環として、ハラール食品を含むハラール産業が勃興するようになった。日本でも、一九九〇年代以降にイスラーム金融に対する関心が高まり、イスラーム世界に独自の経済的な理念や活動があることが知られるようになった。それに加えて、前記の「味の素事件」などを通じて、商品がハラールであるかどうかをムスリムたちが気にしていることも認識されるようになった。

かつての認識が「宗教的戒律は次第に社会性を失うであろう」というものだったとすれば、今日の認識では、利子の禁止にしても食品のハラール性にしても、イスラーム圏の市場の特性として捉えるようになっている。消費者のニーズがそのようなものだとすれば、その是非を問うことには意味がない。そのニーズに応じる生産者が市場のシェアを広げていくことになる。

言うまでもなく、この背景にはイスラーム圏の経済的発展とムスリム市場の拡大がある。特に中東の産油国の勃興と東南アジア・イスラーム諸国の経済発展が大きな牽引力を発揮してきた。世界人口の中のムスリムはほぼ四分の一に達しており、二一世紀後半には三分の一に及ぶとも推測される。そのような巨大な人口が経済発展を遂げるならば、その市場としての価値は計り知れない。東南アジアでは、マレーシアが一九八〇年代以降大きな発展を遂げ、「先進国の仲間入りをする最初のイスラーム国」となることをめざしてきた。その隣国のインドネシアは、中国、インドに続くアジアの人口大国で、世界最大のムスリム国であるが、ここも近年経済発展の道を歩んでいる。

日本では、近年新しい成長エンジンの一つとして観光が脚光を浴び、海外からの観光客や訪問者を誘致する動きが盛んとなってきた。訪日客の増加の中には、中東のアラブ産油国や、マレーシア、インドネシアからの来訪者も含まれている。そのため二〇一三年頃から、イスラーム圏からの増加する訪日客に照準をあてたムスリム客の受入推進策がとられるようになった。その一環として、レストランやホテルの「ハラール認証」が盛んとなったのである。

「ハラール認証」とは、日本で製造される製品（食品、化粧品など）がハラールな原料とハラールな製造過程のみでつくられていることを認証することである。レストランであれば、食材がすべてハラールであること

京都では、ムスリム観光客のために、和風の京料理のハラール版が提供されている。ムスリム用のメニューはハラール認証を取得し、調理過程も非ハラールの混入が起こらないよう厳密に管理されている。（右）ハラール京料理を楽しむイスラーム圏からの訪日客。（左）見た目は純粋な京料理で、かつ完全なハラール食。（写真提供：京都嵐山・良彌）

や、調理過程において非ハラールの食材が混入することがないように厳密に分離がなされていることが必要条件となる。最も安全なのは、レストラン全体が禁止されている豚肉や豚由来品を一切用いないことであるが、これは容易ではない。さらに、アルコール飲料を提供しないレストランはほとんどないので、レストラン全体がハラールとなることは日本ではむずかしい。そのため、非常に厳密な分離が求められることになる。

誰が認証をするかと言えば、最低条件はムスリムであることになる。イスラーム法を信じない人がその法規定について関与することはできないからである。しかし、ムスリムであるだけでは、法学の知識があることにはならない。イスラーム諸国では、法学者たちの集団が政府と協力しながらイスラーム法を護持している。マレーシアでは、イスラームを管轄する国家機関であるＪＡＫＩＭ（マレーシア・イスラーム開発局）がハラール認証の権限を独占している。インドネシアでは、ＭＵＩ（インドネシア・ウラマー評議会）が占有的にその権限を行使してきて、二〇一六年以降は国家が統一的に管轄する方向に動いている。

政府が宗教に介入することがない日本では、ハラール認証は民間の団体が行っている。様々な団体があるが、イスラームの宗教法人こそが信用できるという考え方（佐々木二〇一四）は首肯できる。なぜなら、イスラームの五行（信徒の基本義務）は信仰告白の次は礼拝であり、礼拝堂であるマスジド（モスク）を運営している宗教法人がイスラーム法を率先して実践する組織といえるからである。仏教寺院やキリスト教会と同じように、イスラームの教義や戒律については、イスラームの宗教法人が責任を負っている。実際に、ムスリム訪日客たちはしばしば、忙しい日程の中でも日本の数少ないマスジドを訪問して礼拝をしている。彼らがマスジドの運営者たちを信頼していることは、日本に限らず、世界のどこでも言えることであろう。

宗教法人が認証するのであれ、日本の民間ムスリム団体がマレーシアのJAKIMなどの指導を受けて認証業務を行うのであれ、イスラーム法の規定を遵守することが認証の基礎であることは言うまでもない。いずれにしても、ハラール認証の登場は「学説法」「法曹法」という日本にはなじみのない法体系が、日本社会の中で実際的に用いられるようになったことを意味しており、今後の多文化社会を考える上でも非常に興味深い。

五　グローバル化のなかでのハラール食品

本章で論じてきたように、法的なことだけ言えば、食品をめぐるイスラーム法の規定は七世紀以来続いているもので、とりわけて新しいとは言えない。むしろ新しいのは、食品産業が複雑化し、製造法が込み入り、原料などが多岐にわたるようになったことである。近代以前のように、原料を構成している諸要素がすぐわかるというわけにはいかなくなった。さらに、そのような食品が国境を越えて貿易されるよ

京都でのイスラーム圏料理パーティ。断食月には、ハラールの断食明けの食事をムスリム留学生と京都市民が楽しむ会が毎年開催されている。（写真提供：京都イスラーム文化センター）

うになった。つまり、食品産業のグローバル化のために、食品の「ハラール性」が問題とされるようになったのである。その意味で、「ハラール食品」「ハラール認証」は、非常に現代的な現象である。

しかし、それと同時に、宗教文化が近代化・世俗化の波を乗り越えて二一世紀においても生命力をもっていることが、これによって明らかになった。近代化とともに伝統を離脱した個人が市民として活躍する時代となるという認識は、かえって時代遅れになったと言うべきであろう。人びとのアイデンティティも、地域に固有の文化や生活スタイルと深く結びついている。

グローバル化は、単に商品や情報が国境を越えるだけではない。イスラーム諸国にも非イスラーム圏からの食品が流入するようになったし、人口移動の国際化にともない、ムスリムが非イスラーム圏を訪れることも多くなった結果、ムスリムにとって眼前の食事やマーケットで売られている食品がイスラーム法に照らして食べてよいかどうかが問題となるようになった。つまり、ハラール認識のグローバル化、イスラーム法のグローバル化も生じつつある。

日本でも、ハラール食品をめぐって「ハラール認証」を取得する動きが強まってきた。それは食品をイスラーム圏に輸出するためでもあるし、日本でイスラーム諸国から急増している訪日客を受け入れるためでもある。今後さらなるグローバル化の進展に伴って、食と宗教の結びつきは日本でもいっそう感じられるようになるであろう。これも国際的な文化の相互理解におおいに役立つし、役立てることが大事と思われる。

註

*1　例を挙げると、宗教学者を意味する「ウラマー」は、トルコ語で「ウレマー」、ペルシア語で「オラマー」となるが、ウラマーと表記する。ただし、各国語に入った語がアラビア語を離れてその言語に固有の意味をもつ場合は、地域性を重視して地域言語での表記や発音が優先される。「ハラール」はイスラーム世界に共通する用語であり、法学の専門用語として地域差はないので、アラビア語に統一するほうが無用な誤解を生じない。

*2　イスラーム王朝では、臣民は基本的に多宗教であったため、家族法など各宗教で異なる法については、宗教毎にそれを守る仕組みとなっていた。王朝はひとしく臣民に「法の遵守」を求めるが、法の内容は宗教によって違いがあったのである。

*3　例外は旧ソ連圏の中央アジアであるが、共産主義下で脱イスラーム化が続いた影響が感じられる。

参考文献

阿良田麻里子　二〇一六『食のハラール入門——今日からできるムスリム対応』講談社。

小磯千尋・小磯学　二〇〇六『インド』（世界の食文化8）農山漁村文化協会。

小杉泰　二〇〇六『現代イスラーム世界論』名古屋大学出版会。

——　二〇〇九『「クルアーン」——語りかけるイスラーム』岩波書店。

——　二〇一五『イスラームを読む——クルアーンと生きるムスリムたち』大修館書店。

——　二〇一五「イスラーム経済とハラール人生哲学」『青淵』第七九三号。

小杉泰・長岡慎介　二〇一〇『イスラーム銀行——金融と国際経済』山川出版社。

小林寧子　二〇〇八『インドネシア　展開するイスラーム』名古屋大学出版会。

砂井紫里　二〇一三『食卓から覗く中華世界とイスラーム——福建のフィールドノートから』めこん。

佐々木良昭　二〇一四『ハラールマーケット最前線』実業之日本社。

真田芳憲　二〇〇〇（一九八五）『イスラーム法の精神』中央大学出版部。

見市建　二〇一四『新興大国インドネシアの宗教市場と政治』ＮＴＴ出版。

八木久美子　二〇一五『慈悲深き神の食卓――イスラムを「食」からみる』東京外国語大学出版会。

ʻĀdil ʻAbd al-Qādir Ḥumayda 2009. *Mawsūʻa al-Aṭʻima fī al-Islām wa Aḥkāmuhā bayna al-ʻIlm wa al-Īmān*, Alexandria: al-Dār al-ʻĀlamīya li-l-Nashr wa al-Tawzīʻ.

Armanios, Febe and Boğaç Ergene 2018. *Halal Food: A History*, New York: Oxford University Press.

Ayan, Abdullahi 2013. *Accessing the Global Halal Market*, North Charleston, SC: Createspace.

Bergeaud-Blackler, Florence, Johan Fischer and John Lever, eds. 2015. *Halal Matters: Islam, Politics and Markets in Global Perspective*, Abingdon: Routledge

Berger, Peter L. 1999. “The Desecularization of the World: A Global Overview,” in Peter L. Berger, ed., *The Desecularization of the World: Resurgent Religion and World Politics*, Washington, D.C.: Ethics and Public Policy Center; Grand Rapids: William B. Eerdmans.

Fischer, Johan 2008. *Proper Islamic Consumption: Shopping among the Malays in Modeern Malayia*, Copenhagen: NIAS Press.

―― 2011. *The Halal Frontier: Muslim Consumers in a Globalized Market*, New York: Palgrave Macmillan.

―― 2015. *Islam, Standards, and Technoscience: In Global Halal Zones*, Abingdon: Routledge.

Hussaini, Mohammad Mazhar 1993. *Islamic Dietary Concepts and Practices*, Bedford Park, Illinois: The Islamic Food and Nutrition Council of America.

Kamali, Mohammad Hashim 2013. *Parameters of Halal and Haram in Shariah and the Halal Industry*, London: International Institute of Islamic Thought; Kuala Lumpur: International Institute of Advanced Islamic Studies.

Khashan Ammar 2016. “The Quran’s Prohibition of Khamr (Intoxicants): A Historical and Legal Analysis for the Sake of Contemporary Islamic Economics,” *Kyoto*

Bulletin of Islamic Area Studies, 9.

Lodhi, Azhar ul-Haq 2009. *Understanding Halal Food Supply Chain*, London: HFRC UK.

Manan, Siti Khadijah Ab., Fadilah Abd Rahman, and Mardhiyyah Sahri, eds. 2016. *Contemporary Issues and Development in the Global Halal Industry: Selected Papers from the International Halal Conference 2014*, Singapore: Springer.

Walīd Khālid Rabī‘ 2008. *Aḥkām al-Aṭ‘ima fī al-Fiqh al-Islāmī: Dirāsa Muqārana*, Amman: Dār al-Nafā’is.

コラム5　日本における「カレー料理」と「インド料理」

山根聡

「僕こないだ岡本の所でライスカレーを食べたら、そりゃ辛かったよ」
ライスカレーの辛いぐらいは、岡本へ行かない理由になりそうもなかった。

〔夏目二〇一〇、六七頁〕

夏目漱石晩年の長編『明暗』は一九一六年（大正五年）に新聞に連載された。漱石は一九〇八年（明治四一年）の作品『三四郎』でもライスカレーについて書いているが、日本人がカレーを初めて口にしたのは『明暗』の時代から半世紀遡る幕末のこと、アメリカに渡った日本人たちであったとされる。その後、明治六年頃にはすでに「ライスカレー」が陸軍幼年生徒隊での食事として出され、あっという間に日本で広まった。漱石の書いた「辛さ」とはどのようなものだったのだろう。それまでの日本の食卓における辛さとは、塩辛さが主体であった。見慣れない香辛料を混ぜあわせて立ち上る香りとその味は、明治の日本人の味覚を大いに刺激したのであろう。

ここでいう「カレー」とは、もともと数種のスパイスと野菜、肉を煮込み、小麦粉でとろみをつけた料理を指す。これはインドに進出したイギリス人が一八世紀半ばに文献に残し、一八世紀後半にイギリス本土に紹介したものであった。だが複数の香辛料の調合は難しく、C＆B社があらかじめ調合した香辛料を販売したことで「カレー粉」が広まった。日本の「カレーライス」はカレー粉と小麦粉を混ぜたイギリスのカレー料理が伝わったものであり、いわば「カレー粉文化」といえよう。今日家庭で使われる市販のルーはカレー粉と小麦粉、バターを調合したものである。カレー粉を利用した「カレー風味」の料理として、カレーうどん、カレー南蛮、ドライカレー、カレーパンなど日本独特の料理も生まれた。一九〇一年に東京のパン屋として創業した中村屋が昭和二年（一九二七年）に新宿に喫茶部を開店、ここで小麦粉を混ぜず、カレー粉のみでつくった「純印度カリー」を販売して、「本格派インドカレー」も人気を得た。さらに一九六八年、初めてレトルト食品のカレーが消費されるようになると、家庭料理としてのカレーだけでなく、手軽なインスタント食品としてのカレーも普及した。

その一方で、一九八〇年代末のエスニック・ブームのもと、「タイ・カレー」「スープ・カレー」のように、スパイスの調合や調理の方法、食材が異なる多様なカレーが紹介され、「本格派インドカレー」を掲げる料理も多く登場した。日本で最初のインド料理店は一九四九年に開店し、以後ごく限られた客に支持されていた。ところがエスニック・ブームによって、「カレー粉料理」とは異なる「本格派」カレー料理が知られるようになり、ひき肉の「キーマ・カレー」や「チキン・カレー」など、南アジアの食文化に近い、食材によって名づけられた料理も知られるようになった。このような多様な食材・調理方法によるカレーの食文化を、「カレー料理文化」ということができるだろう。日本で「カレー」は寿司やラーメンと並んで日常の食文化になじんだ料理だが、「カレー料理」というと、そのニュアンスは変わってくる。日本では家庭料理やカレー風味の料理に見られるカレー粉文化と、香辛料を独自に調合した「本格的な」カレー料理文化が並立した状況にあるのだ。

昨今、日本のカレー料理文化の存在感が増している。NTTタウンページの調査によると、二〇〇七年に三〇二軒だったインド料理店は、二〇一四年には一七七三軒と六倍近くに急増した。これにネパール料理やパキスタン料理店などを加えると、日本には二〇〇〇軒近くの南アジア料理店があると推定される。インド料理店激増の背景として、日本に居住する南アジア系の人々が増えていることや、日本人の南アジアへの渡航の増加が指摘されている。二〇一二年の在日インド人は二万二千人を超えているが、この人数だけがインド料理店数の増加の理由になるとは思えない。同じ統計では、日本の人口十万人あたりのインド料理店登録件数は東京が三軒と圧倒的に多く、愛知、大阪、京都、神奈川が続く。都市部では、日本人にとっても「カレー料理」が食事の選択肢となりつつあるのだ。さらに、スーパー・マーケットではレトルト食品などで様々なカレー料理が販売されるようになり、日本の社会への「カレー料理」の浸透が進んでいる。

「本格的な」インド料理店が増える一方で、ヴェジタリアン専門のインド料理店はインド人が多く住む東京の葛西地区や神戸などに限られてくる。それはインド料理店の客の多くが日本人であるため、チキン・カレーや串焼きのスィーフ・カバーブ（シシカバブ）、チキン・ティッカーなどの肉料理を出すことが当たり前となっているためである。したがって、ヴェジタリアンにとって日本のインド料理店では肉を使わない料理を注文するしかなく、ヴェジタリアン専門の料理店を探すことは困難となっている。

ヴェジタリアン専門のインド料理店が少ないのと同様、わが国ではムスリムのためのハラール料理を探すことも難しいのが実情である。

昨今の訪日ムスリム観光客の増大により、日本でもハラール料理への関心が高まっている(第九章参照)。日本のハラール食品は「農場から食卓まで」という理念のもと、マレーシアにおけるハラール食品に関するガイドラインを踏襲した「ハラール認証」による品質保証がある。この規格は非ハラール物質からの徹底的な隔離が求められる。他方、ハラール認証の必要性がない「ムスリム・フレンドリー」という制度もある。これはイスラームの基本理念を理解し、各々の施設が提供可能なサービスを行うが、最終的な判断は利用者側に委ねられる。これは、豚肉を使う料理に印をつけたり、礼拝用の空間を用意したりしている施設を指す。

日本にはNPO法人「日本ハラール協会(JHA)」があり、独自の基準で「ハラール認証」を行っている。その基準は、みりんや合い挽き肉など食材の問題や飲酒の有無、また店内での装飾や店員の服装が肌を露出したものでないかなどである。これまでハラールという概念がほとんど浸透しておらず、「ムスリムは豚肉を食べず、酒を飲まない」といった知識だけを共有してきた日本の社会にとっては複雑な規定と捉えられるかもしれないが、宗教的規律は「少しだけなら」とか「郷に入っては郷に従え」といった概念が通用しないことを肝に銘じる必要がある。戒律を面倒だと思わず、こうした戒律もあるのだと「当たり前」に考えることが肝要であろう。

南アジアには五億人近くのムスリムが居住している。現在インドには総人口一二億人の一四パーセントにあたる一億七千万人近くのムスリムが居住しているが、植民地期のインドには三割ほどのムスリムがいた。酒を飲むなど戒律を守らないムスリムがいることも事実だが、それは個人差であって、ムスリム社会内ではハラールの戒律は守られてきた。植民地期に様々な西洋の文化が紹介されたときに西洋式の食文化についてハラールかどうかが議論されたが、多くのムスリムの食生活には大きな変化があったわけではなかった。したがって、食事におけるハラールは、そのまま引き継がれた。

独立後のインドにおいても、ハラール料理の戒律はムスリム社会で維持されている。「ハラール・インディア」「ハラール認証サービス」などハラール認証を専門とする団体のほか、「インド・ウラマー党ハラール・トラスト」など、宗教政党によるハラール認証制度など、様々なハラール認証団体がある。デリーの旧市街、ジャーマー・マスジド界隈や、デリー中心部のムスリム聖者廟ニザームッディーンの界隈などムスリムが集住する地域では宗教的規範に則った方法で食肉を扱う食堂があり、いつも賑わっている。

こうした店は、店名にムスリムである創設者の名前（例えば「カリーム」）を用いたり、インド・イスラーム文化で知られる建築物の名前（例えば「モーティー・マハル」）を冠したり、あるいは優雅なペルシア語彙の料理名（例えば蒸し料理を意味する「ダムプフト」）によって、肉料理を出していることを示唆している。

ハラール料理としての肉料理はムスリムの食文化の典型であり、ムスリム用の料理店も少なくないが、料理店を探すのに手間がかかる場合はどうすればよいだろうか。インドを訪問するムスリムにとって最も簡単な解決方法は一つ、ヒンドゥーのヴェジタリアン料理を食べることだという話を聞いたことがある。ヴェジタリアン料理は肉を用いないことから、食材に関するハラールの問題が発生しないのである。

インドで包装された食品はヴェジタリアン用を示す緑の丸と、肉食用の赤の丸が印刷されて区別できるようになっている。ハンバーガー店でもこの印がつけられていて、肉を扱う調理場とヴェジタリアン用の調理場が別になっている。日本でもいずれ、こうした宗教による食文化の違いが反映されることになるのかもしれない。そのとき必要なのは、面倒であると感じたり、排他的に応じたりするのではなく、ただそうした食文化がある、ということを認めることであろう。

デリーのマクドナルドにて。ヴェジタリアンには緑の日の丸、ノンヴェジタリアンには赤の日の丸がついている。

デリーのムスリムが多く住む街区のハラール料理店で、肉料理を食べるヒンドゥーを見かけることがある。額に印をつけているので、ヒンドゥーだとすぐにわかるが、店員も客も特別な対応は見せない。それは異なる宗教への寛容というよりも、個人の宗教に対する姿勢の尊重といえるのではないか。戒律は教義で定めるが、その実践は個人次第なのである。

参考文献

NTTタウンページ『タウンページデータベース スパイシーで人気のインド料理店、登録件数No.1は東京都!』(http://tpdb.jp/townpage/order?nid=TP01&gid=scrid=TPDB_GDI1 二〇一七年一〇月閲覧)

小菅桂子 二〇一三『カレーライスの誕生』講談社学術文庫。

夏目漱石 二〇一〇『明暗』新潮文庫。

森枝卓士 二〇一五『カレーライスと日本人』講談社学術文庫。

一般社団法人ハラール・ジャパン協会 (http://www.halal.or.jp/halal 二〇一七年一〇月閲覧)

特定非営利活動法人日本ハラール協会「飲食店のハラール認証について」JHA (http://www.jhalal.com/service/restaurant-cert 二〇一七年一〇月閲覧)

Halal India Pvt Ltd. "Halal India" (http://www.halalindia.co.in 二〇一七年一〇月閲覧)

コラム6　ジャイナ教の食のスタイルとその背景

上田真啓

インドにおいて見られる菜食主義は、宗教と深い関わりのあるものが多い。そして菜食のあり方も、ただ単に「肉を食べない」というだけではなく、実に多様である。中でもとりわけ特徴的なものが、ここで紹介するジャイナ教の食のスタイルである。ジャイナ教は、マハーヴィーラを祖師とする教団であるが、彼はブッダと同時代、おそらく紀元前六～五世紀に活躍したとされている。彼の教義は、徹底した不殺生の実践として知られており、日々のいかなる活動においても生き物を殺さないように細心の注意を払うことが説かれている。そして、この不殺生の実践は、食に関する活動においても例外ではない。様々なスタイルの食が消費される現代のインドにおいても、ジャイナ教を信奉する人々の多くは古来の教えに従い、独特のスタイルの菜食主義を貫きつづけている。ここでは、ジャイナ教が想定する「生き物」の定義を導入としながら、彼らの食生活の背景にある独特の世界観を見ていくこととしたい。

かのマハートマー・ガーンディーの思想にも影響を与えたとも言われているジャイナ教の不殺生主義は、ひと言でいえば「生き物を殺さないこと」である。しかし、ジャイナ教の伝統では生き物の定義そのものから考察がなされてきた。ジャイナ教では、この世界のあらゆるものは生命体（ジーヴァ）と物質（アジーヴァ）とに大きく二分されるという。ジャイナ教における「生き物」とは、この生命体を有するものたちのことを指す。そしてこの生命体をもつものたちは、動くもの（トラサ）と動かないもの（スターヴァラ）という下位区分に分けられる。この動かないものの中には植物も含まれているので、ジャイナ教では植物も「生き物」として考えられている。また、生命体をもつものたちは、そのものに備わっている感覚器官の数という別の基準によっても分類される。最も少ない数はひとつであり、触覚という感覚器官のみを有する生き物で、先に述べた動かないものたちはこのカテゴリーに属する。[*1]ということは、ジャイナ教では植物は、「触覚のみを有する」「動かない」生き物と定義されているのである。我々が（あるいは筆者だけかもしれないが）考えるような、「植物は生き物ではない」＝「菜食主義は不殺生主義」という構図は、ジャイナ教においてはあてはまらない。ジャイナ教の定義に従うと、植物を食べることも生き物を害することに他ならない。つまり、植物を食べている限り、不殺生を実践していることにはならないのである。しかし、彼らは自他ともに認める厳格な不殺生の実践者である。ではどうして彼らは菜食しつつ不殺生主義を実践していると言うことができるのであろうか。

　不殺生を筆頭とするジャイナ教の五つの宗教的な誓い（誓戒）[*2]の遵守には、大小の区別が存在する。つまり、大きな誓戒の遵守とは、完全に誓戒を守ることを意味し、不殺生という誓戒に関していうと、植物を含む全ての生命体に対する不殺生を実践することである。このような大誓戒は、出家した修行者のみが実践できるとされている。出家した修行者たちは、在家信者によって調理され、完全に生命体が抜けきってし

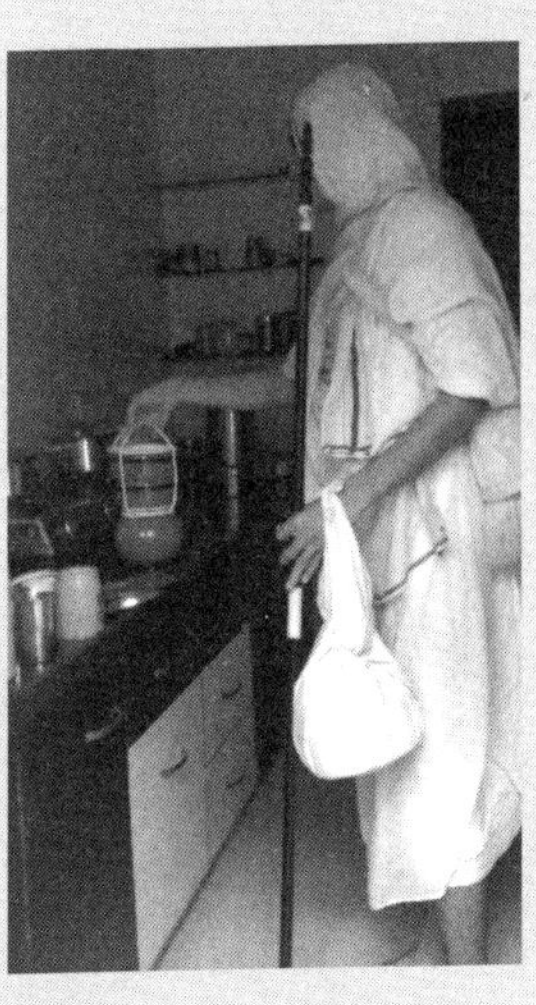
托鉢する出家修行者

まった物だけを托鉢によって手に入れて食する。こうすることで、出家修行者たちは食生活において完全に不殺生を実践することができると考えられている。このような不殺生の徹底ぶりは、飲み水にも適用され、出家修行者たちは毎朝在家信者に煮沸してもらって完全に生命体が存在しなくなった水を飲んでいる。

一方、小さな誓戒の遵守とは、部分的に緩められた誓戒を守ることを意味する。これも不殺生に即していうならば、一部の生命体を害することは回避できないとされる。そしてその、殺生が避けられない一部の生命体が、先述の「不動の」生命体なのである。つまり、植物を調理し、食することが殺生であるのは間違いないが、より高次の生命体を害することに対して宗教的な罪は比較的軽いというわけである。*3 以上が、ジャイナ教の菜食主義の前提となる考え方である。以下では、このジャイナ教在家信者の菜食のあり方を簡単に紹介する。

菜食を選択しているという点においては一般的な菜食主義と大差はないように思われるが、ジャイナ教在家信者の食には、肉を食べない以外にも実に様々な観点から食べられない物が規定されている。それらの場面で頻繁に語られるのが、「そこに生命が存在する可能性」あるいは「そこから生命が発生する可能性」である。これがジャイナ教の食のスタイルを独特なものとしている背景の一つと考えられる。

例えば、ジャイナ教の在家信者が理想とするべき振る舞いを説いた書物には「根本的徳目」という枠組みによる食の規定がなされている〔堀田二〇一二〕。そこでは、自然死した動物のものを含めた肉類、蜂蜜、イチジク類の果物、酒類、濾過されていない水などを摂ることが禁じられているが、そこで常に語られるのが、「そこに無数の微生物がいるから」という理由である。

他の食材に関しても、例えば、葉の物や、湿った食べ物、発酵食品、腐敗した食べ物などが、同じく「そこに無数の微生物がいるから」という理由によって規制されている。

また、「無数の身体（アナンタ・カーヤ）」と呼ばれるカテゴリーに属する植物も規制の対象となっており、これにはタマネギなどの球根[*4]やダイコンなどの根菜類、イモ類などの地下茎などの植物が含まれている。これらに共通する特徴もやはり、「そこから新たな生命が生じる」ということであろう。同様の観点から、「多くの種をもつもの（バフ・ビージャ）」も禁じられている。これにはザクロやナス、トマトなどが該当する。

日常的な活動においても、例えば夜食の禁止が挙げられている。健康上の理由に言及される場合もあるが、ここでもやはり、暗くてよく見えない食べ物の中に「小さな生物が混入し」それを知らず知らずに害してしまう可能性があるという理由が一般的である。また、一定期間経過した食べ物も、「そこから微細な生物が発生しつつある」から、食してはならないとされ、したがって、調理した食べ物を放置することは推奨されない。

これに関連して、筆者の体験からも一つ特徴的なジャイナ教の食事の作法を挙げてみよう。

あるとき、ジャイナ教の在家信者とともに食事をしたことがある。そのとき、彼はターリー（大皿）で食を済ませた後に、そこにコップの水を注いで細かい食べ残しをきれいに水で洗った後、その水を飲み干してしまった。初めて目にしたときは非常に驚いたものであるが、ジョン・コートによると、この一見ぎょっとするような作法にも理由があって、食べ物の残りかすが食器に付着したまま洗い場に放置されると、数々の小さな生物がそこに集まり、それを洗い流すことで無駄にそれらを害してしまうことになる。それを避けるため、つまり、これもまた「そこから生物が発生する可能性」を極力排除しようとする努力の結果であるという［Cort 2001: 131-2］。このように、いかなる場面においても、いかにして「そこに生物が発生する可能性」を排除するか、即ち、いかにして不殺生主義を徹底するかが一貫して考え抜かれている。[*5] 先ほどの出家修行者たちの飲み水に関連して、在家信者の水の扱い方について述べておくと、在家信者たちもまた、普段から使用する水にはできるだけ生き物が入りこまないように注意している。ジャイナ教の在家信者の家を訪れたならば、台所や洗面所などあらゆる水道の蛇口にはガーゼでできた袋状のフィルターがくくりつけられているのを目にするだろう。これもまた、不殺生の実践の一部なのである。

以上、駆け足でジャイナ教における食のスタイルをみてきた。彼らがごく限られた種類の食べ物しか食べることができず、貧相な食生活を送っているのかというとそうではない。朝にはチャーエ（チャイ）を飲みながらスナックを口にする。昼にはチャパーティーや米と何品かの副菜。昼過ぎにはまたティータイムがあり、夕方はできれば日没前に早めに食事を済ませる。品目も、よく見るとジャガイモや根菜が入っていないが、そうと知らなければ我々は一般的なインド料理だと認識するだろう。また、ジャイナ教の在家信者の実際の食生活には、地域的、あるいは宗派による差異も存在することが複数の研究者によって指摘されている[*6]〔Cort 2001: 131; Wiley 2009: 77-8〕。例えば、グジャラート地方のジャイナ教徒が好んで食するものの中に、カークラーと呼ばれる小麦粉でできた薄焼きの食べ物がある。直径二〇センチほどの円形状であり、パリッとした食感が特徴的で、朝食時にギーを薄く塗ったり辛い練りものをつけたりして食べられることが多い。

さらに、何を食べてよいのかという基準に関してはそれぞれの家庭や個人の裁量によるところも大きい〔Cort 2001: 129; 長崎 二〇〇二、一一頁〕。例えば同じ家庭のなかでも、年長者や女性たちがより厳格に食の規範を保持するのに対して、若年層や男性は祭りや巡礼などの特定の期間、あるいは家庭内でのみ比較的厳格な食生活を実践し、それ以外では、タマネギやイモは食べるなど可食の基準を緩める傾向がみられる。このように、「どこまで食べるか」という基準は様々であり、各家庭や個人が自分たちの生活スタイルに即して柔軟に対応しているということもできるだろう。

*本稿は拙書『ジャイナ教とは何か——菜食・托鉢・断食の生命観』(風響社、二〇一七年)の一部を、出版社からの承諾を得て本書のために改訂したものである。ジャイナ教の概説に関しては拙書を参照されたい。

＊1　これらの分類法は、〔堀田 二〇一一、一七四頁〕で一覧表で示されており、ジャイナ教の生物のカテゴリーが一目で確認できる。また、ジャイナ教の生物観については、〔藤永 一九八九〕も参照。

＊2　ジャイナ教においては、不殺生・不妄語・不偸盗・不邪淫・不所有の五誓戒が定められている。それぞれの定義と、仏教の五戒との関係については、〔長崎 一九九三〕を参照。

＊3　殺生を量的に区分することには問題が多く、様々な議論がなされている〔土橋 一九七九〕。

＊4　ニンニクやタマネギは、『マヌ法典』や、法顕、玄奘、義浄等による記述にも見られるように古来インドにおいて一般的に避けられている〔Sen 1975: 136〕。また、ジャイナ教徒が根のものを避ける理由の一つに「収穫する際に地中の生物を害してしまうから」もよく聞かれるが、これは、無意味な殺生を避けるという誓戒によるものであろう〔堀田二〇一一、一八九頁；渡辺一九九三、一〇六九－一〇七〇頁〕。このように、単一の対象に対して、避けるべき理由が重複して設けられていることが多い。

＊5　これらの避けられるべき食べ物や行為は、在家信者の行動規範を記したテキストにおいては、「食べられないもの（アバクシュヤ）」として列挙されているが、項目はテキスト毎に幅がある〔堀田二〇一一；Williams 1963: 110-3〕。

＊6　例えば、青物や葉物を一か月の内で縁起のいい日（これも派によって異なる）には食さない者、雨期の間だけ避ける者たちなどがいる。

参考文献

上田真啓　二〇一七『ジャイナ教とは何か――菜食・托鉢・断食の生命観』風響社。
土橋恭秀　一九七九「Hiṃsā の大小について」『印度学仏教学研究』第二七巻第二号。
長崎広子　二〇〇二「ジャイナ教の大家族とくらして」『通信』第一〇四号。
長崎法潤　一九九三「ジャイナ教の戒律」『戒律の世界』溪水社。
藤永伸　一九八九「ジャイナ教の生命観」『日本仏教

学会年報』第五五号。
堀田和義　二〇一一「宗教的生命倫理に基づく食のタブー――禁止された食物と不殺生」『死生学研究』第一六号。
渡辺研二　一九九三「ジャイナ教の植物観」『印度学仏教学研究』第四一巻第二号。
Cort, J. E. 2001. *Jains in the World: Religious Values and Ideology in India*, London: Oxford University Press.
Sen, Madhu 1975. *A Cultural Study of the Niśītha Cūrṇi*, Varanasi: P. V. Research Institute.
Wiley, K. L. 2009. *The A to Z of Jainism*, Lanham: The Scarecrow Press.
Williams, R. 1963. *Jaina Yoga: A Survey of the Medievl Śrāvakācāras*, London: Oxford University Press.

あとがき

食の研究は幅広く、奥が深い。踏み込んでいけばいくほど、新しいテーマへとどんどんとつながっていく……それが、本書のもととなる共同研究プロジェクトを進めるなかで、また、その過程で様々な先行研究や資料に触れ、国内外の研究者と議論をするなかで、改めて感じたことであった。まだやるべきことは多いが、とりあえず現段階での問題意識や研究成果をいったん論集としてまとめてみよう、ということでできたのが本書である。序章でも触れたとおり、ここに含まれた事例研究や問いかけが何らかのきっかけとなり、さらなる研究の広がりにつながれば幸いである。

本書のもととなった研究プロジェクトは、日本学術振興会・科学研究費補助金、及び、日本学術振興会とＩＣＳＳＲ（Indian Council of Social Science Research）との二国間交流事業による助成を得て行われた（詳細は以下の通り）。

・科研費・基盤研究（Ｂ）「近現代インドにおける食文化とアイデンティティに関する複合的研究」（課題番号JP23310174、二〇一一－二〇一五年度）

・二国間交流事業（共同研究）「南アジアにおける食と身体をめぐる認識――中世から現代までの料

理本の分析を通じて」（二〇一六－一七年度）

これらのプロジェクト遂行の過程では様々な方々にお世話になった。とりわけ篠田隆氏、石坂貴美氏、長谷川まゆ帆氏、メーガー・ワドゥワー氏、味の素食の文化センターのみなさま、二国間事業の助成のもとに共同でワークショップを組織したインド側の研究者たち――なかでもインド側チームの代表を務められたサウミヤ・グプタ氏――からは、数多くのご助言や励ましの言葉をいただいた。本書巻頭のインド地図は、宇根義己氏が作成してくださった。また、こうしたプロジェクトは、日本学術振興会や、プロジェクト関係者の所属する研究機関で、事務・経理を担当されている方々のご助力のうえに成り立っている。全ての方々のお名前をここに記すことはできないのだが、みなさまに改めてお礼を申し上げたい。

上記のプロジェクト期間においては、年に二、三回の研究会を開き、プロジェクト関係者による報告のほか、プロジェクト外部から南アジアや他地域の食に関わる研究をされている方々をお招きし、ご報告をお願いした。報告者や議論に参加してくださった方々にも謝意を表したい。研究会での尽きることのない議論や、終了後の懇親会での歓談は、プロジェクトを続けるうえで何よりもの励みになった。また、二〇一四年六月の研究会でご報告くださった柳澤悠先生、インドの食に関して研究者の視点からの情報発信を長年続けられた辛島昇先生には、編者をはじめとするプロジェクト関係者の多くが、本プロジェクトに限らず、様々なかたちでご指導いただいてきた。二〇一五年に相次いで他界された両先生から、まだまだお話をうかがいたかったと改めて思う。

最後に、春風社のみなさま、とりわけきめ細かな編集作業をしてくださった櫛谷夏帆氏に、あらためてお礼を申し上げたい。

二〇一九年一月　編者

執筆者紹介

氏名／所属
専門分野
◆思い出深い食べ物

【編者】

井坂理穂／東京大学大学院総合文化研究科
南アジア近代史
◆インド留学中に大学の寮や訪問先でよく食べたダヒー（ヨーグルト）

山根聡／大阪大学人文学研究科
ウルドゥー文学、南アジア・イスラーム論
◆ラーホールの「恩恵の片隅」という食堂の夏野菜「ティンダー」のカレー

【執筆者】

池亀彩／京都大学大学院アジア・アフリカ地域研究研究科
社会人類学・南アジア地域研究
◆暗闇の中で食べた鶏肉かと思うほど濃厚なジャックフルーツのカレー

上田真啓／立命館大学非常勤講師
ジャイナ教
◆インドで病み上がりに飲んだチャーシュ（バターミルク）

加納和雄／駒澤大学仏教学部
インド・チベット仏教学
◆デリー調査時に訪れたニザームッディーン廟近くの食堂

サウミヤ・グプタ（Saumiya Gupta）／ジャーンキー・デーヴィー・メモリアル・カレッジ（デリー大学）歴史学科
南アジア近代史
◆東京を訪れたときに食べた河童巻き

小磯千尋／亜細亜大学国際関係学部
ヒンドゥー思想史、マハーラーシュトラ地域研究
◆ベンガルで食べたエビとココナツの果肉を蒸してマスタードオイルをかけた料理

小杉泰／立命館大学立命館アジア・日本研究機構
イスラーム学・中東地域研究
◆エジプトで出会ったバスブーサ（甘い菓子）、子どもの頃から食べつづけている豆大福

小松久恵／追手門学院大学国際教養学部
ヒンディー文学
◆古い図書館で書物と格闘した後に埃まみれで飲む甘いチャイ（チャーエ）

浜井祐三子／北海道大学メディア・コミュニケーション研究院
イギリス現代史（特に移民史）
◆子どもの頃、祖母の家の庭に実っていた茱萸の甘みとほのかな渋み

山田桂子／茨城大学人文社会科学部
テルグ語地域の近現代史
◆留学中ルームメイトとよく食べたディンショウ社製バタースコッチ・アイスクリーム

索引

【サ行】

【タ行】

【ナ行】

初版発行 二〇一九年二月二一日
三刷発行 二〇二三年七月二三日

食から描くインド

——近現代の社会変容とアイデンティティ

編者 井坂理穂（いさかりほ） 山根聡（やまねそう）

発行者 三浦衛
発行所 春風社 Shumpusha Publishing Co., Ltd.
横浜市西区紅葉ヶ丘五三 横浜市教育会館三階
〈電話〉〇四五・二六一・三一六八 〈FAX〉〇四五・二六一・三一六九
〈振替〉〇〇二〇〇・一・三七五二四
http://www.shumpu.com ✉ info@shumpu.com

装丁・レイアウト 矢萩多聞
印刷・製本 シナノ書籍印刷株式会社

ISBN 978-4-86110-633-0 C0039 ¥3700E